새로 쓰는
고구려 역사

초판 1쇄 인쇄일 2019년 7월 3일
초판 1쇄 발행일 2019년 7월 10일

지은이   박경순

펴낸이   김완중
펴낸곳   내일을여는책
편집총괄   이헌건
디자인   구정남
관리실장   장수댁

인쇄   아주프린텍
제책   바다제책

출판등록   1993년 01월 06일(등록번호 제475-9301)
주소   전라북도 장수군 장수읍 송학로 93-9(19호)
전화   063) 353-2289
팩스   063) 353-2290
전자우편   wan-doll@hanmail.net
블로그   blog.naver.com/dddoll
ISBN   978-89-7746-108-6 03910

© 박경순 2019

새로쓰는
고구려역사

글 박경순

내일을여는책

분단사학을 극복하고
통일사학의 길로

　　분단을 극복하고, 남과 북이 함께하는 역사의 통일을 꿈꾼다. 역사의 통일은 곧 민족의 통일이며, 역사의 통일 없이 민족의 통일은 없다. 분단으로 인한 단절과 적대는 역사의 영역에도 깊은 상처를 남겼다. 남과 북의 역사학계는 교류와 소통이 단절된 채 독자적 발전의 길을 걸어왔다. 분단 이데올로기의 포로가 돼, 상대방의 연구 성과와 업적을 민족사학 발전의 밑거름으로 활용하는 대신 부정하고 매도하기에 급급했다. 상대방의 역사 연구 성과들에 대한 부정과 매도, 무지와 폄하, 이것이 오늘날 분단사학의 현주소다.

　　분단사학은 자주적인 민족사학의 올바른 정립을 가로막고 있다. 특히 분단사학은 낡은 식민사학을 유지하는 명분으로 악용되고 있다. '4.27 통일시대'를 맞아 시급한 것은 역사학의 분단을 끝내고 통일사학을 확립하는 일이다. 남북통일의 정신적 기초는 우리민족끼리 정신에 있으며, 이 것은 하나의 역사공동체로서 통일적인 역사인식을 전제로 한다. 반만년 에 걸친 민족사와 그 역사를 개척해온 우리 민족의 힘과 저력에 대한 긍 지와 자부심을 자양분으로 성장한다.

민족사에 대한 남북의 인식 차는 매우 크다. 한두 번의 토론을 통해서 해결되거나 극복될 수 없다. 이 때문에 일부에서는 통일사학을 세우는 과정을 비관적으로 생각하기도 한다. 하지만 역사학의 통일 없이 민족의 통일은 불가능하다. 늦었지만 지금부터라도 이 과정을 시작하지 않으면 안 된다. 너무 서두르거나 조급해하지 않되, 완강하고 집중적으로 통일 사학을 만들어 나가기 위한 노력을 벌여야 한다.

이 길은 남북 역사학계의 소통과 교류에서 시작해야 한다. 소통과 교 류를 통해 민족사에 대한 서로의 견해를 충분히 파악하고 이해하고 긍 정적인 요소들을 찾아내, 각자의 역사학계 내로 흡수해야 한다. 이러한 과정을 거쳐 차이를 줄이고 민족사에 대한 공통의 인식을 확대해야 한 다. 상호 소통과 교류를 위한 가장 빠른 방법은 상대방의 역사 인식을 선입견 없이 공부하는 데 있다. 이 책은 통일사학의 입장에서 북의 고구 려 역사 연구 성과들을 최대한 긍정적으로 받아들여 고구려의 역사를 새롭게 정리했다.

고구려는 우리 민족의 역사에서 가장 강대한 나라였으며, 동아시아 최대 강대국으로서 위용을 내외에 떨쳤다. 정치, 군사, 경제, 문화 등 모든 면에서 우리 민족의 역사발전을 주도했으며, 우리 민족의 자주권을 고수 하고 민족의 영광을 널리 빛냈다. 그런데 다른 나라 역사학계에서는 고구려의 역사에 대한 오해와 곡해가 많이 존재하며, 심지어 극심하게 왜곡하기도 한다. 특히 고구려의 역사를 자기의 지방사로 둔갑시켜 자기 나라 역사에 편입시키려는 중국의 움직임도 계속되고 있다.

남과 북이 단결 단합해 고구려의 역사에 대한 다른 나라 역사학계의 온갖 오해와 곡해, 왜곡을 씻어내고 우리 민족사의 기둥으로 우뚝 세워야 한다. 이것은 매우 시급한 민족사적 과제이다. 그러함에도 고구려 역사에 대한 남북 역사학계의 견해 차이가 너무 커서, 다른 나라 역사학계의 고구려 역사 왜곡 폄하에 대한 공동대응을 어렵게 하고 있다. 특히 동북공정의 일환으로 고구려 역사를 중국사에 편입시키려는 흐름에 대해 효과적인 대응을 못 하고 있다.

그러므로 우선 고구려 역사에 대한 남과 북의 견해 차이를 줄이고 공통의 인식을 확대해 나가야 한다. 특히 고구려의 역사 유적 유물이 평양을 중심으로 하는 북측 지역에 집중 분포되어 있는 현실에 비추어 북측 역사학계의 연구 성과들을 우리의 것으로 만들어야 한다.

현재 고구려 역사에 대한 남북 사이의 쟁점은 매우 많다. 건국연대, 국가 성격, 평양 지역 낙랑문화의 성격, 고구려의 부수도 존재 유무, 고구려 - 수·당 전쟁의 위치, 선행국가인 구려국의 존재 유무 등 매우 광범위하다. 특히 북한 역사학계는 고구려의 건국연대를 새롭게 제기하고 있다. 우리 학계는 기원전 37년설을 고수하고 있는 반면 북한 학계는 기원전 277년 건국설을 정설로 확립했다. 고조선 멸망 이후 중국 문화의 영향으로 삼국시대가 형성됐다는 전통적인 견해를 비판하고, 고조선에서 형성 발전된 우리 민족의 고대 문화를 계승 발전시켜 고구려를 세웠다고 본다. 즉 단절론을 반대하고 계승론을 선택한 것이다. 또한 고구려는 고대국가라는 우리 학계의 견해와 달리 동아시아 최초의 중세봉건제 국가라고 보고 있다. 즉 기원전 30세기 초에 건국된 단군조선에서부터 시작돼 후조선, 진국, 구려, 부여라는 고대국가로 발전했다고 본다. 이에 따라 주몽이 구려의 왕이 된 후 나라 이름을 고구려로 바꾸고, 고대노예제 국가체제를 중세봉건제 국가체제로 바꿨다고 주장한다.

특히 북한 역사학계에서는 평양 지역에 낙랑군이 설치돼 있었다는 견해를 반박하고, 37년 이후 평양 지역이 고구려의 영토로 편입됐다고 본다. 구체적 증거로 낙랑문화의 조선적 성격을 매우 구체적으로 논증해 놓았을 뿐 아니라, 2-3세기경에 해당되는 고구려 무덤들이 평양 지역에 분포돼 있다는 점을 구체적으로 제시해놓고 있다.

이뿐만 아니라 수나라와의 전쟁이 벌어졌던 살수의 위치는 청천강이 아니라 중국 요동반도에 있는 초자하였으며, 평양성 전투 역시 오늘의 평양이 아니라 단동에서 서쪽으로 40km 떨어져 있는 봉성의 북평양성(봉황산성)에서 벌어졌다고 보고 있다.

이상과 같은 북측 역사학계의 견해를 올바로 이해하려면『삼국사기』의 저술 과정에 대해 잘 알아야 한다.『삼국사기』는 고려 중기인 1145년경 김부식 등이 고려 인종의 명을 받아 편찬한 기전체 역사서로, 본기 28권(고구려 10권, 백제 6권, 신라·후기신라 12권), 지(志) 9권, 표 3권 열전 10권으로 이루어졌다. 후기신라 말 또는 고려 초기에 집필됐을 것으로 추론되는『구삼국사』를 저본으로 편찬된 것으로 볼 수 있다.

『삼국사기』는 김부식의 사대주의 탓으로 수많은 결함과 문제점을 안고 있지만 삼국시대를 다룬 우리나라 역사책으로 귀중한 가치를 갖고 있다. 다른 나라 일부 학자들은 삼국시대의 역사를 깎아내릴 목적으로 동명왕부터 모본왕까지는 전설적 인물에 불과하며 실재하지 않은 왕이라고 말하면서 『삼국사기』의 초기 기록을 신뢰할 수 없다는 '『삼국사기』 초기 기록 불신론'을 유포하고 있다. 그런데 이러한 비판은 터무니없다. 『삼국사기』는 우리나라 삼국시대를 다룬 중국의 어떤 역사책들보다 구체적이고 꼼꼼하고 사실적으로 기록하고 있기 때문이다. 예를 들어 지진의 발생 등과 같은 자연현상에 대한 기록들을 보면, 『삼국사기』의 구체성과 정확성에 놀라게 된다.

그렇다고 『삼국사기』의 기록들을 맹신해서는 안 된다. 광개토대왕릉비문의 기록과 『삼국사기』의 기록 사이에는 중대한 불일치가 존재한다. 『삼국사기』의 기록에 따르면 고구려에 모두 28대의 왕이 있었고 고구려의 존속기간은 705년간(기원전 37~기원 668년)이다. 그리고 광개토왕은 동명왕의 12세손이다. 그런데 광개토대왕릉비에는 광개토왕이 동명왕의 17세손이라고 기록돼 있다. 여기에서 우리는 어떤 기록이 더 사실이고 정확한가를 판단해야 한다. 광개토대왕릉비는 고구려 당대의 공식적인 기록이고, 『삼국사기』는 후대의 기록이다. 그러므로 광개토대왕릉비의 기록이 더 정확하며, 1차적 사료에 해당된다고 결론지을 수 있다.

그렇다면 두 개의 기록이 일치하지 않는 원인은 무엇인가? 외세를 끌어들여 고구려를 멸망시킨 신라의 지배층이 당나라와 짜고 고구려와 백제의 역사를 의도적으로 조작한 데서 찾아야 할 것이다. 그 결과 『삼국사기』의 저본으로 되었던 『구삼국사』부터 고구려의 건국연대에 대한 기록이 조작돼 있었을 것이다. 이처럼 『삼국사기』의 기록도 완벽하다고 볼 수 없다. 따라서 무조건 맹신하거나 배격할 것이 아니라 역사주의적 관점에서 실사구시하는 태도가 필요하다.

  그동안 남북의 단절과 소통의 부재로 북측 역사학계의 연구 성과들이 남측 대중들에게는 거의 전달되지 못했다. 4.27 통일시대를 맞아 북측 학계의 연구 성과들을 과학적인 눈을 갖고 편견과 선입견 없이 들어봐야 한다. 그래야만 진정한 의미의 소통이 이루어지고, 소통이 이루어져야 생산적인 토론이 가능하고, 생산적인 토론을 통해서만 공동의 역사인식에 도달할 수 있다. 이 책은 주관적 판단과 평가를 최대한 절제하고 북측 역사학계의 고구려사 연구 성과들을 있는 그대로 객관적으로 전달하려고 노력했다. 이 책이 북측 역사학계의 고구려사 인식을 더욱 잘 이해하고, 역사 분야에서 남과 북의 소통과 교류에 기여해 통일사학을 세워나가는 초석이 되기를 기원한다.

목차

새로쓰는 고구려역사

제2장 //
고조선 영토 수복과 통합을 향한 고구려의 투쟁

목차

새로쓰는
고구려역사

제1장

고구려의 건국과 기틀 확립

1절
고구려의 건국연대를
아시나요?

　『삼국사기』 고구려 본기와 연표에 의하면 고주몽이 왕위에 오른 것은 기원전 37년(갑신년)이다. 우리 역사학계 역시 고구려 건국 기원전 37년설을 아무런 의심 없이 채택하고 있다. 그런데 단재 신채호 선생이 의문을 제기한 이후 고구려의 건국연대가 도마 위에 올랐다. 『삼국사기』를 비롯한 역사서들에서도 기원전 37년 건국설과 모순되는 기술들이 다수 발견된다.

　『삼국사기』 권 22, 고구려 본기 끝에 실린 사론에는 "고구려는 진나라·한나라 이후부터 중국의 동북쪽 모서리에 끼어 있었다"라고 기술돼 있다. 고구려가 진(秦)나라 때부터 이미 존재했다는 뜻이다. 『당회요』 권 95, 고구려 조에는 『고구려비기』를 인용하면서 고구려가 "천년에 미치지 못한다"라고 기술돼 있다. 이것은 고구려의 건국연대를 『삼국사기』 보장왕 27년(668년) 2월 조에 쓰여 있는 "고씨는 한나라 때부터 나라를 세운 지 이제 900년이 된다"는 기록보다 훨씬 더 이른 시기로 잡은 것이다. 『후한서』 고구려전에는 "한무제가 조선을 멸망시켰을 때 고구려를 현으로 삼고 현도에 속하게 했다"라고 쓰여 있다. 즉 한무제가 조선을 멸망시킨 기원전 108년 당시 이미 고구려라는 나라가 있었다는 것을 말해준다.

이상과 같이 『사기』나 『한서』를 비롯한 중국 쪽 자료들의 자체 모순을 파고들고, 『삼국사기』와 같은 우리나라 역사 편찬자들의 사대주의적 입장에 대한 비판적 관점과 안목으로 사료들을 재검토해보면 고구려 건국 연대가 왜곡됐다는 것을 간파할 수 있다.

고구려 건국 기원전 37년설은 의도적 역사 왜곡의 산물

진나라(기원전 221년 이전) 때부터 존재했던 고구려를 왜 기원전 37년에 세워졌다고 했을까? 후기신라의 역사편찬을 맡은 관리가 신라를 내세우기 위해 고구려 역사의 첫머리를 깎아 없애버렸기 때문이다. 고구려 역사 왜곡 시도는 고구려 멸망 직후부터 시작됐다. 『삼국사기』권 6, 문무왕 10년(670년) 7월 조에는 고구려 왕의 서자 안승을 책봉하면서 공의 태조 중모왕(주몽왕)이 나라를 세운 지 "장차 800년이 가까워온다"라고 말했다는 기록이 있다. 이것은 중국의 『후한서』나 『삼국지』를 참고하여 고구려 건국이 한무제의 고조선 침략 이후라는 관점에서 써 놓은 것으로, 이때부터 고구려 건국연대를 끌어내리려는 시도가 있었음을 알 수 있다.

하지만 이때는 감히 기원전 37년설(고구려 존속기간 705년설)을 내놓지는 못했다. 그 후 7세기 말에 와서는 고구려 건국연대를 근 100년을 더 끌어내렸다. 후기신라의 역사편찬자들은 신라정통설을 조작하기 위해 신라의 개국연대를 끌어올려 기원전 57년으로 만드는 동시에 고구려의 건국연대는 그보다 더 늦은 것으로 조작했다. 그러나 이때까지만 해도 기원전 37년설은 고착되지 못했다. 기원전 37년설이 고착된 것은 고주몽이 나라를 세운 연대의 간지가 갑신년이라는 사실을 알게 된 이후로 보인다.

일각에서는 고구려의 역사가 의도적으로 왜곡됐다고 보기 어렵다는 견해도 있다. 왜곡된 것처럼 보이는 것은 고구려의 역사에 '구려'의 역사를 합쳐 계산했기 때문이라는 것이다. 고구려는 구려의 역사에서 재탄생한 국가이므로 고구려의 역사를 구려의 개국 시점부터 계산했다는 뜻이다. 하지만 이러한 견해는 부당하다. 구려의 개국 시점은 앞으로 살펴보겠지만 기원전 3세기가 아니라 그보다 1,000년 정도 앞선 기원전 14~15세기다. 또한 『삼국사기』 보장왕 27년 2월 기사에는 "고씨가 한나라 때부터 나라를 세운 지 900년이 된다"라고 말함으로써 고주몽이 고구려를 건국한 이후부터 계산한 게 명백하게 나온다. 더욱 결정적인 것은 광개토대왕릉비의 기록이다.

고구려 건국연대 조작의 결정적 증거

　　광개토대왕릉비 1면 제4행에는 "세자 유류왕에게 유언으로 지시해 도리로써 잘 다스리도록 했다. 대주류왕은 나라의 기초를 이어받았고, 17세손인 국강상 광개토경평안호태왕에 이르게 됐다"라는 내용이 나온다. 그런데 『삼국사기』에 있는 고구려 왕의 계보를 세대수로 계산해보면 광개토대왕은 12세손으로 돼 있다. 5세대가 차이가 난다. 이 차이에 대해 구구한 변명들이 난무하나, 둘 중 하나는 틀렸다는 것은 명백하다.

　　그렇다면 어떤 것이 틀렸을까? 두말할 나위 없이 당대의 기록, 당사자들의 기록이 정확하고 진실에 더욱 가깝다. 특히 왕의 계보 문제는 당사자들의 기록을 더욱 신뢰하고 존중해야 한다. 그러므로 여기에 맞춰 풀어 나가야 한다. 결론적으로 광개토왕은 추모왕(고주몽)의 17세손이 맞으며, 『삼국사기』 고구려 왕 세대 서술은 잘못돼 있다. 누구의 작품인지는 밝혀지지 않았지만 의도적으로 5세대의 계보를 빼버린 것이다.

문제는 광개토대왕릉비와『삼국사기』사이의 불일치가 우연한 실수가 아니라 의도적인 조작이라는 점이다. 조작은 후기신라 역사편찬자들에 의해 고구려가 멸망한 직후부터 시작됐다. 김부식은『삼국사기』를 쓸 당시『구삼국사』를 참고했을 텐데, 여기에는 이미 조작된 사실이 기술돼 있었을 것이다. 하지만 김부식이 조금만 주의를 기울이고 역사를 올바로 세우기 위한 치열한 노력을 기울였더라면, 당시만 하더라도 고구려에 대한 여러 가지 역사서술들이 많이 남아 있었기 때문에 이러한 조작을 밝혀낼 수 있었을 것이다. 그런데 역사가로서 부끄럽게도 이러한 노력을 기울이지 않고 기존 역사자료들을 무비판적으로 받아들이다 보니 앞뒤와 아귀가 맞아떨어지지 않는 모순된 기록들이 많이 남게 되었다.

『삼국사기』 고구려 본기 기사의 모순

　대표적인 사례를 들어보자.『삼국사기』고구려 본기, 유리명왕 33년(14년) 조에는 무휼(후의 대무신왕)을 태자로 삼으면서 군사와 국가에 관한 일을 위임했다고 밝혀져 있다. 대무신왕(무휼)의 어머니는 다물국왕 송양의 딸인데, 기원전 17년에 사망했다고 나와 있다. 그렇다면 무휼이 태자로 될 때 나이는 적어도 31세 이상이 돼야 맞다. 그런데 대무신왕 즉위년 조에서는 그가 태자로 될 때 나이가 11세였다고 쓰여 있다. 이 기록을 보면 11세 때 태자가 된 대주류왕과 31세 때 태자가 된 대무신왕은 서로 다른 왕이라는 것을 알 수 있다. 그런데『삼국사기』는 두 왕을 한 명의 왕으로 만들고, 두 왕 때 일어났던 일들을 짜깁기해놓았다. 그래서 이처럼 뒤죽박죽 모순된 기사들이 나오게 되었다.

　또 다른 사례를 살펴보자. 우리가 잘 알고 있는 호동왕자 이야기다. 대무신왕 15년(32년) 11월 조에는 갈사왕의 손녀(대무신왕의 차비)가 낳은 왕자 호동의 활약상이 기록돼 있다. 일반적으로 갈사왕의 손녀가 낳은 아이가 청년이 되려면 3세대, 최소 60년 이상 되어야 한다. 그런데 바로 10년 전인 대무신왕 5년(22년) 4월 조에 부여 금와왕의 막내아들이 갈사국을 세웠다는 기사가 적혀 있으니, 갈사왕의 손녀가 낳은 아이가 10년 만에 20세의 청년이 되었다는 말이다. 물론 갈사왕이 왕위에 오르기 수십 년 전에 손녀가 있었고, 그 손녀가 대무신왕의 차비가 돼 호동을 낳았다고 억지를 부릴 수도 있지만, 당시 고구려와 부여의 관계를 보면 타당성이 없다.

이처럼 『삼국사기』 초기 기록은 5세대의 왕을 고의로 누락시켰다. 고구려 본기 앞부분의 몇몇 왕을 빼버리고, 그들과 관련된 역사적 사실 중 빼놓을 수 없었던 몇몇 사건과 사실을 유리명왕기와 대무신왕기 등에 옮겨 놓았던 것이다.

북한의 역사학계에서는 국내외 여러 사료들을 통해 누락된 5세대 왕들을 밝혀냈다. 차례로 추모왕 - 유류왕 - 여률왕 - 대주류왕 - 애루왕 - 중해왕 - 유리명왕 순이다. 그런데 이러한 추론은 어디까지나 왕위 상속이 부자 계승으로 순조롭게 이루어졌다는 것을 전제로 하는데, 어떤 왕조든 부자가 아닌 형제 계승으로 이루어진 사례도 많다는 것을 생각하면, 5세대 5명의 왕 외에 또 다른 왕이 누락되었을 수도 있다. 따라서 누락된 왕은 최소 5세대 5명으로부터 5세대 7~8명, 많으면 10명에 이를 수도 있다.

고구려 건국연대는 기원전 277년

그렇다면 고구려의 건국연대는 언제일까? 그것을 밝힐 수 있는 잣대를 찾아야 한다. 『삼국사기』 권 22, 고구려 본기 끝에 실린 사론을 주목해보자. 여기에 "고구려는 진나라, 한나라 이후부터 중국의 동북쪽 모서리에 끼어 있었다"라는 기사가 나온다. 이 기사는 고구려의 건국연대를 밝혀줄 수 있는 중요한 단서다. 우리는 이 기사를 통해 진나라가 중국을 통일했을 때(기원전 221년) 고구려가 이미 존재했을 뿐 아니라 중국과 국경을 마주하는 꽤 큰 나라였다는 것을 알 수 있다.

이와 함께 주몽의 출생, 즉위, 사망연대의 간지(干支)를 중요한 잣대로 삼아야 한다. 고구려의 건국연대를 조작한 후기신라 역사편찬자들도 세상 사람이 다 아는 간지만은 고치지 않았다고 봐야 한다.

추모왕의 출생, 즉위, 사망연대의 간지는 어떤 역사책이나 다 동일하게 계해년, 갑신년, 임인년으로 돼 있다. 그렇다면 기원전 221년보다 앞선 어떤 갑신년에 고주몽이 고구려를 건국했을 것이다. 따라서 기원전 277년과 기원전 337년을 후보로 올려놓을 수 있다. 그런데 기원전 337년을 건국 시점으로 잡으면, 세대 당 재위가 너무 길어 비합리적이다. 반면에 기원전 277년을 건국 시점으로 잡으면 세대 당 재위가 51.6년으로 유리왕부터 동천왕까지 5세대 왕의 세대 당 재위 53.4년보다 짧아 합리적이다. 따라서 기원전 334년이 아니라 기원전 277년에 건국됐다고 결론지을 수 있다. 이는 『고구려 비기』를 인용해 고구려가 "1,000년에 미치지 못한다"라고 한 『당회요』 권 95, 고구려 조의 기록에 비추어봐도 적절하다.

고구려 건국연대의 역사적 중요성

고구려의 기원전 37년 건국과 기원전 277년 건국은 240년이라는 시간적 차이에 그치지 않는다. 시간적 차이에 숨어 있는 중대한 역사적 의미를 밝혀내야 한다. 그것은 한사군 설치 이전이냐 이후냐의 문제다. 지금까지 우리 역사학계는 한사군 설치 이후에 고구려·백제·신라가 건국됐으며, 한사군 설치로 인한 정치적·문화적 충격이 큰 역할을 했다고 보고 있다. 즉 중국의 한나라가 설치한 한사군은 중국 문물의 한반도 유입의 통로 역할을 했고, 이러한 문물의 영향으로 한반도 각 지역에서 문명화의 흐름이 형성됐다는 것이다. 그리고 이 흐름이 한반도 고대국가 형성의 원동력으로 작용했다고 한다. 이것은 고대판 식민지근대화론이다. 이러한 역사관의 뿌리는 일제 식민사관에서 시작됐다. 일제는 한사군의 설치가 우리나라 역사발전에 부정적 영향을 끼치지 않았으며 오히려 긍정적 역할을 했다고 강변했다.

그런데 고구려의 건국이 기원전 277년이라면 고구려 정치와 문화의 기원을 중국의 영향에서 찾을 수 있는 논거가 사라진다. 당시 중국은 전국 칠웅이 다투는 내전의 상태에 빠져 있었으며, 우리나라에 신경을 쓸 겨를도 없었다. 사회발전 수준 역시 우리와 중국의 차이가 전혀 없었다. 철기문화의 중국기원설 역시 사실과 다르다. 우리나라 철기문화는 중국과 관계없이 기원전 2000년기 말부터 한반도에서 독창적으로 창조돼 발전한 것이며, 기원전 5세기경에 이르러 강철 생산 단계로 발전했다. 그리고 기원전 3세기경에 온갖 철제 농기구들이 대량으로 생산됐다. 이처럼 삼국 형성의 원동력으로 얘기되고 있는 철기문화는 중국의 영향으로 형성 발전된 것이 아니라, 한반도에서 우리겨레에 의해 독창적으로 창조되고 발전된 토착문화다.

건국연대를 기원전 277년으로 보면, 고구려의 정치와 문화의 기원을 새로운 시각으로 볼 수 있다. 고구려의 탄생은 그 어떤 중국 문명의 전파와 영향과도 관련이 없으며, 오로지 우리나라 자체의 역사발전 법칙과 경로에 따른 자생적인 것이다. 고구려시대 더 나아가 삼국시대의 정치와

문화의 원형은 토착적인 것이며, 경제와 문화의 원동력 역시 독창적인 것
이다. 고구려는 구려의 계승국이며 고구려의 모든 것은 구려의 사회발전
과정에서 형성된 것들이다. 더 나아가 구려의 모든 정치·문화 제도가 고
조선에서 형성된 한반도 고대문명으로부터 기인된 것이라고 볼 때, 고구
려의 모든 것 역시 고조선으로부터 그 원형을 찾을 수 있다.

2절
구려를 알아야
고구려가 보인다

고구려 성장의 비밀은 구려에 있다. 고구려는 빈터에서 출발하지 않았다. 고구려가 급속도로 성장할 수 있었던 것은 구려의 왕권과 영토를 그대로 물려받았기 때문이다. 고구려의 건국자인 고주몽은 부여의 망명 정치세력의 대표자이다. 그는 망명한 지 2년 만에 고구려를 창건했다. 어떻게 그게 가능했을까?

고주몽은 구려 왕의 사위가 되었고, 구려 왕이 죽자 구려의 왕권을 물려받았다. 그리고 구려에 '고'자를 덧붙여 고구려를 국호로 삼았다. 이때부터 구려라는 고대국가는 사라지고 고구려라는 새로운 나라가 태어났다.

그런데 고대국가 구려는 매우 생소하다. 역사 교과서에도 나오지 않고, 학계에서도 연구성과들이 전무하다. 그러니 구려를 모르는 것은 어찌 보면 당연하다 할 수 있다. 하지만 구려를 모르고서는 고구려의 건국과 초기 성장발전 과정을 정확히 이해할 수 없다.

구려는 어떤 나라인가?

우리 역사학계에서는 고구려의 전신국가로서 고대국가 구려를 인정하지 않는다. '부체제설'이라는 이론을 만들어 원시시대 말 또는 막 계급사회로 접어든 사회발전 단계에서 고대노예제 국가인 고구려가 출발했다고 본다. 또, 주몽이 고구려를 건국할 당시에는 중앙집권적 영역 국가로서 고대국가의 면모를 채 갖추지 못했으며, 기원 2~3세기에 접어들어서야 고대국가로 자리 잡았다고 본다.

그런데 고대노예제 국가로서 구려가 천여 년 동안 존재했다면, 고구려 성립 당시 사회발전단계는 막 계급사회로 접어들어선 그런 단계를 훨씬 뛰어넘을 뿐 아니라, 노예제 고대국가의 말기에 이르렀다고 봐야 할 것이다. 바로 이 점에서 고구려의 전신국가로서 고대노예제 국가인 구려의 역사적 의미가 있다. 남아 있는 역사자료와 고고학적 자료를 종합해 볼 때, 구려는 원래 단군조선의 후국으로 출발했다가 기원전 15세기 중엽 무렵 고조선에서 떨어져 나와 독자적인 고대국가로 발전했다.

고구려의 전신 고대국가로 구려가 있었다는 사실을 보여주는 역사자료는 무엇인가?『후한서』예전에서는 "예와 구려, 옥저는 다 본래 조선 땅이었다"라고 구려의 존재를 밝히고 있으며,『한서』권 28, 지리지 현도군 고구려현 조에 대한 후한말 응소의 주석에서 '옛 구려호'(호는 이민족에 대한 비칭)라고 했고, 고구려가 구려의 왕권을 이어받아 구려 국호에 '높을 고'자를 덧붙였다고 밝혔다. 또『상서』권 11, 주관에 대한 주석에 '해동의 여러 이족들인 구려, 부여, 한, 맥'이 주나라 성립 시기 중국과 통했다는 기사가 있으며,『일주서』왕회해 편에 성주(주나라 동도 낙양)의 낙성식에 '고이'가 축하하러 왔다고 했는데, 진나라 사람 공조는 "고이는 곧 고구려(구려를 지칭)이다"라고 했다. 또『삼국지』후한서에는 계루부(주몽이 왕이 되면서부터 계루부에서 왕이 배출됨)에서 왕이 나오기 전에는 연노부에서 왕이 나왔다고 함으로써 주몽 이전에도 왕이 배출되었던 나라가 있었음을 증명해주고 있다. 이 모든 것들이 계루부에서 왕이 나오기 전에 연노부의 우두머리가 국왕이 되었던 구려국이 있었다는 것을 명백히 보여준다.

고대국가 구려의 성립

고대국가 구려가 독자적인 고대국가로 등장한 것은 기원전 15세기 전후다. 하지만 그 이전에도 원시 씨족사회의 단계에 있었던 것은 아니다. 구려 지역(오늘의 요녕성 환인 지방을 중심으로 북쪽으로는 동풍현·해룡현, 서쪽으로는 청원현·신빈현 지방, 동쪽으로는 정우현·무송현 일대, 남쪽으로는 북한의 자강도·양강도 지역을 포괄)에 청동기 문화가 전파되고 계급사회로 발전한 것은 기원전 3,000년기 중후반(기원전 23세기경)이다. 이는 이 지역에 분포돼 있는 돌관무덤과 고인돌무덤들을 통해 확인된다. 이들 무덤에서는 단군조선에서 발굴되는 것과 똑같은 비파형 동검과 비파형 창끝, 청동 도끼, 미송리형 토기 등이 수없이 발굴된다.

기원전 23세기경에 계급사회로 진입한 구려 지역은 처음에는 독자적인 고대국가가 아니라 단군조선의 후국으로 출발했다. 이것은 역사기록을 통해서도 알 수 있다. 『후한서』권 85, 예전에서는 "예, 옥저, 구려는 본래 모두 조선(단군조선)의 땅이었다"라고 전하고 있으며, 『제왕운기』가 인용한 '본기'에서는 "단군이 고조선(단군조선)뿐 아니라 시라(신라), 고례(고구려), 남·북 옥저, 동·북 부여, 예 및 맥을 모두 다스렸다"라고 쓰여 있다.

생산력의 발전으로 더욱 많은 재부를 축적한 후왕을 비롯한 구려 지역 지배층들은 정치적 지배권을 더욱 강화하면서 쇠퇴 몰락해가던 단군조선 왕조에 대항하는 독자적인 정치세력으로 자랐다. 그리고 고조선의 왕조 교체 시기인 기원전 15세기 중엽에는 고조선에서 분립해 독자적인 고대국가로 등장했다.

구려의 성장 발전

구려는 기원전 11세기에 이르러서는 주변 나라들에 널리 알려진 당당한 고대국가로 성장했다. 고대 중국의 역사를 전하는 『일주서』 권 7, 왕회해 편은 기원전 1059년에 건설된 성주(주나라 제2의 도읍인 낙양에 붙여진 명칭)의 낙성식에 초청받아 참석한 주변 여러 나라들과 종족들의 명칭을 기록해 놓았는데, 여기에 고이라는 명칭이 등장한다. 진나라(동진, 317~420년) 오경박사 공조는 고이에 대해 "고이는 동북이로서 고구려다"라고 주석했다. 그가 말한 고구려는 당시 존재하지 않았으므로 당연히 고이는 고구려가 아니라 구려를 뜻한다고 봐야 할 것이다.

기원전 11세기 서주의 동도인 성주의 낙성식에 초대받았다는 것은 당시 구려가 서주와 외교관계를 갖고 있는 독자적인 나라였음을 웅변해준다. 또 구려가 기원전 11세기경에 다른 나라에까지 알려진 나라였다는 것은 『상서』에도 잘 나와 있다. 『상서』 권 11, 주관 22에는 주나라 무왕이 은나라를 멸망시킨 후 부여와 구려, 한, 맥 등 동방 나라들이 서주 왕실과 통하게 되었다고 적혀 있다.

고대국가 구려를 계승해 세워진 봉건국가인 만큼 고구려의 초기 수도는 구려의 정치적 중심지와 불가분의 관계가 있다. 고구려의 초기 수도인 동시에 구려의 정치적 중심지로 볼 수 있는 졸본(홀본) 지역은 고구려 초기 유적 유물들이 가장 많이 분포되어 있는 환인 지역이다. 환인 일대는 적석총을 위주로 하는 고구려 무덤들이 천 수백 기가 발굴되었고, 구려 말 고구려 초기의 무덤들인 무기단 돌무지무덤들이 가장 많이 분포되어 있다. 이와 함께 고구려 초기 산성으로 보이는 흑구산성에서 고인돌무덤과 함께 자그마한 규모의 돌무지무덤이 발견되었는데, 이것은 고인돌무덤과 함께 돌무지무덤의 원초형이 유행되던 시기에 환인 지방이 이미 구려의 중심지였다는 것을 말해준다.

구려는 독자적인 고대국가로 발전한 이후 매우 앞선 시기에 철기문화를 창조해 나갔다. 기원전 2000년기 말부터 철을 생산하기 시작했으며, 기원전 7세기를 전후해서는 선철을 널리 생산했다. 그리고 기원전 5세기 전후에 강철 생산 단계로 발전했다. 기원전 1000년기 후반의 유적인 자강도 시중군 노남리, 풍청리, 심귀리, 증강군 토성리, 중국 요녕성 환인현 대전자 돌무지무덤 등지에서 나온 쇠활촉, 쇠도끼, 쇠창, 꺽쇠, 띠고리, 비수 등 철제품들은 구려의 철기 기술력을 잘 보여준다. 여기에서 나온 선철(주철)과 강철(주강 및 단조) 제품들을 보면 그 용도에 맞게 서로 다른 다양한 재질의 철제품들이 만들어졌음을 알 수 있다.

이처럼 구려 지역에서는 기원전 4~3세기경에 이르러서부터 철기가 광범위하게 보급되면서 농업생산력이 높아지고, 사회경제가 획기적으로 발전했다. 이는 낡은 노예제적 생산방식을 허물고 봉건적 생산양식이 도입 확산될 수 있는 물질적 토대가 됐는데, 이것이 고구려 건국의 사회경제적·물질적 토대를 이루었다. 기원전 4~3세기의 자강도 위원군 용연구 돌무지무덤에서 나온 쇠로 만든 호미, 괭이, 낫, 도끼, 반달칼 등은 철제품 농기구들이 광범하게 사용됐다는 것을 실증해준다.

구려의 약화와 몰락
구려는 고구려의 전신국가지만 고구려의 역사자료에는 구려에 대한 언급이 거의 없다. 이것은 고구려가 구려의 연장이 아니라 전혀 새로운 나라라는 인식이 지배했다는 것을 말해준다. 그래서 형식으로는 구려를 계승한 듯 보이지만, 내용으로는 구려가 붕괴되고 고구려가 건국된 것이다.

기원전 10세기를 전후해 주변 나라들에까지 널리 알려졌던 고대국가 구려는 기원전 5세기 전후에 서서히 몰락의 길로 접어들었다. 그 과정은 구체적 자료의 부족으로 알 수 없지만, 사회발전의 합법칙성에 의해 추론은 해볼 수 있다.

기원전 10세기를 전후해 발생한 제철 수공업은 기원전 5세기를 기점으로 강철제 농공구로 발전했다. 철제 농공구의 광범위한 보급은 농업에서의 새로운 변화를 일으켰다. 농경지 개간이 쉬워졌고, 단위면적당 농업생산력이 증대되었다. 또한 농업생산력의 발전은 노예노동에 의한 농업경리의 몰락과 봉건적 토지소유관계의 수립을 촉진시켰다. 노예들의 강제노동에 의존해 농업경리를 운영하는 것보다 그들에게 토지를 일정하게 맡겨 지대 - 소작료를 받는 편이 훨씬 유리해졌다. 게다가 고대국가 말기에 보편적으로 나타나는 노예들의 저항과 투쟁의 확산으로 봉건적 경리로 나가지 않을 수 없었다.

철제 농공구의 확대, 봉건적 요소들의 성장은 노예제적 생산관계에 기초하고 있던 고대국가 구려의 약화와 몰락을 촉진시키는 주된 요인으로 작용했다.

새로운 생산관계의 발생·발전은 필연적으로 새로운 정치를 요구한다. 낡은 노예제적 생산관계에 기초하고 있었던 고대국가 구려의 통치력은 점차 약화될 수밖에 없었고, 지역 정치세력들이 급격히 성장했다. 구려 말기에 이르러 비류국·양맥국이 떨어져 나갔고, 오늘날 양강도 지역에 있었던 개마국·구다국·조나국 등이 독자적인 소국으로 떨어져 나갔으며, 북부 지역은 부여의 영역으로 되어버렸다. 그 결과 구려는 중심인 5부 지역 즉 압록강 중류지방 - 혼강 유역과 자강도 지역, 혼하 상류, 휘발하 상류에 국한된 크지 않은 나라로 전락했다. 그리고 5부 지역 역시 형식적으로는 국왕의 통제 하에 있었지만 실질적으로는 소국의 연합체 형식으로 결합돼 있었다. 구려국 말기까지 5부 지역의 결합이 공고하게 유지될 수 있었던 것은 5부의 지배계급 집단들이 혈연적으로 가까운 문벌들이었고, 자기들끼리 주로 혼인함으로써 친연관계가 깊었던 사정과 관련이 있다.

구려국 말기의 영역으로 남아 있던 5부의 위치는 대략 다음과 같다.

① 연나부(연노부; 소노부) - 요녕성 환인현, 신빈현, 청원현 지역

② 과루부(계루부) - 길림성 집안시, 통화시 일대

③ 제나부(절노부) - 길림성 매하구시, 류하현 일대

④ 환나부(순노부) - 자강도 만포시, 시중군, 자성군, 화평군, 성간군, 요림군, 진천군

⑤ 관나부(관노부) - 자강도 위원군, 초산군, 우시군, 고풍군, 송원군 일대

3절
주몽!
고구려를 세우다

 고구려의 건국 설화는 다양한 판본이 존재한다. 남아 있는 건국 설화 가운데 가장 오래된 것은 광개토대왕릉 비문에 적혀 있는 것이다. 이것은 고구려 사람이 당대에 직접 쓴 것이라는 점에서 매우 특별하며, 역사적 가치가 높다.

 옛적에 시조 추모왕(주몽왕)이 나라의 터전을 처음 닦을 때 북부여에서 나왔다. 그는 천제(하느님)의 아들이요, 어머니는 하백(강물을 맡은 어른으로 물의 지배자)의 딸인데 알을 깨고 나왔다. 나면서부터 성스러운 덕성이 있었다 □□□□□ (다섯 글자가 보이지 않음) 수레를 메우라고 명령하여 돌아다니는데, 남쪽으로 내려오는 도중에 부여의 엄리대수를 지나게 되었다. 왕이 나루에 이르러 말하기를 "나는 황천(하느님)의 아들이요, 어머니는 하백의 딸인 추모왕이다. 나를 위해 자라와 거북이들을 뜨게 하라" 하니 그 소리가 나자마자 곧 자라와 거북이들이 물 위에 떴다. 그런 다음에 강을 건너 비류골의 홀본 서쪽에서 산 위에 성을 쌓고 수도를

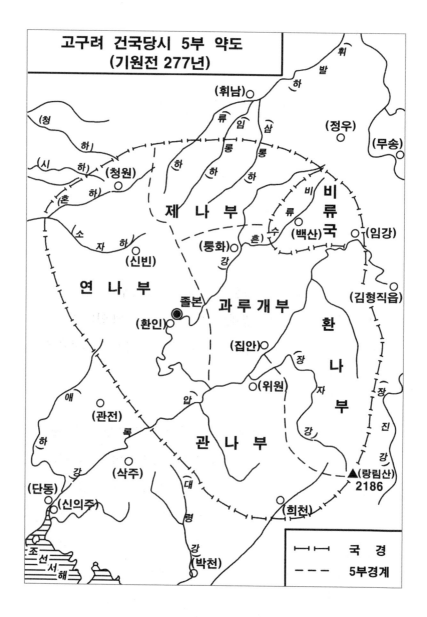

고구려 건국당시 5부 약도
(기원전 277년)

정했다. 인간 세상의 왕위에 있기를 즐겨하지 않으므로 하늘이 황

룡을 내려보내 왕을 맞이하게 했다. 왕이 홀본 동쪽 언덕에 있는

데, 황룡이 업고 하늘로 올라갔다.

주몽, 그는 어떤 사람인가?

기원전 3세기 초, 구려의 이웃인 압록강 유역에 유력자인 하백의 딸 유화가 있었다. 그녀는 어느 날 해모수를 만나 인연을 맺었다. 이를 안 하백은 부모 허락 없이 통정한 그녀를 우발수 가로 귀양을 보냈다. 우발수 가에서 귀양살이하던 유화는 부여 어부에 붙잡혀 부여국으로 끌려갔다. 부여왕 금와는 그녀가 하백의 딸이라는 것을 알고 별궁에서 지내도록 허락했다. 주몽은 바로 여기에서 유화의 아들로 태어났다.

주몽은 어려서부터 무예가 남달리 뛰어났다. 특히 활을 잘 쏘아 백발백중의 명사수로 이름을 날렸다. '주몽'이라는 이름 자체가 활을 잘 쏘는 사람이라는 뜻이었다. 주몽은 어릴 적에는 부여 궁전에 살면서 왕자 대우를 받았지만, 자라면서 무예와 지략의 출중함이 드러나자 부여왕 금와의 일곱 왕자들의 시기와 질투를 받았다. 부여 왕자들은 주몽을 왕궁에서 몰아내려는 음모를 꾸며냈다. 금와왕은 마침내 주몽을 왕실 말 목장의 목동으로 쫓아냈다.

목장 생활은 고통스러웠다. 하지만 고난만 가져다 준 것은 아니었다. 하층민과 접촉하면서 그들의 처지를 알게 됐다. 그 과정에서 사회적 모순을 깨닫게 됐고, 그것을 해결하기 위한 개혁 방향과 방도를 깊이 있게 연구할 수 있었다. 귀공자 주몽은 새로운 사회를 지향하는 혁명가로 성장했다. 혁명가 주몽은 오이, 마리, 협보 등 자신의 뜻에 동조하는 신진세력을 규합해 나갔다. 그러던 중 부여 왕실에서 그를 살해할 모의가 진행되고 있다는 정보를 입수했다. 역사책에는 명확히 기술돼 있지 않지만, 이러한 모의는 주몽의 신진세력 규합이 부여 왕실을 위협할지도 모른다는 두려움 때문이었을 것이다. 아직 부여 왕실을 뒤엎을 만한 힘을 갖추지 못한 주몽의 세력은 망명의 길을 선택하지 않을 수 없었다.

주몽의 망명

주몽은 오이, 마리, 협보 세 명의 벗과 함께 남쪽 지역으로 망명길에 올랐다. 주몽의 망명은 단순한 도피가 아닌 새로운 도전이었다. 부여왕 국 내에서 새로운 사회를 건설하기 어렵게 되자 남쪽으로 내려가 새로운 나라를 세우려 한 것이다. 망명길에서도 주몽은 세력을 확대해 나갔다. 대표적 사례가 재사 무골, 묵거 등의 영입이다. 주몽은 모둔곡에서 무골, 묵거라는 그 지역 청년들을 만났는데, 이들은 주몽의 꿈을 지지하며 따라 나섰다.

남쪽 졸본천(비류수) 가에 다다른 주몽은 서쪽 언덕에 거점을 세웠다. 그리고 새로운 나라를 세우기 위한 건국 활동을 본격적으로 시작했다. 설화에는 자세히 언급되어 있지 않지만, 주몽의 망명은 몇몇 개인의 망명이 아니라 하나의 정치세력 또는 주민 집단의 이동으로 봐야 할 것이다.

주몽의 건국활동

당시 그 지역은 과루부(계루부. 구려 5부의 하나로 오늘날 집안 통하 지역) 북쪽 변방의 빈 공지였다. 당시 고대사회에서는 국경 개념이 모호했으며, 국경 근처에는 사람들이 살지 않는 빈 공지가 매우 많았다. 이런 지역은 어느 나라에도 속하지 않았고, 지배력도 미치지 않았다. 주몽의 세력은 이러한 곳을 거점으로 삼아 왕과 신하의 상하 질서를 세우고, 정치군사적 실력을 갖추는 한편 경제적 기반을 확보하기 위한 사업에 착수했다. 이러한 점으로 볼 때 주몽의 세력은 일정한 주민(노예)들을 데리고 남하했을 것으로 보인다.

주몽이 자리 잡은 곳은 구려국 과루부(계루부)와 비류국의 경계 지역이었는데, 여기에서 주몽은 건국 사업에 큰 의미를 갖는 두 사람을 만나게 된다. 두 사람 중 한 사람은 비류국왕 송양이고, 다른 한 사람은 소서노다. 역사서에 주몽이 고구려 건국을 전후해 비류국왕 송양을 만난 기사가 전해져 내려온다. 만남 시점에 대해서는 건국 이후라는 설이 전해져 내려오는데, 전후 맥락으로 볼 때 처음 만나 다퉜던 것은 고구려 건국 이전으로 보는 게 합리적이다. 만약 건국 이후라면 당시 구려국은 비류국에 비해 대국이었는데, 송양이 감히 구려를 계승한 고구려의 국왕을 만나 겨루지는 못했을 것이다.

전해져 내려오는 기사에 따르면, 주몽을 만난 송양은 그가 매우 뛰어난 인재라는 것을 대번에 알아차리고 자신의 부용(신하)이 되어 줄 것을 제의했다. 그러나 주몽은 그 제의를 거절하고 오히려 송양에게 자신의 부하가 되라고 요구했다.

송양과의 만남 못지않게 극적인 사건은 소서노와의 만남이었다. 소서노는 과루부(계루부) 대가 연타발의 딸이자 부여왕 해부루의 서손인 우태의 처였는데, 우태가 죽은 후 과루부 북부 지역에 살고 있었다. 비류수가에서 주몽을 만난 소서노는 그가 대단히 비범한 사람이라는 것을 간파했다. 그녀는 주몽과 결혼하고 자신의 전 재산을 다 털어 그의 건국 사업을 거들었다. 외지에서 흘러온 주몽에게 그 지역 토착세력인 소서노와의 결혼은 건국 사업을 빠른 시일 내에 성취해 나갈 절호의 기회를 제공해주었다. 소서노와의 만남은 천재일우의 기회였으며, 소서노의 도움으로 주몽은 매우 짧은 기간 안에 자신의 정치군사적 기반을 구축할 수 있었다. 이때가 대략 기원전 279~278년경이었다.

당시 구려국 북방에는 말갈족 부락이 있었다. 그들은 아직 원시시대 말기 단계의 종족 공동체를 형성하고 있었다. 농사를 짓지 않고, 사냥과

채집으로 살아가면서 주변 지역에 대한 습격과 약탈을 일삼았다. 이것은 구려 북부 지역 사람들에게는 근심과 우환거리가 아닐 수 없었다. 이것을 간파한 주몽은 구려 사람들의 민심을 사기 위해 말갈에 대한 대대적인 토벌작전을 벌여 그들의 항복을 받아내고, 다시는 구려를 침범하지 못하도록 눌러놨다.

주몽은 말갈족 토벌로 명성을 떨쳤으며, 누구도 무시할 수 없는 정치세력으로 등장했다. 당시 계루부 대인이었던 연타발은 소서노의 요청에 따라 주몽에게 계루부 대인 자리를 물려줬다(기원전 278년).

고구려의 탄생

계루부 대인이 된 주몽은 구려국의 주요 정사를 논의하는 모임에 자주 참가했다. 당시 구려의 왕은 5부의 하나인 연나부에서 세습하고 있었다. 기원전 3세기 초 구려 사회는 노예와 지배계급 사이의 대립과 모순이 격화되고, 귀족들의 권력 다툼도 심해 나라 안팎이 어수선하지 않을 수 없었다. 앞날에 대한 근심 걱정으로 날을 새던 구려 왕은 주몽의 풍모와 재능에 탄복해 장차 나라를 맡겨야겠다고 생각하고, 자기의 딸을 주몽에게 시집보냈다. 그러다 아들이 없는 구려 왕이 급병으로 죽게 되자, 주몽이 구려 왕위를 계승해 구려 5부 전체의 합법적인 통치자가 됐다(기원전 277년).

새로운 나라를 세울 큰 뜻을 품고 구려국 왕위에 오른 주몽은 왕좌에 앉자마자 구려에 고자를 덧붙여 나라 이름을 고구려로 바꿨다. 이는 단순한 국호의 개칭이 아니라 새로운 나라의 탄생을 의미했다.

구려는 고대노예제 국가이며, 말기에는 구려 5부의 연맹체 성격을 띤 소국연합체제로 전락했다. 반면 고구려는 중세봉건제 국가로, 중앙집권적 전제군주국을 지향했다. 물론 하루아침에 중앙집권적 전제국가가 이루어진 것은 아니다.

고구려가 건국되고 주몽의 왕권이 강화됨에 따라 소국연합체 성격을 띠고 있었던 왕과 4부 대인들의 관계는 봉건적 주종관계로 바뀌어 나갔다. 왕의 명령에 복종하는 새로운 질서체계가 확립되었으며 4부 대인들은 왕의 제후로서 자신들의 가신단 명단을 의무적으로 제출해야 했다. 국가적 행사 때도 제후의 신하는 같은 벼슬이라 하더라도 왕의 신하와 같은 자리에 서지 못하고 한 급 낮은 자리에 서 있어야 했다. 이러한 차별은 시간이 흐를수록 더욱 강화됐고, 5부 내에서의 봉건적 위계도 더욱 확대되었다. 이처럼 주몽은 독자성을 가진 소국연합체 형태의 구려국의 정치제도를 국왕을 중심으로 한 중앙집권적 봉건국가로 개조해 대고구려의 기초를 확립했다.

4절
고구려라는
국호의 의미

고구려라는 국호의 유래에 대해서는 『삼국사기』 고구려 본기 동명성왕 편에 나오는데, 동명왕(주몽)이 나라를 세우면서 국호를 '고구려'라 정하고 '고'로써 성씨를 삼았다고 기록되어 있다.

고구려의 창건자는 주몽이다. 구려 왕의 사위로 구려 왕위를 물려받은 주몽은 구려라는 이름을 존중하고 계승했지만 '구려'의 앞에다 새롭게 '고'자를 붙였다. 이것은 단순히 나라 이름을 바꾼 데 그치지 않고 그 이전과는 전혀 새로운 왕조의 탄생을 가져왔다. 그렇다면 '고구려'라는 국호는 무슨 뜻일까? 이에 대해 다양한 견해들이 쏟아지고 있다.

고구려라는 국호의 기원에 대한 다양한 해석들

그중 하나로 졸본 지역에는 일찍부터 고구려족이 살았는데, 고구려라는 국호는 이 부족의 이름에서 유래했다는 주장이 있다. 주몽이 고구려를 건국했다고 하는 기원전 37년 이전부터 역사서들에 고구려라는 이름이 등장한 데서 추론한 것이다. 구체적으로 기원전 108년 고조선과 한나라의 전쟁 이후 한무제가 현도군을 설치할 때 그 수현(중심현)으로서 고구려현을 두었다는 기사가 『후한서』 등의 중국 역사서에 나온다. 고구려의 건국 기년을 기원전 37년으로 못 박아놓은 사고에서 벗어나지 못한 사람들은 이 기사를 해석하지 못하고 편의적으로 고구려 건국 이전에 고구려족이 있었다고 결론을 내린 것이다.

하지만 이러한 해석은 역사적 사실을 심각하게 왜곡한 것이다. 『삼국사기』를 비롯한 모든 국내외 역사책들은 주몽이 나라를 세우면서 구려에 고자를 붙여 고구려라고 했다고 그 유래를 밝히고 있다. 즉 고구려라는 말은 주몽이 새로운 나라를 건국하기 이전에는 생겨날 수 없었다. 다시 말해 고구려족이라는 부족이 있었던 것이 아니라 한나라의 조선 침공(기원전 108년) 훨씬 이전부터 주몽이 세운 고구려라는 나라가 있었던 것이다.

또 고구려의 '구려'(句麗)는 구루(溝婁)와 통하는 말이라는 주장도 있다. 구루는 성을 뜻하는 고구려의 옛말로, 성을 많이 쌓았던 고구려의 문화적 특징을 잘 나타낸다고 한다. 아울러 돌로 성을 쌓던 구려 사회가 주몽을 만나 '높을 고'를 더해 고구려라 새로이 칭했을 것이라고 주장한다. 이와 비슷한 주장으로 여진어, 만주어, 몽고어에서 '고려'를 솔코(솔호, 솔롱고스)라고 했다는 것과 연관시켜 '고구려'는 높은 성(높이 솟은 성)이라는 뜻을 가진 솔골(솟은 구루)의 한자 역이라고 보는 견해도 있다.

하지만 돌로 성을 많이 쌓은 것은 고구려의 문화적 특징이지 구려의 문화적 특징은 아니다. 고구려의 문화적 특징을 아무런 근거도 없이 구려까지 확장하는 것은 논리적 비약이다. 지금까지의 유적·유물적 자료에 의하면 구려시대에 쌓았던 성은 거의 없다. 따라서 구려 사람들이 성을 많이 쌓았다고 볼 근거는 전혀 없다. 오히려 성을 많이 쌓은 것은 구려와는 다른 고구려의 새로운 문화적 특징이라고 볼 수 있다. 이렇게 보는 근거는 "주몽이 산 위에 성을 쌓고 수도를 정했다"(광개토대왕릉비문)라는 기사처럼 산성을 쌓은 걸 주몽의 업적으로 들고 있는 것으로 볼 때, 산성을 쌓는 고구려의 문화적 전통은 주몽 때부터라고 볼 수 있기 때문이다. 그러므로 구려라는 국호의 유래를 구루(성)와 연관시키는 것은 아무런 타당성이 없다.

또 '구려'라는 이름이 고을 골에서 유래했다고 보는 견해도 있는데, 우리나라에서는 예로부터 수십 개의 고을이 있었고, 이르는 곳마다 골(골짜기)이 있었으니, 그것이 국호로 됐다고 보기는 어렵다. 또 어떤 사람은 한자에서 '구'는 구부러진 물체를 가리키는 글자이고, '려'는 여행한다는 뜻을 가진 글자이니 고구려 사람들이 살던 고장에 산이 많아 구불구불한 길로 다녔기 때문에 붙은 이름이라고 해석했다. 이것은 한자의 뜻으로 나라 이름을 해석한 시도인데, 구려라는 한자 표기는 우리말을 이두식으로 옮긴 것이기 때문에 한자의 뜻을 가지고 주관적으로 해석하는 것은 적절치 않다.

또 이긍익은 『연려실기술』에서 '고려'는 산고수려(산은 높고 물은 아름답다)라는 뜻으로 지은 국호라고 해설했는데, 이것은 고구려 사람들이 국호를 좋은 뜻을 가진 '고려'로 약칭한 것을 설명하는 데는 유용할지 몰라도 '고구려'라는 국호에 대한 해설로는 맞지 않는다. 이밖에도 거루, 거허, 주리, 과하 등 한자 단어의 뜻과 결부시켜 해석하려는 견해도 있으나 억지로 한자의 뜻이나 중국의 옛일과 연결시킨 해석으로 설득력이 전혀 없다.

고구려 국호에 대한 다양한 해석의 문제점

이런 여러 가지 견해의 가장 큰 문제는 국호가 후세의 호칭이 아니라 당사자들이 지은 자기 나라 이름이라는 것을 간과했다는 점이다. '구려' 는 '구려' 왕실에서 자기 나라 이름으로 지은 것이며, '고구려'는 고구려 의 창건자인 고주몽이 자기 나라 이름으로 지은 것이다. 다른 나라 사람 이나 후세 사람들이 그 나라 이름을 지어주는 법은 없다. 후세 사람이나 다른 나라 사람들이 지어 부른 이름은 국호가 아니라 별칭에 불과하다. '고조선'이라는 이름은 후세 사람들이 단군조선 시기의 '조선'이라는 나 라 이름을 가리키는 별칭이었지, 당시 고조선 사람들이 스스로 정한 국 호는 아니었다. 고조선의 정식 나라 이름은 '조선'이었다. 고구려·백제·신 라·발해·고려·조선은 모두 국호이고, 해당 나라 왕실에서 지어 부른 이름 들이다. 물론 한자로 표기하는 과정에서 이두식으로 표현된 것도 있다. 고구려도 이두식으로 표현된 나라 이름이다.

어느 나라나 국호는 그 나라 사람들의 뜻과 지향을 담아내며, 지배 세력에 의해 목적의식적으로 명명된다. 따라서 그 나라의 문화적 특징 이 자연스럽게 국호로 되는 법은 없다. 물론 자기 나라의 자연지리적 특 징이나 문화적 특질을 반영할 수는 있지만 그것이 바로 국호로 되는 것 이 아니다.

고구려라는 국호의 의미

'고구려'라는 국호의 유래를 올바르게 해석하려면 우선 국호가 제정 된 과정을 알아야 한다. 『삼국사기』에 기술되어 있는 대로 '고구려'는 기 존의 '구려'라는 국호에다 '고'자를 붙여서 생겨난 이름이다. 따라서 '고 구려'의 유래와 뜻을 해석하려면 '구려'라는 국호의 뜻을 파악해야 하며, 동시에 '고'라는 말의 의미를 알아야 한다.

구려라는 말은 우리나라 고어에서 '거루', '거르', '거룩하다'는 말과 같은 뜻을 가진 말로서, 오늘날의 언어로 해석하면 '위대하다', '성스럽다', '크다'라는 뜻을 가졌다. 우리나라 고대사회에서는 하늘에 올리는 제사에 쓰이는 신물로 청동거울을 사용했다. 당시에는 청동거울을 매우 신성한 존재로 여겼기 때문이다. 그런데 고대사회에서 거울은 '거우로'(『훈몽자회』)라고 불렸다. 즉 '구려'라는 말과 '거우로'라는 말은 어원이 같고, 양자 모두 신성하다는 뜻을 담고 있다. 그러므로 '구려'는 '위대한 나라' '신성한 나라'라는 뜻으로 해석하는 것이 합리적이고 타당하다.

다음으로 우리나라 고어에서 '고'(高)는 '해'(解)와 같이 'ka'로 발음됐고, 그 뜻은 해(태양)를 가리켰다. '고'(高)와 '해'(解)는 같은 말인데, 한자로 옮길 때 다르게 옮겼을 뿐이다. 이는 고주몽의 후손인 유리명왕, 대무신왕, 모본왕의 성씨가 '해'(解)였다는 『삼국사기』의 왕력 기사를 통해 확인된다. 『삼국사기』 고구려 건국 기사에서는 주몽이 나라 이름을 '고구려'라고 정하고 '고'로써 성씨를 삼았다고 했는데, 고주몽의 직계 후손들인 유리명왕, 대무신왕, 모본왕의 성씨를 '해'(解)로 했다는 것은 고씨가 곧 해씨라는 말과 같다. 그러므로 '고구려'는 태양의 나라, 신성한 나라, 태양(신)의 후손이 다스리는 신성한 나라라는 의미를 담고 있다고 보는 것이 제일 합리적이고 타당하다. 이는 광개토대왕릉비에서 추모왕(주몽왕)은 '천제의 아들'이라고 했고, 모두루묘지명에서는 고구려를 세상에서 '가장 신성한 나라'이고 시조 동명왕은 '해와 달의 아들'이라고 여러 차례 강조하고 있는 것과 부합된다.

고구려와 조선은 모두 태양의 나라라는 뜻을 담고 있는 나라 이름이다. 단군조선의 국호는 조선이었는데, 이는 밝게 빛나는 아침의 나라, 태양이 솟는 나라라는 의미를 담고 있다. 이처럼 역대 우리나라의 나라 이름은 모두 '태양이 솟는 나라'라는 의미를 공통적으로 담고 있다.

우리나라의 역대 국호에 '태양이 솟는 위대한 나라'라는 의미가 공통으로 담겼다는 것은 우리나라 사람들이 밝음(태양)을 숭배하는 사상과 신앙체계를 공통적으로 갖고 있었기 때문으로 보인다. 밝음(태양) 숭배 사상과 정서, 신앙체계는 멀리는 구석기시대로 거슬러 올라가며, 가까이는 신석기시대부터 형성되어 계승됐다.

5절
주몽은 어떤 나라를
꿈꾸었나?

고구려가 어떤 나라인가를 알려면 먼저 건국자의 건국사상과 이념을 알아야 한다. 그런데 고주몽의 건국사상과 이념이 체계적으로 정리돼 전해져 내려오는 것이 없어 그 전모를 밝히기 어렵다. 하지만 그중 한 단면을 살펴볼 수 있는 설화가 있다. 『동국이상국집』(고려시대 이규보의 문집)의 '동명왕 편 및 서문'에 실린 송양과의 만남 설화다.

비류왕 송양이 사냥을 나갔다가 왕(주몽)의 얼굴생김이 보통이 아님을 보고 초청해 자리를 같이하고서 말하기를 "구석진 곳에 살고 있다 보니 아직 어진 이를 만나지 못했는데, 오늘 우연히 이렇게 만나니 얼마나 다행인지 모르겠소. 그대는 어떤 사람이며, 어디에서 왔소?"라고 물었다. 왕이 대답하기를 "과인은 천제의 손자요 서쪽 나라 왕이라 감히 묻건대 군왕은 누구의 뒤를 계승한 사람이오?"라고 물었다. 송양이 대답하기를 "나는 선인의 후손으로 여러 세대째 왕으로 있소. 지금 이곳이 너무 작아 둘로 나눠 두 사람이 왕이 될 수 없소. 그대는 나라를 세운 지 얼마 안 되니 나의 부용국(후국)이 되는 게 어떻겠소?"라고 했다. 왕이 이르기를 "과인은 하늘의 뒤를 이은 후손인데 당신은 신의 후예가 아니면서도 억지로 왕을 자처하고 있으니 만약 나에게 귀복하지 않는다면 하늘이 반드시 망하게 할 것이오"라고 말했다. 송양은 왕이 여러 차례 천손이라고 자칭하는 것을 듣고 속으로 의심을 품으면서 그 재간을 시험해보려고 생각했다.

태양의 나라를 꿈꾼 주몽

주몽과 송양의 만남 설화가 시사해주는 바는 크다. 이 설화는 고구려를 건국한 주몽의 꿈과 이상을 상징한다. 송양은 자신이 왕이 되어야 할 이유로 '선인의 후손'을 내세웠다. 선인의 후손이란 단군선인의 후손이라는 말이다. 이에 대해 주몽은 '천제의 손자'(천손)를 자처하고 있다. 천제의 손자와 선인의 후손의 대결이다. 이 대결의 의미는 무엇일까? 송양은 선인의 후손이라고 말함으로써 기존의 가치와 체제의 계승을 강조한 반면, 주몽은 낡은 것에 대한 부정과 새로운 사회 건설이라는 혁명을 선택했다. '천제의 손자'란 하늘의 뜻을 받아 새로운 나라를 열었다는 것을 상징한다. 이처럼 주몽은 구려를 물려받았지만, 낡은 것(노예제 사회정치체제)들과 결별하고 새로운 나라를 지향했다. 이것이 주몽과 송양 만남 설화의 핵심 종자이다.

주몽은 태양의 나라를 꿈꿨다. 이는 고구려라는 국호에서 잘 드러난다. 구려는 '신성한 나라'를 의미하는데, 주몽이 여기에 덧붙인 '고'는 '해'(태양)를 의미하는 고어다. 즉 고구려는 '태양처럼 빛나는 신성한 나라'라는 의미를 가졌다. 이처럼 주몽은 '태양의 나라'를 꿈꿨으며, 그것은 '천제의 손자'라는 말과 일맥상통한다. 주몽이 꿈꾼 태양의 나라란 제후국(부용국)이 아니라 당당하고 자주적인 천자의 나라이다. 고구

려 사람들은 주몽의 이 꿈과 이상을 실현시키기 위해 수백 년간의 피어
린 투쟁을 벌였다. 그리고 동방에서 가장 위대하고 강대한 천자의 나라
를 마침내 일으켜 세웠다.

겨레의 통합을 꿈꾼 주몽

주몽이 꿈꾼 천자의 나라는 구려 5부에 국한된 조그마한 나라가 아
니라 우리 겨레의 통합이 실현된 거대한 나라였다. 고구려를 세운 이후
이 꿈을 실현하기 위한 첫 사업이 바로 송양의 나라를 통합하는 것이었
다. 당시 송양은 비류국이라는 소국의 왕이었다. 비류국은 혼강(비류수)
상류를 중심으로 동쪽으로 임강 일대까지의 넓은 지역을 차지하고 있었
고, 서쪽으로는 고구려 5부의 동부와 북부 사이에 돌출하고 있어 5부 사
이의 교통과 단합에 지장을 주고 있었다. 비류국왕 송양은 주몽의 통합
노력에 힘으로 대항해서는 괴멸될 수밖에 없다고 생각하고 고구려 건국
이듬해(기원전 276년) 6월 고구려에 투항했다.

주몽은 송양을 다물후(다물국왕)로 봉하고, 그 땅을 다물도로 칭했다.
『삼국사기』에 따르면 '다물'의 뜻은 '옛 땅을 되찾음'(고토회복)이다. 주몽
의 뜻은 명백했다. 강대했던 구려의 옛 땅을 모두 되찾아, 겨레의 통합
이 실현된 큰 나라를 세우겠다는 것이었다. 물론 주몽 당시에는 고조선
멸망 이전이기 때문에 첫 고토회복 대상은 구려였다가 떨어져 나간 소
국들이었다. 하지만 고토회복의 개념은 고조선이 멸망한 이후 고조선의
옛 땅으로 확장됐다. 그리고 고조선의 옛 땅을 모두 되찾은 이후에는 삼
국통일의 대업 실현으로 발전했다. 이 꿈은 고구려의 중심적인 국가사상
과 정책으로 정립됐고, 고구려의 모든 국왕은 신성한 이 정책을 실현하
기 위한 투쟁을 펼쳤다.

고구려의 소국 통합의 출발

고구려는 초기에 구려에 속해 있다 독립한 주변 소국들을 통합하는 사업에 힘을 집중했다. 비류국을 통합한 후 주몽은 기원전 272년(동명왕 6년) 10월에 오이와 부분노를 시켜 태백산(백두산) 동남에 있는 행인국을 쳐서 통합하고, 그 땅을 성읍으로 만들었다. 기원전 268년 11월에는 장수 부위염으로 하여금 군사를 이끌고 북옥저를 쳐서 멸망시키고 그 땅을 성읍으로 만들었다. 고구려가 통합한 북옥저는 함경북도 길주·명천 이북의 해안지방, 중국 길림성 연변자치주의 많은 부분, 러시아 연해주 남부 지역을 포괄하고 있었다. 당시 북옥저는 목단강 중류지방까지 차지하고 있었으나 고구려가 통합한 것은 북옥저의 남부 지역에 그쳤고 북부 지역은 부여에 속해 있었던 것으로 보인다. 행인국과 북옥저의 통합과 성읍화는 고구려가 처음부터 중앙집권체제를 지향했다는 것을 뚜렷이 실증해주고 있다.

행인국과 북옥저의 통합은 고구려의 영토를 넓히고 국력을 강화하는데 매우 중요한 역할을 했다. 우선 무산을 비롯한 풍부한 철광석 지대를 장악하고 제철·제강업을 발전시킴으로써 군사력을 매우 강화·발전시켜 나갈 수 있게 됐으며, 연변 지역에 산재해 있는 동광(銅鑛)들을 장악함으로써 유색 금속 생산량을 늘릴 수 있게 됐다. 또 내륙국가인 고구려에 항상 부족했던 소금과 해산물을 공급받을 수 있는 통로를 확보함으로써 경제발전과 주민생활 안정에 큰 역할을 했다.

선비국과 양맥국의 복속

기원전 249년(제2대 유류왕 11년) 4월에 고구려는 서북방에 있던 선비국의 나라를 항복시켜 속국으로 삼았다. 『삼국사기』에는 이 기사가 유리명왕 11년(기원전 9년)에 있었던 일로 기록돼 있다. 하지만 선비국 통합작전의 책임자인 부분노는 주몽과 함께 고구려 건국에 참여했던 인물이다. 그러므로 선비국 통합은 유리왕 때가 아니라 유류왕 11년 때의 일로 봐야 맞다. 당시 정세를 고려할 때 선비국은 요녕성 철령, 개원 동쪽 시하, 청하 상류 일대와 산간 지역에 있었던 것으로 짐작되는데, 험한 지세를 믿고 고구려에 적대적 입장을 취하면서 약탈을 일삼고 있었다.

고구려의 명장 부분노는 선비족이 용맹하기는 하나 지략이 없다는 것을 알고 계략을 썼다. 사람들을 시켜 고구려는 약한 나라라고 선전해 경각심을 무디게 만든 것이다. 그런 다음 선비국 수도 부근에 약한 군사를 거느리고 가서 적을 유인해 성을 비우게 하고, 그 사이 부분노는 날랜 군사를 이끌고 성을 점령해 선비국 군대가 오도가도 못하게 만들어버렸다. 수도성을 빼앗긴 선비족 군대는 진퇴양난에 빠져 고구려에 항복했다. 고구려는 선비국의 항복을 받아들여 후국으로 만들었다.

기원전 227년(여를왕 10년) 8월에 오이, 마리가 거느린 2만 명의 고구려군은 서쪽에 있는 양맥국을 쳐서 멸망시켰다. 양맥국은 대량수(태자하) 중류지방에 있는 맥족의 나라였다. 당시 부여도 예, 예맥으로 불리기도 했고, 고구려도 맥, 예맥으로 불리기도 했다. 그러므로 양맥국 사람들도 기본적으로 고구려와 같은 갈래 주민들이었다. 고구려가 겨레와 강토의 통일을 기본정책으로 삼고 추진시켜 나가는 데 대해 양맥국의 지배층이 잘 순종하지 않았으므로 군대를 보내 멸망시키고 속령화했다.

개마국과 구다국의 통합, 성읍화, 후국화

기원전 215년(대주류왕 9년) 10월에 왕은 직접 군사를 이끌고 개마국을 징벌해 왕을 죽이고 그 땅을 고구려의 성읍(군현)으로 만들었다. 개마국은 오늘날 개마고원에 자리 잡고 있었던 소국인데, 왕이 직접 징벌한 까닭은 고구려에 적대적 입장을 취하고 있었기 때문으로 보인다. 같은 해 12월 개마국의 이웃에 있던 구다국의 왕은 자기도 개마국왕의 신세가 될 것이 두려워 스스로 나라를 들어 항복했다. 고구려가 구다국을 성읍화했다는 기사가 없는 것으로 봐 구다국왕을 죽이지 않고 후왕으로 임명해 그 나라를 후국화했던 것으로 보인다.

이처럼 건국 후 수십 년 사이에 비류국, 행인국, 북옥저국, 선비국, 양맥국 등 주변 소국의 통합에 성공하고 고구려는 큰 나라로 성장했다. 주몽을 비롯한 당시 건국세력들이 새로운 시대의 요구에 부응해 봉건제도에 기초한 새로운 나라 건설을 지향했기 때문이며, 다른 한편으로는 구려의 옛 땅을 다시 찾아 겨레를 통합하고 큰 나라로 발전하려는 강한 열망을 가졌기 때문이다. 그러한 지향 아래 국력을 강화할 수 있도록 중앙집권적 통치체제를 세워 나갔으며, 왕권과 봉건적 통치질서를 강화하고 경제를 발전시켰다. 건국 후 50여 년 동안 고구려의 무력은 2만 명으로 늘어났으며 고구려 군대는 잘 무장되고 훈련된 정예 무력으로 성장했다.

6절
고구려 국가의
기초를 확립한 대주류왕

광개토대왕릉비에는 "(주몽이 죽은 후) 세자 유류왕에게 유지를 내려 나라를 도리로써 잘 다스리도록 했고, 대주류왕은 나라의 기초를 잘 계승 발전시켰다"라고 밝혀져 있다.

지금까지 추모왕(주몽) - 유리명왕 - 대무신왕의 순으로 고구려의 왕계가 이어졌다고 알려졌다. 『삼국사기』에 따르면, 고구려의 3대 왕이 대무신왕으로 나오며, 대무신왕을 대해주류왕으로도 불렀다고 서술돼 있다. 광개토대왕릉비에 나오는 대주류왕은 『삼국사기』에 나오는 대해주류왕과 동일인물이며, 따라서 대무신왕이 곧 대주류왕이라고 할 수 있다.

『삼국사기』에 따르면 대무신왕은 대주류왕이며, 기원 4년에 태어나 44년에 사망했다. 그는 11세 때 태자로 옹립되고 14세 때인 기원 18년에 왕위에 올랐다. 그런데 대무신왕 15년(기원 32년, 대주류왕 28세)에 그의 둘째 아들 호동이 성인이 돼 낙랑공주를 만난다. 당시 호동의 나이는 적어도 15세 이상은 되었을 것인데, 그렇다면 대무신왕이 13세 때 둘째 아들 호동을 낳았다는 결론에 이르게 된다. 이것은 현실적으로 불가능하다.

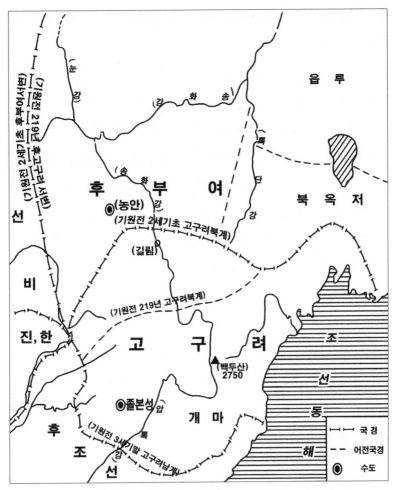

기원전 3세기 말~2세기 초 고구려 영역도

또 대무신왕 5년(기원 22년)에 부여가 망하고, 대소왕의 아우가 갈사수
가에 와서 갈사국을 세웠다고 한다. 그런데 갈사국이 세워진 뒤 10년밖
에 지나지 않았는데, 갈사왕의 손녀가 성인이 돼 대무신왕에게 시집을
가서 호동왕자를 낳았다고 한다. 이것이 가능한 일인가? 불가능하다. 물
론 갈사왕이 되기 전에 갈사왕의 손녀가 대무신왕의 왕비(차비)가 되었

다고 가정할 수 있지만, 당시 고구려 - 부여 사이의 적대적 관계로 볼 때 비현실적이다.

이처럼 『삼국사기』 대무신왕에 대한 기록은 모순으로 가득 찼다. 왜 이러한 모순이 발생했는가? 11세 때 태자가 된 대주류왕과 대무신왕은 서로 다른 왕이기 때문이다. 서로 다른 두 왕을 하나의 왕으로 만드는 과정에서 이러한 모순이 발생했다. 대무신왕은 11세 때 태자로 된 왕이 아니다. 그것은 『삼국사기』 유리명왕 조에 그대로 밝혀져 있다. 『삼국사기』 유리명왕 조에 따르면, 대무신왕의 어머니는 다물국왕 송양의 딸인데, 유리명왕 2년 7월에 왕비로 삼아, 유리명왕 3년 10월에 사망한 것으로 나와 있다. 그렇다면 무휼이 태자로 될 당시(유리명왕 33년)에는 적어도 31세가 되어야 맞다. 또 유리명왕 33년에 무휼을 태자로 삼아 군국대사를 맡겼다고 하는데, 11세밖에 안 된 아이에게 군국대사를 맡긴다는 것 자체가 성립되지 않는다. 이 모든 것들을 종합하면 11세 때 태자가 된 대주류왕과 대무신왕은 서로 다른 왕이라는 결론에 도달한다.

대주류왕은 어떤 왕인가?

주몽이 고구려를 건국한 것은 기원전 277년이며, 유리명왕 이전에 5세 대의 왕들이 의도적으로 누락됐다. 누락된 왕들은, 국내외 역사서들에서 밝혀진 바에 따르면, 추모왕(주몽) - 유류왕 - 여률왕 - 대주류왕 - 애루왕 - 유리왕 - 대무신왕의 순서로 왕위가 계승됐다. 물론 유류왕에서 애루왕 사이에 형제 상속으로 인한 왕들이 더 있을 가능성은 남아 있다. 대주류왕은 대무신왕이 아니라 추모왕의 증손자이며, 11세 때 태자가 된 왕이다. 『삼국사기』 대무신왕 조에 기록된 많은 기사들은 대무신왕이 아닌 대주류왕과 관련된 것들이다. 대표적으로는 부여 정벌과 관련된 기사들이 그것이다. 그런데 광개토대왕릉비에서는 왜 대주류왕을 고구려의 기초를 확립한 왕으로 칭송했을까?

대주류왕은 어린아이 때부터 신동으로 자라났다. 그가 아직 꼬마였을 때 유명한 일화가 있다. 부여 사신이 고구려에 사대할 것을 요구해왔다. 그때 조정에서는 모두 어찌할 바를 몰라했고 왕은 사신의 사대 요구에 따르려 했다. 그때 어린 왕자 막래(대주류왕)는 이를 반대하면서, 그 유명한 '누란' 얘기로 부여 사신의 콧대를 눌러놓았다. 대주류왕은 재위 동안 부여와의 전쟁을 통해 부여를 멸망시키고, 부여 땅의 남부(당시 부여의 수도였던 길림 지역을 포함)를 차지했으며, 개마국과 구다국을 평정해 고구려 땅으로 편입시켰다.

대주류왕을 고구려의 기초를 확립한 왕으로 칭송한 것은 무엇보다도 부여국의 정벌과 부여의 왕성이 있었던 길림 지역을 확보한 업적 때문일 것이다. 부여는 고구려에게 있어서 가장 큰 골칫거리였다. 건국 초기 부여와 고구려는 강대국과 약소국과 같은 처지였고, 주몽 집단이 부여의 망명세력이었기 때문에 부여로부터 끊임없는 간섭과 설움을 받았다. 부여를 극복하는 것이야말로 고구려 발전에서 가장 큰 역사적 과업으로 부상했다. 바로 이러한 역사적 과업을 대주류왕이 성취한 것이다.

대주류왕의 부여 정벌

금와왕의 아들인 부여의 대소왕은 주몽과는 앙숙관계였고, 금와왕과 다르게 반고구려 정책을 일관되게 밀고 나가 끊임없이 고구려를 압박했다. 대주류왕은 부여와의 일전이 불가피하다고 보고 군사적 준비를 착착 진행시켜, 기원전 220년 12월 부여 정벌에 나섰다. 부여 원정길에서 괴유라는 사람을 만났는데, 키가 9척이나 되고 얼굴은 희고 눈에서는 섬광이 번뜩이는 장사였다. 그는 대주류왕에게 부여 왕의 머리를 자기 손으로 베겠다고 호언장담했다.

대주류왕의 원정군은 기원전 219년 2월 부여의 수도 남쪽에 도착해 진을 쳤다. 당시 그곳은 진펄이 많아서 고구려군은 평지를 골라 진을 쳐야 했다. 부여 왕 대소는 당시 매우 연로했는데, 그럼에도 불구하고 직접 말을 타고 전 병력을 동원해 고구려군을 불의에 습격했다. 그런데 그만 그의 말이 수렁에 빠져 허우적거렸다. 고구려의 장수 괴유는 이 기회를 놓치지 않고 큰 소리를 지르면서 대소왕에게 밀어닥쳤다. 부여 군사들은 깜짝 놀라 허둥지둥 몸을 피하기에 급급해 대소왕의 안위를 돌보지 못했다. 그 틈을 타 괴유는 대소왕의 머리를 베어버렸다.

부여 군사들은 왕이 죽어 사기가 꺾였지만, 군사적으로는 여전히 고구려보다 압도적으로 우세했기 때문에 고구려군을 겹겹이 포위했다. 부여군의 포위망에 갇힌 고구려군은 식량이 떨어져 가는 등 절대 절명의 위기상황으로 빠져들었다. 그런데 그때 마침 앞을 분간할 수 없는 안개가 수일 동안 지속됐다. 이 틈을 타 고구려 군사들은 한밤중에 허수아비를 세워놓고 몰래 포위망을 벗어나 고구려로 회군했다. 그리하여 부여 정벌전쟁은 실패로 돌아갔다. 하지만 대소왕을 죽이는 등 수확이 없었던 것은 아니었다.

부여의 붕괴와 고구려의 진출

대주류왕의 부여 정벌작전은 엄밀한 의미에서 실패로 끝났다. 하지만 대소왕의 사망은 자체 모순으로 인해 망해가던 낡은 노예제 국가 부여의 자멸의 신호탄이 됐다. 대소왕을 잃은 부여 왕궁은 왕위계승을 둘러싸고 피 튀기는 싸움이 벌어졌다. 그리고 고대 부여왕국이 멸망하고, 왕실 세력은 사분오열됐다. 금와왕의 막내아들은 기원전 219년 4월 부여를 떠나 갈사수(목단강 하류) 가에서 갈사국이라는 나라를 세웠다. 갈사국은 얼마 지나지 않아 고구려의 후국으로 전락했다.

같은 해 7월 대소왕의 사촌아우가 1만 명의 부여 사람들을 데리고 고구려에 투항했다. 대주류왕은 그를 왕으로 봉하고 연나부에 살도록 했다. 그를 왕으로 봉했다는 것은 고구려가 이때에도 대왕체제(황제국 체제)를 취하고 있었음을 의미한다. 대주류왕은 그의 등에 낙문(실로 얽힌 무늬)이 있다 하여 성을 낙씨라고 정해주었다.

대주류왕의 이러한 정책은 고도의 정치적 계산의 산물이었다. 즉 그를 고구려의 통제 밑으로 들어온 부여 땅 일부 지역의 후왕으로 임명하고 고구려 수도에 살면서 '요령'(먼 데서 통제하는 것) 형식을 취하도록 함으로써 부여 지역 주민들의 민심을 안정시키려는 것이었다.

대주류왕의 부여 정벌과 그로 인한 고대 부여왕국의 멸망(이후 부여 왕실 중심으로 고대 부여를 계승하는 부여왕국이 건설되는데, 이는 중세 부여왕국이라고 봐야 한다) 사건으로 고구려와 부여 관계가 완전히 역전됐다. 고구려는 이 사건으로 옛 부여국의 상당 지역을 차지함으로써 큰 나라로 성장했고, 부여는 이후 작은 나라로 굴러 떨어졌다. 그렇기 때문에 광개토대왕릉비에 대주류왕을 가리켜 나라의 기초를 확립한 왕으로 칭송했던 것이다. 고구려는 이때 서쪽으로 서 요하 부근까지 진출함으로써 진나라, 한나라와 국경을 맞대는 큰 나라가 됐다.

『삼국사기』 고구려 본기 끝의 사론(역사평론)에 고구려가 진나라, 한나라 이후 그 동북쪽에 있었다고 평하고 있는데, 이는 고조선과 함께 고구려도 진나라의 동북에서 경계를 접하게 되었다는 사실을 말해주는 것이다.

7절
북한 학계에서 새로 비정한
초기 연표 정리

북에서 새로 비정한 연대		『삼국사기』의 연대		역사적 사실
기원	왕년	기원	왕년	
기원전 279년				- 주몽의 망명, 소서노와 결혼, 비류국 왕 송양 만남
기원전 278년				- 말갈 부락을 침, 주몽이 과루부 대인으로 등극
기원전 277년	동명왕 1년	기원전 37년	동명왕 1년	- 주몽이 구려의 왕녀와 결혼하고 왕위를 이음
기원전 276년	동명왕 2년	기원전 36년	동명왕 2년	- 6월 비류국 왕 송양이 투항하자, 그를 다물후로 삼음
기원전 274년	동명왕 4년	기원전 34년	동명왕 4년	- 7월 졸본성(오녀산성)을 쌓고 궁실을 지음
기원전 272년	동명왕 6년	기원전 32년	동명왕 6년	- 10월 오이, 부분노를 시켜 행인국을 통합해 성읍으로 만듦
기원전 268년	동명왕 10년	기원전 28년	동명왕 10년	- 11월 부위염을 시켜 북옥저를 통합해 성읍으로 만듦
기원전 264년	동명왕 14년	기원전 24년	동명왕 14년	- 8월 주몽의 어머니 유화가 부여에서 죽음 - 10월 사신을 부여에 보냄
기원전 259년	유류왕 1년	기원전 19년	유리왕 1년	- 4월 유류가 부여에서 와 태자로 됨 - 9월 동명왕이 죽고 유류왕이 즉위함
기원전 258년	유류왕 2년	기원전 18년	유리왕 2년	- 10월 백제 시조 온조가 남쪽으로 감

기원전 249년	유류왕 11년	기원전 9년	유리왕 11년	- 4월 부분노가 선비국을 쳐 투항시키고 속국으로 만듦
기원전 246년	유류왕 14년	기원전 6년	유리왕 14년	- 1월 부여 왕 대소가 볼모 교환을 제기, 고구려 태자 도절이 볼모 거절
기원전 240년	유류왕 20년	기원 1년	유리왕 20년	- 1월 태자 도절이 사망
기원전 238년	유류왕 22년	기원 3년	유리왕 22년	- 12월 대보 협보가 남한으로 감
기원전 236년	여를왕 1년			- 유류왕 사망, 여를왕 즉위
기원전 232년	여를왕 5년	기원 9년	유리왕 28년	- 8월 부여 왕 대소가 사대할 것을 요구, 왕자 막래가 반대
기원전 231년	여를왕 6년	기원 10년	유리왕 29년	- 6월 모천에서 검은 개구리가 붉은 개구리와 싸워진 것을 부여 멸망의 징조라고 함
기원전 227년	여를왕 10년	기원 14년	유리왕 33년	- 8월 오이, 마리가 2만 명의 군사로 양맥국을 멸망시킴
기원전 223년	대주류왕 1년	기원 18년	대무신왕 1년	- 여를왕이 죽고 대주류(막래)왕이 즉위함
기원전 221년	대주류왕 3년	기원 20년	대무신왕 3년	- 3월 동명왕 묘(사당)를 세움 - 9월 골구천에서 사냥하다 신기한 말을 얻음 - 10월 부여 왕 대소가 붉은 까마귀를 보내옴
기원전 220년	대주류왕 4년	기원 21년	대무신왕 4년	- 12월 왕이 부여를 침. 북명 사람 괴유와 적곡 사람 마로가 따라옴
기원전 219년	대주류왕 5년	기원 22년	대무신왕 5년	- 2월 부여 대소왕 사망 - 4월 갈사국 건국 - 7월 대소왕의 4촌 아우 투항해옴. 그를 왕으로 삼고 연나부에서 살게 함 - 10월 괴유 사망
기원전 215년	대주류왕 9년	기원 26년	대무신왕 5년	- 10월 개마국을 통합해 군현으로 삼음 - 12월 구다국 왕이 투항해옴. 이로부터 고구려가 더욱 더 영토를 넓힘
기원전 211년	대주류왕 13년	기원 30년	대무신왕 13년	- 7월 매구곡 사람 상수와 그 아우 위수, 그 4촌 아우 우도 등이 투항해 옴
기원전 209년	대주류왕 15년	기원 32년	대무신왕 15년	- 3월 동명왕의 옛 신하인 대신 구도, 일구, 분구를 서인으로 삼고 남부사자 추발소를 비류부장으로 삼음
기원전 203년	대주류왕 21년			- 8월 북맥(고구려)의 날랜 기병들이 한나라 편에 서서 초나라와의 전투에 참가(『한서』의 기록)

새로쓰는

구려역사

제2장

고조선 영토 수복과 통합을 향한 고구려의 투쟁

(기원전 2세기 말~기원 370년대)

1절
한나라의 고조선 침공과
고구려의 대응

고구려는 천자의 나라다. 자주권을 목숨보다 소중히 여기고, 이를 고수했다. 평화롭게 발전해 나가던 고구려에 닥친 첫 시련은 기원전 108년, 한무제의 고조선 침공이다. 당시 한무제는 고구려와 고조선을 같은 나라로 봤다. 당연히 고조선을 멸망시키고, 고구려 땅에도 한사군을 설치하려 했다. 바야흐로 고구려에도 전운이 감돌고 생사존망의 위기가 닥쳐왔다.

현도군을 설치하려는 한무제의 야욕을 저지하다

고구려라는 나라가 없었다면 그 땅은 모두 한무제의 말발굽 아래 짓밟히고, 단군조선 때부터 시작된 민족사의 맥은 끊기고 말았을 것이다. 한무제가 고조선을 점령하고 내친김에 고구려까지 점령하려 했던 이유에 대해서는 알려진 바 없다. 아마도 고구려를 고조선의 한 후국 정도로 이해하고 있었던 것은 아닐까? 어쨌든 한무제는 고구려 영토를 점령하고 그곳에 현도군을 설치하려고 계획했다. 이것은 현도군의 수현(군소재지가 있는 현)을 '고구려현'으로 불렀다는 사실로서 알 수 있다. 한나라 침략군은 고조선의 북부 영역을 강점한 데 그치지 않고 고구려의 서북 변방까지 침입해 들어왔다. 그들은 양맥지방과 오늘의 신빈현 서변을 강점하고 혼하 중류지방(오늘의 청원현 서부)까지 침입했다.

고구려 군민들은 물밀 듯 밀고 들어오는 한나라 침략군에 즉각 맞대응했다. 고구려 군민들의 거센 반격에 깜짝 놀란 한나라 침략군은 고구려 영토 전체를 차지하려는 계획을 포기했다. 기원전 107년에 고구려의 서북변(오늘날 청원현 서부)에 '고구려현'을 설치하고, 그 서남쪽에 상은태현, 서개마현을 뒀다. 그리고 요하(고조선의 열수) 좌우 지역에 망평현, 후성현, 요양현, 안시현, 평곽현, 문현 등을 두어 현도군에 소속시켰다. 요동반도 천산산 줄기 동남에는 임둔군을 두고, 이 산줄기 서쪽, 현도군 남쪽, 패수 동쪽에는 낙랑군을 설치했다. 한무제가 청원현 서부에 설치한 고구려현은 고구려 인민들의 거센 반격으로 오래 버티지 못하고 무순 동쪽 7km 지점에 있는 소갑방 고성으로 쫓겨났다(제2 현도군치).

소갑방 고성에 있었던 고구려현은 이후 기원 14년 고구려 - 신나라 전쟁 당시 고구려군에 의해 점령됐다. 점령 이후 고구려군은 철수했지만 당시 중국의 신나라는 소갑방 고성에 고구려현을 그냥 둘 수 없어 서쪽으로 20리가량 떨어진 무순시 영안대(노동공원) 고성으로 옮겨졌다(제3 현도군치). 이후 기원 105년경에 다시 서쪽 심양 부근으로 옮겨졌다(제4 현도군치). 이처럼 한나라 침략군은 고구려의 줄기찬 반격에 밀려 서쪽으로, 서쪽으로 쫓겨났다.

한편 고구려가 한나라 침략군과 맞서 싸우고 있을 때, 고조선 유민들은 압록강 좌우 연안에서 한나라 침략군을 몰아내기 위한 투쟁을 완강하게 벌리고 그곳에 황룡국, 안평국을 세웠다.

한나라, 2군을 폐합하고 요동군을 동천시키다

고구려 군민과 고조선 유민들의 반침략 투쟁으로 한나라의 한사군 통치체제는 크게 흔들렸다. 기원전 1세기 초, 낙랑과 임둔, 현도 군안의 통치 질서는 걷잡을 수 없이 흔들리고 붕괴 일보 직전에 이르렀다. 한나라 침략세력은 대응조치로 '2군 폐합' 조치를 내렸다. 2군 폐합 조치란 임둔 진번 2군을 폐지하고 이를 낙랑군과 현도군에 합치는 것이다. 원래 진번군은 정식 설치되지도 못하고 현도군 소재지에 깃발만 세우고 있었으니 두말할 나위가 없고, 임둔군 역시 요동반도 동남쪽 7개 현을 모두 낙랑군에 넘기고 서안평, 무차현은 현도군에 넘겼다. 이것은 낙랑군과 현도군만이라도 어떻게든 유지해보자는 의도였다. 하지만 2군 폐합조치로도 고조선 유민들과 고구려 군민들의 거센 투쟁을 꺾을 수 없었고, 지배체제를 안정화시킬 수도 없었다.

한나라 침략세력은 마지막 수단으로 원래 대릉하 서쪽에 설치돼 있던 요동군을 대릉하 동쪽으로 옮기는 특단의 조치를 취했다. 이것이 바로 요동군의 동천이다. 한나라 지배층이 요동군을 동쪽으로 옮긴 까닭은 무엇일까? 그것은 요동군의 역사에 답이 있다.

요동군은 연나라 때 처음 설치되었는데, 그때부터 줄곧 동방 침략의 교두보 역할을 담당했다. 수세기 동안 동북 변방의 여러 종족과 수없이 많은 전투를 치르면서 단련되었고, 통치 질서도 잘 짜여 있었다. 이처럼 뛰어난 인적·물적 역량을 동쪽으로 옮겨 동북방의 튼튼한 보루로 만들고, 낙랑군과 현도군을 강하게 압박하려는 속셈이었다. 이를 통해 고조선 유민들과 고구려 군민들의 투쟁의지를 꺾어 통치 질서의 위기를 벗어나고자 한 것이다. 이는 곧 요동군에 소속된 관리들과 군인들 그리고 그 가족 및 한나라 사람들을 대릉하 이동 지역으로 대거 이주시키는 한

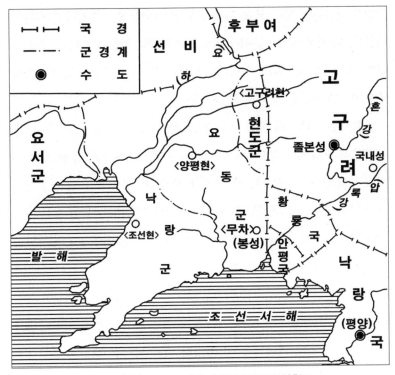

기원전 70년대 초 고구려의 서변 및 요동군(동천후)도

편, 낙랑군과 현도군에 소속된 많은 현을 요동군에 편재한다는 것을 의미했다.

요동군의 동천에 따라 낙랑군과 현도군은 군 내의 많은 현을 떼줘야 했다. 패수 이동, 요하 이서 지역, 요동반도 해성 이북 지역, 거취 서안평, 무차현, 북으로는 철령 이남 지역이 요동군에 편재됐다. 낙랑군은 해성 이남 소자하 이서 지역에 편재되었고, 현도군은 고구려현 등 3개 현만을 갖는 작은 군으로 전락했다.

요동군의 동천 시기는 기원전 70년 초 무렵이다. 『한서』에 보면 기원전 76~75년 한나라가 전국 각지의 죄수들과 망나니들, 불법행위를 하다 도망간 아전들을 모아 둔을 치게 하고 요동 현도성을 쌓았다는 기록이 나온다. 이 기록은 요동군이나 현도군 소재지에 성을 쌓았다는 것이 아니라, 새원과 같이 대규모 인력이 동원되는 방어시설을 축조했다는 것을 뜻하며, 요동새원을 축성했다는 의미이다.

요동새원은 대릉하 북쪽 부신 부근에서 동쪽으로 나와 창무현 남부, 신빈현 북부를 지나 철령 부근에서 요하를 건넜으며 철령 동부, 무순 본계 동부의 산줄기들을 이용해 쌓았다. 종착점이 봉성 동쪽 압록강 하구 서쪽 부근에 이르는 대규모 축성 사업이었다. 이 사업은 요동군 동천 직후에 실시된 토목사업이라고 단정할 수 있다. 그러므로 요동군의 동천은 기원전 70년대 초일 수밖에 없다.

한나라가 2군 폐합조치를 취하고 요동군을 동천시킨 후 대규모 장성 방어시설을 축성했다는 것은 그만큼 고조선 유민들과 고구려 군민들의 반침략 투쟁이 격렬했을 뿐 아니라 기존 낙랑군·현도군 내부에서도 격렬한 저항이 있었다는 것을 역설해준다. 한나라 지배세력은 이러한 조치 외에도 고구려의 반침략 투쟁을 약화시켜보려고 회유책을 쓰기도 했다. 전한 소제 때(기원전 86~74년)에 고구려에 의책(옷가지와 쓰개), 고취(북, 나팔 등의 악기)와 기인(악공) 등을 보냈고, 그 후 고구려가 받지 않자 현도군 동쪽 경계에 작은 성을 하나 쌓고 거기에 물품들을 갖다 놓았다. 이러한 회유책에도 불구하고 고구려는 반침략 저항을 멈추지 않았다.

2절
유리명왕
국내성으로 천도하다

1. 유리명왕, 국내성 천도로 도약의 발판을 마련하다

유리명왕은 고구려의 첫 수도인 졸본에서 압록강변 국내성으로 수도를 옮긴 왕이다. 수도의 이전은 현대에도 쉽지 않은 문제지만, 고구려 시대에도 쉽지 않았다. 많은 세력과 집단의 이해가 걸려 있기 때문이다. 당시 수도였던 졸본은 구려의 수도였으며, 고구려 귀족세력 중에서도 가장 강력했던 연나부(연노부, 소노부)의 근거지였다. 당연히 연나부 귀족들은 수도 이전을 달가워하지 않았다. 그럼에도 수도 이전을 강행할 수 있었던 것은 그만큼 왕권이 강해졌다는 반증이다. 유리명왕은 기원 3년(유리명왕 22년) 10월에 졸본에서 위나암 지역(오늘의 집안 지역)으로 수도를 옮겼다.

유리명왕은 왜 수도를 옮겼을까?

졸본성은 산천이 협소하고 큰 평야를 끼고 있지 못해 수도로서는 그리 적합하지 못한 곳이었다. 사방으로 길이 뻗어 있지 못해 통행이 불리했으며 국토가 늘어남에 따라 나라의 중심으로부터 점점 멀어지게 되었다. 하지만 시조 왕 주몽이 나라를 세울 때 수도로 정했던 곳인지라 졸본을 성지처럼 여기며 천도할 생각을 하지 못하고 있었다. 그러나 유리명왕은 즉위하면서부터 졸본보다 더 훌륭한 땅에 천도할 결심을 하고 있었다. 나라를 세운 지 수백 년의 세월이 흘렀으니 이제는 국가의 체모에 맞게 수도를 옮길 때가 된 것이다.

유리명왕은 그해 9월에 직접 위나암 지방을 돌아보고 새로운 수도로 나무랄 데가 없다고 판단했다. 이듬해 10월, 정식으로 천도하여 위나암성을 쌓고 궁성을 웅장 화려하게 건설했다. 고구려 사람들은 도성을 가리켜 부루나(밝은 땅, 평야를 가리키는 고유말) 또는 불내라고 불렀다. 말 그대로 해가 밝게 비치는 성스러운 땅이라는 뜻이었다. 이때로부터 국내성(부루나, 불내)은 대고구려의 수도로 전성기를 맞게 되었다.

유리명왕이 국내성으로 천도를 결심하게 된 데는 경제·군사적 요인이 크게 작용했다. 졸본성의 경우 평지성(하고성자성)과 산성(오녀산성)이 거의 10km나 떨어져 있어 유사시에 산성으로 들어가기 어렵고, 공간도 협소했다. 그뿐만 아니라 한나라와의 전선이 가까워 방위 전략상 불안 요소가 많았다. 이에 비해 국내성 일대는 당시 고구려의 중심 지역인 압록강 중류에서 가장 넓은 벌이 있는 곳이고, 압록강을 끼고 있어 교통 운수에도 좋았다. 또 한나라 침략세력과의 거리가 졸본보다 거의 300리나 멀고, 중간에 노령산 줄기의 험한 산들이 가로막고 있어서 군사상으로도 매우 유리한 곳이었다. 또한 위나암성(산성자산성)의 지형도 평지에 가까운 곳에 견고한 산성을 쌓을 수 있는 유리한 조건을 갖고 있었다.

유리명왕의 국내성 천도는 경제·군사적 요인 외에도 사회·정치적 요인도 크게 작용했다. 원래 국내성 일대는 과루부(계루부)의 중심 지역으로 경제가 발전하고 사람이 많이 살고 있었다. 자연히 고구려 왕실이나 지배층은 이 지역의 자연지리적, 경제적 조건을 잘 알고 있었다. 따라서 국내성 천도는 고구려 왕권 강화의 산물이자, 왕권을 더욱 강화하기 위한 조치이기도 했다.

졸본은 구려국의 수도였으며, 구려 5부 중 왕을 배출했던 연나부의 중심지였다. 당연히 연나부 출신 귀족들의 기반은 졸본에 뿌리를 두고 있었다. 고구려를 건국한 이후 초기에는 겉으로는 왕권 중심의 중앙집권 체제를 표방했으나, 귀족세력의 힘을 압도할 만큼 왕권이 강하지 못했다. 귀족세력 중에서도 특히 연나부 출신의 힘이 가장 막강했다. 실제로 고구려 건국 초기에는 연나부 우두머리들이 종전처럼 자기의 종묘와 사직을 가지고 국왕에 준하는 대우를 받으면서 연나부 지역에 대한 통치를 위임받고 있었으며, 국정에 대한 발언권도 매우 높았다. 따라서 천도는 왕권 강화를 위한 절박한 조치였다.

산성과 평지성을 함께 건설하라

새 수도 국내성은 평지성인 통구성(집안 통구에 있는 옛 집안현성)과 산성 자산성(위나암성)으로 구성된 수도성이다. 고구려 당시 모든 수도성은 평지성과 산성이라는 이원체제를 고수했다. 이러한 건설방식은 고구려의 고유한 특징으로, 고구려인들의 진취적이고 전투적인 성격을 보여준다. 평지성은 평상시의 수도성으로 일상생활이 이루어지는 공간이며, 산성은 전시용이다. 평소에는 궁성에서 생활하다가 유사시에는 군민이 모두 산성 안에 들어가 항전했다.

고구려 산성의 특징은 고로봉식 산성이라는 점이다. 큰 골짜기를 끼고 3면이 높은 산으로 둘러싸여 있으며 한쪽 면만 트인 지형을 고로봉이라고 하는데, 이러한 고로봉을 택해 3면 산 능선에 성벽을 둘러 쌓고 트인 쪽에 성문을 낸 산성을 고로봉식 산성이라고 한다. 고로봉식 산성의 장점은 식수, 용수 등 수자원이 풍부하고 넓은 골짜기에 많은 사람이 들어갈 수 있다는 것이다. 위나암성은 통구성으로부터 서북으로 2.5km 밖에 안 되는 가까운 곳에 위치하고 있다. 해발 676m의 주봉과 그와 연결된 몇 개의 봉우리들이 만들어낸 능선을 이용해 성을 쌓은 고로봉식 산성인데, 평면은 능형에 가깝다.

국내성의 평지성(통구성)은 통구벌의 서쪽 부분에 있다. 북서쪽 2.5km에 산성자산성이 있고 북동쪽 1km 정도 되는 곳에 우산(여산)이, 동쪽 6km 정도 되는 곳에 용산이 있으며 서쪽으로 1.5km 정도 되는 곳에 칠성산이 있다. 성의 서쪽으로는 통구하가 흘러 압록강에 들어가고, 성의 남쪽에도 동서로 통하는 천연물길이 있었다. 그리고 성의 동쪽과 북쪽에는 너비 10m가량의 해자가 있었다. 통구성의 평면은 대략 바른 4각형이다. 동쪽 벽은 554.7m, 서쪽 벽은 664.6m, 북쪽 벽은 715.2m, 남쪽 벽은 751.5m로 총연장 2,686m의 비교적 큰 성이다. 성벽은 장방형, 방형의 벽돌로 튼튼히 쌓았다. 동쪽과 서쪽, 남쪽 벽은 대부분 터만 조금씩 남았을 뿐인데, 북쪽 벽은 비교적 잘 남아있다. 성문은 6개소였다. 동쪽과 서쪽 벽에 각각 2개, 남쪽과 북쪽 벽에 각각 1개의 문이 있었다. 문 사이를 연결하는 큰 길이 동서로 2개, 남북으로 1개가 있었다.

국내성은 기원 3년부터 427년까지 425년간 고구려의 수도로 있으면서 정치·경제·문화 발전의 중심 역할을 했다. 그 이후에도 668년까지 부수도로서 또 국내주의 중심지로서 중요한 역할을 했다. 6-7세기에 이르기까지도 그 일대에 크고 화려한 벽화무덤들이 여러 개 축조된 것을 봐도 잘 알 수 있다. 666년, 연남생이 당나라에 투항했을 때에도 이 성의 주민들은 당나라 침략군을 물리쳤다. 또한 국내성은 고구려를 계승한 발해시대에도 5경의 하나인 서경압록부의 소재지였다.

졸본성은 별도(부수도)로 삼는다

기원 3년 국내성 천도 이후 고구려의 첫 수도였던 졸본성은 구도(옛수도) 또는 별도(딴수도)로 불렸다. 졸본성은 구려의 중심지였던 데다가 280년간이나 고구려 초기 정치·경제·문화의 중심지였기 때문에 매우 발전된 도시였다. 시조인 동명왕릉과 동명왕묘(사당)를 비롯해 초기 왕들의 무덤도 있었기 때문에 국가적 차원에서 여전히 중요시되었다. 그래서 수도 이전 이후에도 역대 왕들은 졸본 땅에 가서 시조 사당에 제사를 지내는 일이 관례로 되었다. 또한 졸본 지역은 서쪽 대륙 방면에서 오는 침략 세력을 막는 군사적 전략 요충지이기도 했다. 이 때문에 국내성 천도 직후에는 태자 해명이 이곳을 지키고 있었을 정도로 중요시됐다.

2. 신나라의 침략을 물리치고, 영토를 넓히다
(기원 12~14년)

기원 9년, 한나라는 신나라(기원 8~25년)로 이름이 바뀌었다. 전한의 외척이었던 왕망이 정권을 찬탈해 스스로 황제가 되고 나라 이름을 바꾼 것이다. 왕망은 여기에 그치지 않고 하·은·주 초기의 옛 제도를 회복한다는 명분을 내세워 황제의 칭호를 왕으로 바꾸고, 그 아래에는 여러 '후'들을 두었다. 이에 따라 전한 때 주변 나라들에 주었던 '왕새'를 모두 '후장'으로 교체하도록 했다. 왕망의 이러한 조치에 분격한 흉노는 신나라 북쪽 변경을 대대적으로 침공했다. 이에 왕망은 흉노를 토벌하도록 12명의 장수들을 북변에 보내는 한편, 현도군 내의 고구려 사람들을 징발해 흉노와의 전쟁에 동원하려 했다.

고구려 사람들은 신나라의 전쟁 동원령을 거부했다. 군현의 관리들이 강제로 전쟁에 내몰자, 그들은 새(국경)를 넘어 고구려 땅으로 들어가 버렸다. 그리고 대오를 지어 현도군 안의 각지를 공격했다. 유주와 그 산하 군의 관리들은 고구려 폭동군을 치기 위해 무력을 동원했으나 요서 대윤(태수) 전담이 고구려 폭동군과 싸우다 전사하는 사태가 발생했다. 유주 관리들은 책임추궁이 두려워 고구려 왕이 폭동군을 사주하며 무기를 대주었다는 허위보고를 왕망에게 올렸다. 왕망은 주위의 반대에도 불구하고 무조건 고구려를 치라고 명령을 내렸다(기원 12년).

고구려와의 싸움에서 연전연패한 신나라 장수 엄우는 간계를 꾸며 고구려 장수 연비를 유인 살해하고, 마치 고구려 왕을 죽인 것처럼 허위보고를 올렸다. 그러자 왕망은 기뻐 날뛰며 이제부터는 고구려 왕을 '하구려 후'라고 부르도록 신하들에게 지시했다.

이 소식을 전해 들은 고구려 사람들은 격분했다. 고구려 군사들은 신나라 군대에 대한 일제 공격을 시작했다. 이에 대해 『삼국사기』 권 13, 고구려 본기 유리명왕 33년(기원 14년) 8월 조에는 이때 서쪽으로 나가 양맥국을 멸망시키고 더 나아가 한나라 현도군 고구려현을 점령했다고 기록돼 있다. 하지만 당시 점령한 것은 양맥국이 아니라 과거 양맥국이 있었던 지역으로, 신나라와 전쟁 당시에는 현도군 서개마현 지역이었다. 이 전투에서 고구려는 서개마현을 쫓아냄으로써 한무제의 동방침공 때 빼앗겼던 양맥 지역을 되찾는 성과를 올렸다. 또한 현도군치가 있었던 소갑방 고성도 한때 점령했다. 하지만 적들과의 거리가 너무 가까웠기 때문에 철수하고 그곳에서 가까운 동쪽 지역으로 진출했다. 신나라 역시 소갑방 고성이 너무 고구려에 가까이 있어 위험하다고 보고 무순 노동 공원에 있는 영안대 고성(제3 현도군치)으로 후퇴했다.

이때 서개마현은 북쪽으로 쫓겨갔으며, 그 서쪽에 있었던 거취현도 폐지되고 말았다. 이 시기 고구려군은 요동군 동남부 지역을 공격해 요동군 동부도위가 있었던 무차현(봉성현 서남 15리에 있는 유가보고성)을 점령하고 그 서남에 있던 서안평현도 점령했다. 이후 서안평현은 요양 동쪽 60리 지점에 있는 안평둔 고성으로 쫓겨가지 않을 수 없었다. 이 전투로 고구려는 소자하 계선까지 고조선의 옛 땅을 되찾게 됐다.

기원 12년에 시작되어 14년까지 계속된 신나라와 전쟁에서 고구려는 신나라 군대에 참패를 안겨주고 빛나는 승리를 연이어 쟁취했다. 그 결과 서북쪽으로는 그리 많이 나가지 못했지만 중서부로는 오늘의 본계시 부근 마천령 계선까지 진출했으며 서남쪽으로는 소자하 계선까지 나갔다. 이로써 고조선의 옛 땅 가운데 많은 부분을 되찾고, 서쪽 서남쪽으로 수십~수백 리나 전진하는 성과를 거뒀다. 그뿐 아니라 고구려군의 진격에 고무된 소자하 서쪽 천산산 줄기 동남에 있었던 낙랑군 영동 7현의 인민들도 신나라 통치집단에 반대하여 들고 일어나 신나라 세력들을 서쪽으로 쫓아내버렸다. 그리하여 기원 30년에 후한은 이 지방마저 낙랑군에서 떼버리지 않을 수 없었다. 얼마 지나지 않아 이 지역은 고구려에 귀속됐다. 이로써 고구려의 영역은 동서 3,000리로 늘어났다.

황룡국과 안평국의 통합

황룡국은 고조선 유민이 세운 나라의 하나로, 『삼국사기』 고구려 본기 유리명왕 27~28년 조에 나온다. 유리왕은 기원 3년에 수도를 졸본(환인)에서 국내성(집안)으로 옮겼다. 하지만 졸본은 연나부의 중심지로 여전히 정치적으로 매우 중요한 지역이었다. 이 때문에 유리왕은 기원 8년 정월에 태자 해명에게 옛 수도 졸본을 지키도록 했다.

황룡국 왕은 해명이 힘이 세고 용맹하다는 소식을 전해 듣고 강궁을 선물로 보냈는데, 해명은 사신이 보는 앞에서 활을 꺾어버리면서 "내가 힘이 세어서가 아니라 활이 굳세지 못할 뿐이다"라고 야유했다. 황룡국 왕은 이 말을 전해 듣고 부끄럽게 생각했다. 이 사실을 안 유리왕은 황룡국 왕에게 해명을 죽여달라고 요청했지만 황룡국 왕은 해명의 인물됨을 보고 이를 따르지 않았다. 유리왕은 결국 해명에게 자결하도록 명을 내리고, 해명은 주위의 만류에도 불구하고 스스로 목숨을 끊었다.

이상이 『삼국사기』에 나온 황룡국 관련 기사 요약이다. 이 기사로 볼 때 황룡국은 졸본 지역 근처에 있었던 소국임이 분명하며, 중국 관전현과 창성 삭주 대관군 등지를 영역으로 한 나라였다고 볼 수 있다.

안평국은 애하 하구를 중심으로 북쪽으로는 봉성현 동부, 남쪽으로는 평북 의주, 신의주, 용천, 피현 등지를 차지하고 있던 나라였다. 그것은 오나라 사신이 235년에 고구려에 왔을 때 안평구(압록강 하구)에 도착했다는 것을 봐서도 알 수 있다. 안평국의 존재는 역사 기록에는 나오지 않으나, 유적·유물로 확인된다. 압록강의 지류인 애하 어구의 애하첨성 터에서 '안평미락'이라는 새김글이 있는 기와 막새, '안평성'이란 새김글이 있는 토기가 출토됐는데, 이것은 이 지역에 안평국이 있었음을 말해 준다. 안평국의 존재를 간접 증거하고 있는 것은 한나라의 요동군 서안 평현이다. 서안평현은 안평의 서쪽에 있는 현이라는 의미인데, 안평국의 존재를 기초로 하고 있다.

고구려는 신나라와의 전쟁 당시 요동군 동부도위가 있었던 무차현을 점령하고, 연이어 그 서남쪽에 있는 서안평을 점령했다. 이러한 점으로 볼 때 고구려가 요동반도 동남부로 진격할 때 그 진격로 상에 있었던 황룡국과 안평국 역시 통합했다고 결론을 내릴 수 있다. 『삼국사기』 등에 이와 관련된 전쟁 기사들이 없는 것으로 볼 때, 황룡국과 안평국의 통합은 전쟁의 방식이 아닌 스스로 투항하는 형태로 평화적으로 이루어졌을 것으로 볼 수 있다.

3절
대무신왕,
후한의 침공을 물리치고
낙랑국 북부 지역을 통합하다

1. 을두지의 계책으로 후한 대군의 침공을 물리치다

후한 세력이 대군을 이끌고 침공하다(기원 28년)

기원 25년, 전한 왕실 출신의 유수는 신나라 왕망을 몰아내고 한나라 왕조를 다시 세웠다. 이 왕조를 역사에서는 보통 후한이라고 부르는데, 220년까지 이어졌다. 후한 세력은 정권을 잡자마자 전한에 이어 고구려에 대한 침공을 획책했다. 정권을 잡은 지 3년도 채 지나지 않은 기원 28년, 100만 대군(역사서에는 100만 대군이라고 표현돼 있지만 실제는 수만 명에 불과했을 것이다)을 동원해 고구려의 수도(국내성)를 향해 물밀 듯 밀려왔다. 정권을 잡은 지 얼마 되지 않아 국내적으로 해결해야 할 문제들이 산적했을 텐데, 이처럼 고구려를 서둘러 침공한 까닭은 무엇일까?

후한 중앙정부 차원에서는 정권 안정을 위한 내부 사업에 몰두하느라 해외 침략에 눈을 돌릴 수 없었을 것이다. 따라서 고구려 침략은 아마도 지방정권 차원에서 추진되었을 것이다. 새로운 정권이 들어서자 요동군, 현도군, 낙랑군 관료들은 과거 신나라 때 많은 땅을 잃고 패배한

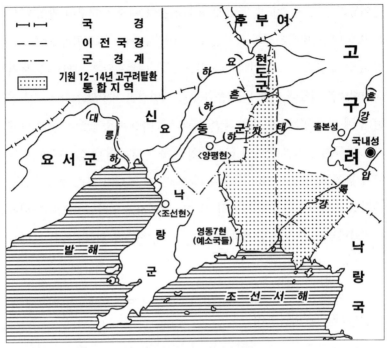

기원 12~14년 고구려의 서변

책임을 추궁당할 것이 두려웠을 것이다. 『후한서』 '군국지'에 의하면 『한서』 지리지에 올라 있었지만 군국지에는 보이지 않는 현들은 다 세조(광무) 때인 건무 6년(기원 30년)에 통합했거나 없애버린 것이라고 한다. 그렇다면 요동군 무차현과 거취현이 『후한서』 군국지에 나오지 않는 것은 신나라와의 전쟁 때 고구려에 빼앗겼기 때문이라고 단정할 수 있다. 이처럼 고구려 - 신나라 전쟁 때 요동태수는 많은 땅을 고구려에 빼앗겼는데, 새로운 정권이 이것을 추궁할까 두려워 고구려 침공을 획책했다고 결론지을 수 있다.

어쨌든 28년 7월에 요동태수를 우두머리로 하는 후한의 '100만 대군'은 불시에 고구려를 침공해 물밀 듯이 고구려의 수도인 국내성으로 쳐들어왔다. 고구려 수도를 목표로 쳐들어왔다는 것은 고구려 왕의 항복을 받아내는 것이 전쟁의 목표였다는 것을 뜻한다. 후한 침략군이 국내성을 향해 공격해오고 있다는 전갈을 받은 대무신왕은 신하들을 불러 작전회의를 열었다. 이때 우보 송옥구는 지방정권 차원의 침략이므로 험한 곳에 의지해 기습타격을 하면 승리할 것이라고 주장했다. 이에 반해 좌보 을두지는 지금 한나라 군사들의 예봉을 당해낼 수 없으니 성에 들어가 문을 꼭 닫고 지키다 적들이 피로해진 다음 나가 치는 것이 옳다고 주장했다. 대무신왕은 을두지의 계책을 채택하고 위나암성으로 들어가 전쟁지휘부를 꾸리고 방어태세를 갖추었다. 적들은 위나암성을 포위하고 공격을 퍼부었다.

을두지의 '못 속의 잉어'

한나라 침략군은 수십 일 동안 위나암성을 포위 공격했으나 성은 끄떡없었다. 하지만 좁은 산성 안에서 더 버티기 어려운 상황에 직면했다. 대무신왕은 을두지에게 "더 버틸 수 없는 상황이니 어쩌면 좋겠느냐?"라고 물었다. 을두지는 "우리가 바위투성이인 산성 안에 들어와 있으므로 물이 부족해 오래 버티지 못할 것이라 판단하고 포위를 풀지 않는 것 같습니다"라고 답하고, 못 속의 잉어를 잡아 물풀에 싸고 얼마간의 술과 함께 보내 적장을 위로하는 체하자는 계책을 내놓았다. 대무신왕은 이 계책에 따랐다.

마침 보급 식량이 다 떨어져 가면서 초조해하고 있던 차에 물풀에 싸인 살아있는 잉어를 받은 한나라 침략군 수뇌부는 성 안에 물이 많아서 조속히 함락시키기 어려울 것이라고 판단하고 즉시 퇴각명령을 내렸다. 한나라 침략군이 아무런 소득 없이 퇴각함으로써 위나암성 방어전은 고구려군의 승리로 끝났다. 위나암성의 승리는 고구려의 전통적인 수도방위체계, 청야수성전술의 우월성과 효과성을 내외에 과시한 전투였으며, 이후 고구려의 기본 방어전략으로 계승 발전됐다.

고구려의 전통적인 수도방어체계란 수도성을 평시의 평지성과 전시의 산성을 결합해서 꾸리고, 산성을 고로봉식으로 축조하는 것을 말한다. 고구려의 전통적 수도방위체계와 청야수성전술의 우월성은 고구려역사 전 기간에 걸쳐 빛났으며, 고구려 - 당 전쟁 시기 안시성 방어전투승리에서 그 백미를 보여줬다.

동아시아를 뒤흔든 고구려 기마군단

고구려군은 방어력만이 아니라 뛰어난 기동성과 공격력도 갖춘 무적의 강군이었다. 고구려군의 공격력의 정수는 뛰어난 기마군단이었다. 고구려의 기마군단은 매우 독특하다. 고국원왕릉(안악 3호고분) 고분벽화에는 개마무사로 이루어진 기마군단의 모습이 그려져 있다. 개마무사란 말까지 모두 철갑옷으로 무장한 군인이다. 고구려의 기마군단이 언제 개마무사 군단으로 발전했는가에 대해서는 정확히 밝혀져 있지 않지만, 고구려의 뛰어난 제철 제강 기술로 볼 때 매우 일찍부터 말에 철갑옷을 입히는 개마방식이 창안, 도입됐다고 볼 수 있다. 고구려 기마군단의 기동성을 잘 보여주는 사례는 370년 11월 대기마군단이 10여 일만에 2,000여 리를 진격해 베이징 서남 용성 부근에 도착했다는 것을 통해 잘 알 수 있다.

고구려 기마군단의 기동성과 공격력을 잘 보여주는 첫 번째 사건은 기원 49년의 태원 원정이다. 태원 원정의 배경에는 고구려의 잠지락부 우두머리의 망명사건이 있다. 47년, 천산산 줄기 동남에 있던 잠지락부의 우두머리 대승은 1만여 명의 주민을 데리고 낙랑군에 투항했다. 후한 세력이 대승의 망명을 받아들인 것은 고구려 내정에 대한 엄중한 간섭으로, 언제든 다시 고구려를 침공할 수 있다는 것을 보여준 것이다. 고구려는 후한의 적대적 태도에 적절한 타격을 가할 필요가 있었다. 고구려의 힘과 기개를 과시함으로써 섣불리 고구려를 넘볼 수 없도록 해야 했다. 이러한 목적으로 기획된 것이 태원 원정이다.

태원은 오늘날의 산서성 태원으로, 베이징에서 서남으로 500km 떨어진 지역에 위치해 있다. 고구려 수도에서는 수천 km에 달한다. 고구려가 이처럼 대기동작전을 구사했다는 것 자체만으로도 대담성과 과감성을 절로 느끼게 한다. 49년(모본왕 2년) 봄, 고구려의 모본왕(48~53년)은 멀리 후한의 우북평, 어양, 상곡군을 거쳐, 후한의 수도 낙양 북쪽의 요충지인 태원까지 쳐들어가 큰 타격을 가하고 회군했다.

2. 대무신왕의 낙랑국 정벌 이야기

『삼국사기』에는 '낙랑군'과 '낙랑국'이라는 이름이 등장하는데, 얼핏 동일한 실체를 서로 다르게 이름 붙인 것으로 착각하기 쉽다. 하지만 낙랑군과 낙랑국은 엄연히 다르다. 낙랑군은 한무제가 고조선을 무너뜨리고 세운 중국 한나라의 군현이며, 낙랑국은 고조선 유민들이 세운 독자적인 소국이다. 우리 역사학계에서는 낙랑군이 평양에 있었다는 견해가 확고하다. 그러다 보니 낙랑국이 들어설 자리가 없고, 『삼국사기』에 나오는 '낙랑공주와 호동왕자' 이야기를 비롯한 낙랑국의 역사는 한낱 설화로 치부되고 있다.

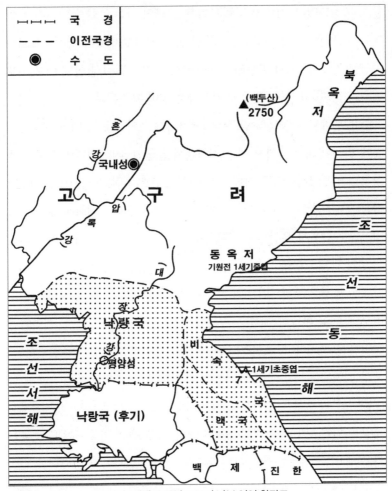

국 경
이전국경
수 도

북
옥
저

(백두산)
2750

흔

강

국내성◉

고 구 려

압
록
강

대

동 옥 저
기원전 1세기중엽

조

선

동

해

낙랑국

장
강
◉평양성

비

속

북

맥 국

▲1세기초중엽

조
선
서
해

낙랑국 (후기)

백 제 진 한

기원 1세기 초중엽 고구려 남부 영역 확장도

평양의 낙랑국

'낙랑군 재(在) 평양설'은 역사적으로 파산됐다. 일제가 발굴한 유적유물들은 조작됐거나 침소봉대됐다. 해방 이후 일제 강점기보다 10배 이상의 시간을 들여 낙랑무덤을 발굴 조사해본 결과, 낙랑무덤은 한식 묘제가 아니라 조선식 묘제이며, 발굴 유물도 대부분 조선식 유물이라는 점들이 확증되었다. 이로써 낙랑문화는 중국의 한식 문화가 아니라 우리 민족 고유의 조선식 문화라는 것이 명명백백히 밝혀졌다. 결정적으로는 평양 지역에서 1세기 말부터의 고구려식 무덤이 많이 발굴돼 이 시기부터 고구려의 지배영역에 속해 있었다는 것이 확증됐다.

2017년에도 평양시 낙랑구역에서 3세기 초의 고구려 벽화무덤이 새롭게 발굴됐다. 지금까지 평양 지역에서 발굴된 3세기까지의 고구려 벽화무덤은 평양시 대성구역에 있는 고산동 20호무덤(3세기, 인물풍속도), 안학동 9호무덤(3세기, 사신도), 평양시 승호구역 금옥리 벽화무덤(1~2세기), 평안남도 남포시 우산리 1호무덤(3세기, 인물풍속도 및 사신도) 등이 있다.

평양의 낙랑문화 창조자들은 어떤 세력이었을까? 중국의 한무제는 고조선 왕조를 무너뜨리는 데는 성공했다. 하지만 고조선 유민들과 고구려 사람들의 완강한 저항으로 압록강 계선 북서쪽 요동반도 지역만을 장악했을 뿐이다. 고조선의 수도가 있었던 평양을 중심으로 한반도 중북부 지역에는 낙랑국이 들어섰다. 나라를 세운 주인공들은 고조선 유민들이며, 낙랑국은 평안북도 남부, 평안남도, 황해도와 강원도 서북부 지방을 영역으로 하고 있었다. 이 나라는 고조선 유민들이 세운 소국들 가운데 비교적 큰 나라였으며, 경제와 문화가 발달했고 군사력도 만만치 않았다. 낙랑국의 국왕은 최씨 가문이 장악하고 있었고, 평양의 낙랑토성을 수도성으로 삼고 있었다.

낙랑국은 평양을 중심으로 서북 지역의 비옥한 땅과 풍부한 지하자원을 갖고 있었던 만큼 짧은 시간 내에 국력을 급격하게 강화했다. 기원전후 시기에는 예성강과 임진강의 중상류, 북한강 중류 지역까지 영역을 확대했다. 이러한 내용은 백제 동쪽에 낙랑이 있었는데, 낙랑과 백제는 평화적 관계를 맺기도 하고 여러 차례 전쟁을 하기도 했다는 『삼국사기』

백제본기 첫 부분의 기사, 그리고 같은 책 신라본기의 첫 부분에도 낙랑 군사들과 싸운 기사들이 있는 것을 봐도 잘 알 수 있다(『삼국사기』 권 23, 백제본기 시조왕 11년 4월, 13년 5월, 17년 봄, 18년 11월, 권 1, 시조 혁거세거서간 30년 4월, 남해 차차웅 원년, 유리니사금 13년 8월).

낙랑공주와 호동왕자의 비극적 사랑 이야기

낙랑공주와 호동왕자 이야기는 비극적 로맨스로 끝난다. 비극으로 끝 날 수밖에 없는 사랑의 늪에 빠진 것이다. 당시 낙랑국은 고구려의 남하 에 위협을 느끼고 이를 견제하기 위해 한나라에 접근했다. 한나라 역시 고구려와 적대관계에 있었으므로 낙랑국과 우호관계를 맺고 협력하는 데로 나갔다. 낙랑국은 우수한 철제품을 바탕으로 무역을 하는 등 한나 라와 밀접한 관계를 형성했다. 이 때문에 고구려에게 낙랑국은 눈엣가 시였다. 후한과 맞서 싸우기 위해서는 배후에 있는 낙랑국을 빨리 통합 해야 했다. 또한 한반도 서북부의 비옥한 땅을 차지해 농산물 공급지를 확보하는 것 역시 매우 절실했다. 이러한 필요성에 의해 고구려는 낙랑 국 통합 기회만을 노리고 있었다.

기원 32년 4월, 고구려 왕자 호동은 남옥저 지방으로 사냥을 나갔다 가 길을 잃고 낙랑국 동쪽 변경으로 들어갔다. 여기서 호동은 뜻밖에도 이 지역을 순행하던 낙랑국 왕 최리를 만났다. 그는 잘생기고 똑똑한 청 년 호동을 왕궁으로 데려와 자기 딸(낙랑공주)과 혼인시키려 했다. 한편 으로는 고구려의 압박을 둔화시키고 자기의 운명을 더 연장해보려는 얄 팍한 속셈도 있었다. 전형적인 정략결혼이었다.

고구려의 대무신왕(기원 18~44년)도 이 결혼에 동의하고 낙랑공주를 데려오게 했다. 고구려 왕실 역시 나름의 속셈을 갖고 있었다. 이 결혼을 통해 낙랑국이 고구려에 대한 경계심을 늦추고 전쟁 대비에 소홀히하도록 하자는 것이었다. 고구려의 계책은 적중했다. 낙랑국은 결혼동맹에 기대를 걸고 고구려에 대한 경계심을 늦추었다. 고구려는 이때를 놓치지 않고 불시에 군사를 보내 투항을 강요했다. 낙랑국 왕 최리는 처음에는 고구려의 투항 요청을 거절했지만, 수도성이 포위당하자 어쩔 수 없이 항복하고 고구려의 속국이 되었다. 그 후 5년이 지난 37년 고구려는 군사를 동원해 낙랑국 수도성을 점령하고 최리를 처형했다.

낙랑국이 멸망하자 일부 지배층은 신라로 망명했고(『삼국사기』 권1, 신라본기 유리이사금 14년 조에 "고구려 대무신왕이 낙랑을 습격해 멸망시켰다. 그 나라 사람 5,000명이 투항하니 6부에 나눠 살게 했다"는 기록이 있다), 다른 일부는 남으로 내려가 살수 계선(오늘의 대동강 지류인 황주천) 이남 지역에서 낙랑국 재건을 선포하고 그 명맥을 유지했다.

후기 낙랑국

살수 이남 계선에서 다시 일어선 낙랑국의 통치자는 역사서에 기록돼 있지 않다. 그러나 낙랑국이 다시 일어서기까지 몇 년 동안 진통이 있었던 것으로 봐, 최씨 집안이 아닌 다른 집안 출신이었을 것이다. 낙랑국이 멸망한 이후 7년이 지난 44년에 이르러서야 후한이 사신을 보내 낙랑국의 재건을 축하했다. 이렇게 늦게 사신을 보낸 것은 낙랑국 재건을 둘러싸고 우여곡절이 적지 않았다는 것을 말해준다.

기원 44년, 후한이 사신을 보낸 사실은 『삼국사기』와 『삼국유사』에 모두 나온다. 그러나 기록 내용은 약간 차이가 있다. 『삼국사기』 고구려 본기 대무신왕 27년 9월 조에는 "한나라 광무제가 군사를 보내 바다를 건너 낙랑을 치고 그 땅을 취해 군현으로 삼으니 살수 이남이 한나라에 속했다"라는 기사가 실려 있다. 반면에 『삼국유사』 낙랑국 조에는 한나라가 '사신'을 보낸 것으로 돼 있다.

어느 쪽의 기사가 옳은가를 둘러싸고 역사학자들 사이에는 해석이 분분하다. 그런데 『삼국사기』 기사는 모순점을 갖고 있다. 당시 후한으로서는 낙랑을 칠 이유도 없었고, 바다 건너 군대를 파견할 여력도 없었다. 당시 『후한서』의 어느 구절에도 이때 후한이 바다 건너로 군대를 파견했다는 기사가 없다는 것이 이를 반증한다. 따라서 군대를 파견해서 낙랑을 쳤다는 『삼국사기』 기사는 잘못된 것이다. 당시 후한은 자신들과 우호적 관계를 맺고 있던 낙랑국이 고구려에 의해 멸망된 후 다시 재건돼 무역을 재개할 수 있게 된 것을 축하하기 위해 사신을 파견했다고 보는 게 합리적 해석이다. 재건된 낙랑국은 이후 낙랑국과 대방국의 두 소국으로 분리됐다가 3세기 말 고구려에 통합됐다.

고구려의 후국 조선

고구려는 옛 낙랑국의 북부에 '조선'이라는 소국을 세우고 후국으로 삼았다. 그 지역을 곧바로 직할지 성읍으로 개편하지 않고 후국을 둔 까닭은 무엇일까? 그곳이 옛 고조선의 수도성이었고, 살수 이남 계선에서 낙랑국이 재건되었기 때문이다. 기원 37년 이후 고구려 남쪽에 조선이 있었다는 것은 『후한서』나 『삼국지』 고구려전에 있는 "고구려는 남으로 조선, 예맥과 접하고 동으로 옥저와 접했다"라고 한 기사를 통해 확인할 수 있다. 옥저가 남으로 예맥과 접했다는 것을 놓고 볼 때 고구려의 서남에 조선이 있고 그 동쪽에는 예맥이 있었다는 것을 확인할 수 있다. 또 『삼국지』 예전에는 조선의 동쪽에 예가 있었다고 나와 있는데, 이와도 부합된다. 만일 낙랑군이 지금의 평양지방에 있었다면 『후한서』에서

마한의 북쪽에는 낙랑이 있었다고 하면서 고구려 남쪽에는 조선이 있었다고 쓰지 않았을 것이다. 따라서 『후한서』의 이 기사는 지금의 평양 지역에 조선이라는 소국이 있었다는 것을 확증해준다.

4절
태조대왕의
요동 진격 이야기

고구려 역사에서 가장 오랫동안 왕위에 있었던 왕은 누구일까? 흔히 장수왕(413~491년)을 생각하는 사람이 많은데, 그보다 더 오랫동안 왕위에 있었던 왕이 있었으니, 그가 바로 태조대왕(53~146년)이다. 재위만 94년으로 장수왕의 79년보다 무려 17년이나 길다. 태조대왕은 후한 세력과의 투쟁을 통해 고구려 발전의 토대를 구축했다. 그래서 시호를 고구려의 중흥시조라는 의미에서 태조대왕으로 했던 것이다.

정변으로 등극한 태조대왕

태조대왕 이전의 왕은 모본왕(48~53년)이다. 모본왕은 대무신왕의 아들로, 민중왕(44~48년)의 뒤를 이어 왕위에 올랐다. 즉위 초에는 태원 원정(기원 49년)을 단행하고, 굶주리는 백성들에게 구제 양곡을 주는 등 선정을 베풀었다. 하지만 점차 정치에 무관심해지고 향락과 엽기적인 취미에 빠져 포악한 짓을 일삼는 폭군으로 돌변했다. 『삼국사기』에 따르면 그는 광란이 심해져 사람을 깔고 앉거나 누웠으며 밑에서 조금이라도 움직이면 용서 없이 죽였다. 이에 대해 충고하는 신하는 활을 쏘아 죽이는 등 잔인한 짓을 서슴없이 하는 미치광이였다.

당시 왕의 시중을 들던 모본 지방 출신 관리 두로는 언제 죽임을 당할지 몰라 울고 있었다. 그때 어떤 사람이 "대장부가 무엇 때문에 울고 있느냐? 옛사람이 말하기를 '나를 어루만져주는 이는 임금이요, 나를 학대하는 자는 원수'라고 했는데, 지금 왕이 포악한 짓을 하면서 사람을 죽이고 있으니, 이는 백성의 원수다. 그대는 도모하는 바가 있어야 할 것이다"라고 했다. 두로는 이 말을 듣고 칼을 품속에 감춘 채 왕에게 다가가 왕을 죽인 다음 모본벌에 묻었다. 그래서 '모본왕'이라는 이름이 붙었다. 이것이 역사에 기록된 고구려의 첫 정변인 '모본왕 처단 사건'이다.

당시 고구려 사람들은 두로의 모본왕 처단을 잘한 일로 받아들였다. 봉건 귀족들도 두로의 모본왕 처단을 응당한 일로 인정하고, 모본왕의 태자 익을 제쳐두고 유리명왕의 손자인 7세짜리 어수(후에 궁으로 이름을 고침)를 데려다 왕위에 추대했다. 그가 바로 태조대왕이다. 왕위 추대 과정을 살펴보면, 원래 귀족들은 처음에는 유리명왕의 막내아들 재사를 왕으로 천거했다. 그런데 재사는 나이가 많다는 이유로 왕의 자리를 거절하고 대신 아들에게 왕위를 양보했다. 그리고 어린 어수의 어머니인 부여 출신 태후가 수렴청정하도록 했다.

태조대왕은 모본왕의 학정의 폐해를 극복하는 한편 나라를 발전시키기 위해 많은 노력을 기울였다. 그는 두 가지 방향에서 국책사업을 벌여나갔다. 첫째는 겨레가 하나되는 대고구려국을 건설하기 위해 주변 소국 통합을 더욱 힘있게 추진했다. 속국이었던 동옥저를 성읍으로 개편해 직할지화했으며(56년), 갈사국(68년), 조나국(72년), 주나국(74년)을 통합해 성읍으로 개편했다. 이로써 주변 소국 통합 사업을 마무리했다.

둘째는 후한 세력의 침략을 저지하고 고조선의 옛 땅을 되찾기 위해 국방력을 강화했다. 기원 55년에 요서 지역에 10개의 성을 축조했는데, 이때 축조된 요서 10성의 위치를 둘러싸고 논란이 많다. 하지만 그 위치는 아직 정확하게 비정돼 있지 않다.

갈사국, 조나국, 주나국의 통합과 성읍화

갈사국은 기원전 219년 고대 부여의 왕 금와의 막내아들이자 대소왕의 막내아우인 왕자가 세운 나라다. 그는 대소가 고구려와 전투에서 사망한 뒤 왕실 내부에서 왕위 계승을 둘러싼 싸움이 발생하자, 고대 부여를 떠나 갈사수 가에 갈사국을 새로 세웠다. 그 후 갈사국은 오랫동안 고구려의 속국으로 있으면서 고구려 왕실과 혼인관계를 맺기도 했다. 기원 68년(태조대왕 16년)에 늙은 갈사국 왕이 죽었는데, 계승자인 도두는 스스로 나라를 들어 투항해 왔다. 태조대왕은 그에게 우태(우태는 대로, 패자 다음가는 벼슬등급으로 좌보, 중외대부 등 최고위 관직에 임명될 수 있었다)라는 높은 벼슬을 주었다. 이로써 갈사국은 사라지고 성읍으로 개편됐다.

기원 72년(태조대왕 20년) 2월, 고구려는 관나부 패자 달가를 보내 조나국을 치고 왕을 사로잡았다. 조나국 왕이 고구려의 통치를 달가워하지 않고 저항했기 때문이다. 조나국은 성읍으로 재편됐다. 2년 후인 74년 10월, 태조대왕은 환나부 패자 설유를 시켜 주나국을 치고 왕자 울음을 사로잡아 그를 고추가로 삼았다. 주나국도 성읍으로 개편했다.

요동 진격 전투 이야기

기원 49년 태원 원정 이후 약 반세기 동안 후한과의 전쟁은 없었다. 고구려는 주변 소국들을 통합하는 데 역점을 두었고, 후한 세력 역시 서역과 북의 흉노 지역을 정벌하는 데 집중하고 있었기 때문에 동방에 눈을 돌릴 여유가 없었다.

주변 소국들의 통합 사업을 마무리한 태조대왕은 고조선의 고토 수복 사업에 뛰어들었다. 주된 대상은 요동군과 현도군이었다. 태조대왕은 105년 봄, 군사를 동원해 요동 새를 넘어 요동군 6개 현을 함락하고 많은 전리품을 획득했다. 이 공격으로 고구려는 서쪽으로 영역을 대폭 확대했다. 이때 고구려는 현도군까지 공격해 현도군 소재지를 무순 지역으로부터 더 서쪽인 심양 근처로 몰아냈다(제4 현도군치).

『후한서』는 그해 9월 요동태수 경기가 무력을 동원해 고구려군의 장수를 죽였다고 하면서 마치 반격에 성공한 것처럼 묘사해놓았다. 하지만 이는 허위다. 후한은 이때 고구려의 공격으로 만회할 수 없는 타격을 받았다. 요동군은 여러 현이 함락돼 동부 지역의 많은 영토를 빼앗겼고, 현도군의 타격 역시 만만치 않았다. 현도군의 서개마현과 상은태현은 더 서쪽으로 밀려났으며, 현의 체모조차 유지할 수 없을 정도로 미약해졌다. 이 때문에 후한은 그 이듬해(106년)에 현도군을 군으로 유지하기 위해 요동군에서 고현, 후성, 요양 3개 현을 떼내 현도군에 소속시키지 않을 수 없었다.

고구려는 기원 110년대에도 동족 국가 및 주변 종족들과 합세해 후한 세력에 커다란 타격을 주었다. 111년에는 고구려와 부여의 연합작전이 펼쳐졌다. 111년 3월, 부여의 시왕은 보병과 기병을 합해 약 7,000~8,000명의 군사로 낙랑군을 쳤다. 고구려와 연합작전의 일환이었다. 연합작전이 아니었다면 부여가 고구려의 영토를 통과해 낙랑군을 칠 수는 없었다. 부여는 이 전투에서 낙랑군 관리들을 처단하고 철수했으며, 고구려는 이때 예맥 군사들과 합동으로 현도군을 공격했다.

고구려는 118년 6월 다시 예맥 군사들과 함께 현도군과 낙랑군 화려

성을 들이쳤다. 111년과 118년의 두 전쟁에 대해서는 부여가 후한 낙랑군의 관리와 백성을 살상했다는 기사만 전해질 뿐 관련 기록이 없어서 구체적인 전투 양상과 전과를 확인하기는 어렵다. 하지만 121년에 후한 세력이 유주 무력까지 동원해 대규모 침공을 한 것으로 보아 110년대 전쟁으로 후한 세력이 당한 손실이 컸다는 것을 알 수 있다.

고구려 – 후한 전쟁(121~122년)

후한 세력은 105년과 110년대 고구려의 요동 진격으로 많은 영토를 빼앗긴 데 대한 앙갚음으로 대대적인 침공을 준비했다. 121년 정월, 유주자사 풍환과 요동태수 채풍, 현도태수 요광은 요동 새를 넘어 고구려 땅을 침략했다.

태조대왕은 아우 수성에게 5,000명의 군사를 이끌고 가서 반격하도록 했다. 수성은 2,000명의 군사로 적이 더 깊이 진입하지 못하도록 방어하는 한편, 3,000명의 군사를 몰래 이동시켜 요동군과 현도군을 들이쳤다. 이때 고구려 군사들은 요동군 후성현성을 비롯한 성곽들을 불태워 버리고 요동군 요수현까지 깊이 들어가 적군과 관리들 2,000여 명을 살상하거나 포로로 붙잡았다. 이 소식을 들은 후한 침략군은 깜짝 놀라 황급히 퇴각했다.

첫 번째 공격이 실패로 돌아갔다는 소식을 들은 유주자사는 광양, 어양, 우북평, 낙군과 요동 속국의 기병 3,000명까지 동원해 고구려와의 전쟁터에 내몰았다. 그러나 그들이 요동군·현도군에 도착했을 때는 이미 고구려군이 철수한 뒤였다. 이들은 고구려 영내를 넘어 감히 추격해 오지 못했다.

121년 4월, 고구려군은 선비족 군사 8,000명과 함께 요동군 요수현으로 다시 쳐들어가 관리들을 처단했다. 요동태수 채풍은 고구려군을 추격해 신창현(양평현 동북)에서 전투를 벌였다. 이 전투에서 고구려군은 채풍을 포함한 요동군 고급관리 3명을 죽였으며, 병사 100명을 살상하고 개선했다. 121년 11월에는 고구려군과 협동한 선비족 군사들이 현도군을 습격했으며, 12월에는 태조대왕이 직접 고구려·마한·예맥의 기병 1만여 명을 거느리고 현도성을 포위 공격했다.

현도성 포위 전투는 2개월간 계속됐다. 그런데 이때 후부여가 후한 세력에게 지원군을 보내면서 고구려는 포위를 풀고 물러나지 않을 수 없었다. 결국 현도성 포위 전투는 좌절됐지만 성과가 없었던 것은 아니었다. 후한의 지배집단에 커다란 타격을 주고 내부 모순을 격화시키는 데 크게 기여했다. 그것은 현도태수 요광의 처형과 유주자사 풍환의 투옥, 옥사 사건이 잘 보여준다.

서안평 진격 이야기(146년)

태조대왕 94년(기원 146년) 8월, 고구려는 요동군 신안거향과 서안평현을 공격해서 때마침 서안평현에 와 있던 낙랑군 대방현령을 잡아 죽이고 낙랑태수의 처자들을 포로로 잡았다. 이 공격은 작은 전투에 불과했지만 대방현령이 죽고 낙랑태수 처자가 포로로 잡힘으로써 요동군과 낙랑군 관리들에게 커다란 충격과 공포를 안겨주었다. 당시 신안거향이 어디에 있었는지에 대해서는 알려진 바가 없다. 하지만 서안평현이 오늘날 요양 동쪽 60리 지점에 있었으므로 그 근처에 있는 작은 향이었던 것으로 파악된다. 『후한서』 고구려전에는 이현의 주석으로 서안평현과 대방현이 모두 요동군에 속해 있었다고 써 놓았으나, 대방현은 낙랑군 소속이었으므로 틀린 주석이다. 하지만 이는 곧 당시 역사가들 사이에 대방현이 요동 지역에 있었다는 표상이 확고히 자리 잡고 있었다는 점을 시사해준다.

고구려 최초의 정변으로 등극한 태조대왕은 국책에 따라 소국 통합 사업과 고조선 고토 회복 투쟁을 적극적으로 해나갔다. 그때까지 남아 있던 소국들을 통합하는 사업을 기본적으로 완성하고, 적극적인 군사 활동을 벌여 요동군·현도군 지역으로 진출해 고조선 고토를 많이 수복함으로써 고구려의 영토를 확장했다. 그 결과 고구려의 영토가 넓어지고 국력이 향상되어 대국으로 도약할 수 있는 발판이 마련됐다.

5절
정변의 시대를 통해
강성해진 고구려

1. 고구려 최초의 국상 명립답부 이야기

고구려의 역사 기록을 비롯한 문헌 기록들은 668년에 고구려가 망한 뒤 외적들에 의해 무참히 소각, 약탈, 파괴되어 거의 남아 있지 않다. 중세 초기 동아시아에서 가장 발전된 선진강국으로 위용을 떨쳤던 고구려의 역사자료들이 거의 남아 있지 않은 것은 우리 민족사에서 참으로 안타까운 일이 아닐 수 없다. 고구려의 관직제도에 대한 체계적인 기록 역시 남아 있지 않다. 다만 고구려 전기의 중앙관직으로 대보, 좌보, 우보, 국상, 대신, 중외대부, 평자, 부장, 부마도위, 기실, 문하배 등이 전해지고 있을 뿐이다.

최고위직 중앙관직을 처음에는 대보가 맡다가 다음에는 좌보, 우보가 맡았다. 그러다가 기원 166년에 좌·우보 대신에 처음으로 국상 1명을 두었는데, 이는 최고 관직을 일원화함으로써 왕권을 더욱 강화하기 위한 조치였다. 초대 국상으로 임명된 사람은 명립답부다. 명립답부가 국상으로 임명되는 과정에는 격동적인 정변의 역사가 깔려 있다.

수성의 왕위 쟁탈(기원 146년)

2세기 중엽, 왕권을 둘러싼 왕족과 귀족의 내분이 벌어졌다. 태조대왕의 장기집권이 낳은 필연적인 결과였다. 태조대왕은 왕위에 오른 지 67년(75세)이 되던 121년 11월 노환으로 갑자기 병석에 눕게 됐다. 그해 후한의 침공이 있었는데 친아우인 수성이 출전해 커다란 공을 세웠다. 이것이 계기가 돼 태조대왕은 수성(51세)에게 국가통치의 실권을 넘겨주었다. 수성은 실권을 장악한 뒤 오만방자해져서 독단을 일삼았다. 태조대왕은 그의 독단을 제어하기 위해 123년에 패자 목도후를 좌보로, 고복장을 우보로 삼아 수성과 함께 정사에 참여하도록 했다.

관나부 우태 미유, 환나부 우태 어지류, 비류나부 조의 양신 등 수성의 측근 세력은 수성에게 정권 찬탈을 부추겼다. 그들은 "모본왕이 죽은 후 여러 관료들이 왕자 재사(태조대왕의 아버지)를 왕으로 세우려 했습니다. 그런데 재사는 자기는 늙었다고 하면서 아들에게 자리를 양보했습니다. 그 뜻은 바로 형로제급(형이 늙으면 아우가 뒤를 잇는 것)이었습니다. 그런데 왕은 이미 늙었는데도 양위하려는 뜻이 없으니 대책을 세워야 합니다"라고 주장했다. 수성은 "맏아들이 왕위를 잇는 것은 천하에 떳떳한 도리이다. 왕이 비록 늙었지만 맏아들이 있는데 어찌 감히 왕위를 넘볼 수 있겠는가?"라고 거절했다. 그러자 미유는 현명한 아우가 형의 뒤를 잇는 것은 옛날에도 있었다면서 괘념치 말라고 말했다. 이 소식을 들은 좌보 목도루는 수성이 딴마음을 품고 있다는 것을 알고 병을 핑계로 정사에서 물러났다.

몇 해가 지난 138년 3월에 수성은 질양(질산 남쪽)에서 사냥을 하면서 장난과 놀음에 빠져들었다. 7월에는 기구에 나가서 닷새 동안 사냥하고 돌아왔다. 그의 아우 백고(후의 신대왕)가 충고했다.

"화나 복은 들어오는 문이 따로 있는 게 아니라 오로지 사람들이 불러들이는 것입니다. 지금 형이 왕의 아우로서 지위도 오를 만큼 올랐고 공도 성대하니 마땅히 충의의 마음을 갖고 예의로서 양보하고, 위로는 왕의 덕을 따르고 아래로는 백성의 마음을 얻어야 합니다. 그런 다음에야 부귀가 떠나지 않고 화단이 일어나지 않을 것입니다. 그런데 지금 낙을 탐내고 근심 걱정을 잊어버리고 있으니 나는 형이 위태롭게 보입니다."

그러나 수성은 자신을 정당화하면서 그 말을 따르지 않았다. 146년(태조대왕 94년) 7월에는 왜산 아래에서 사냥하며 주위 사람들에게 "대왕이 늙어도 돌아가지 않고 내 나이는 말년에 가까웠으니 더 기다릴 수 없다. 좌우 제인들은 나를 위해 도모하기 바란다"라고 말하면서 왕위를 찬탈할 의지를 표명했다. 주변 사람들은 모두 명령대로 따르겠다고 하는데, 한 사람만이 그를 반대했다. 수성은 반역 모의가 탄로날까 두려워 그를 죽여버렸다.

146년(태조대왕 94년) 10월, 우보 고복장이 왕에게 "수성이 장차 반역하려 하니 청컨대 먼저 그를 죽여버리소서"라고 청했다. 그러자 왕은 "나는 이미 늙었다. 수성이 나라에 공이 있으니 내가 장차 왕위를 물려주겠노라. 그대는 번거롭게 생각하지 말라"라고 답했다. 이에 고복장은 수성은 사람됨이 잔인하고 인자하지 못하니 오늘 대왕의 선양(전 대왕이 후 대왕에게 자기가 죽기 전에 왕 자리를 자진해서 물려주는 것)을 받으면 내일은 대왕의 자손들을 해칠 것이라고 간했다. 그러나 왕은 146년 12월에 수성에게 왕위를 물려주고 자신은 별궁에서 살았다. 그때 그의 나이 100세였다.

왕위를 물려받은 수성(차대왕)은 두 달 뒤인 147년 2월에 자신의 최측

근인 관나부 미유의 벼슬을 패자로 격상시켜 좌보(우보를 잘못 기재)로 임명하고, 3월에는 우보로 있던 고복장을 사형에 처했다. 7월에 좌보 옥도루는 나이와 병을 핑계로 퇴직했다. 이에 대왕은 환나부 우태 어지류를 좌보로 삼고 벼슬등급을 대주부로 올렸다. 10월에는 양신을 중의대부로 삼고 벼슬등급을 높여 우태로 삼았다. 148년에는 태조대왕의 맏아들 막근을 죽였다. 그의 아우 막덕은 겁에 질려 자살해버렸다. 이처럼 수성(차대왕)이 왕위에 오르는 과정은 그때까지 정권에서 소외되어 있던 관나부, 환나부, 비류나부 귀족들이 차대왕(수성)을 등에 업고 권세욕을 채우려한 퇴행적인 정변이었다.

명립답부의 정변

차대왕(수성)은 함부로 사람을 마구 죽이는 등 횡포한 짓을 일삼았다. 차대왕이 왕위에 오른 지 거의 20년이 흐른 165년 3월에 태조대왕이 사망하니, 그의 나이 119세였다. 그해 10월, 연나부 출신 조의 명립답부가 차대왕을 죽이고 산골에 숨어 살던 그의 아우 백고를 데려다 왕위에 오르게 하니 그가 바로 신대왕이다. 신대왕은 77세에 즉위했는데, 정치를 개혁하고 대사령을 실시했으며 차대왕의 태자 추안이 나타나자 그에게 양국군(나라를 양보한 군) 칭호를 내리고 구산뢰와 루두어 두 곳을 봉토로 주는 등 대화합 정책을 펼쳐 나라를 안정시켰다.

신대왕은 조정의 관직체계도 대폭 재편했다. 재상격인 좌우보 제도를 없애고 국상제를 도입해 명립답부를 국상으로 임명했다. 벼슬등급도 가장 높은 패자로 올려줬으며 '지내외 병마사 겸 령 양맥부락'이란 벼슬을 겸하게 했다. 이러한 조치들은 명립답부를 비롯한 신진 귀족들을 바탕으로 국왕 중심의 봉건 통치체제를 더욱 강화하는 역할을 했다. 신대왕과 명립답부가 실시한 정책은 민심을 수습하고 안정시키는 데 기여함으로써 국력을 강화하는 데 유리한 환경을 조성했다.

명립답부의 정변은 국내 정치의 위기를 극복하고 봉건 통치질서를 바로잡는 데 커다란 기여를 했다. 이를 통해 고구려의 국력은 강화됐고, 후한의 침공을 막아내는 투쟁에서 큰 성공을 거둘 수 있었다.

명립답부의 청야수성전술과 좌원대첩

국상에 오른 명립답부는 신대왕을 도와 국왕 중심의 정치체제를 확립하는 데 앞장섰으며, 국력과 방위력을 강화하는 데도 힘썼다. 신대왕 4년(168년) 12월, 고구려는 선비족과 함께 후한의 유주(하북성), 병주(산서성)를 공격해 커다란 타격을 주었다. 169년에는 이에 대한 보복으로 현도태수 경림이 고구려를 침략해 수백 명을 사살하는 등 전투가 계속됐다. 169년 전쟁에 대한 중국 측 기사는 마치 고구려가 항복한 것처럼 기술해놓았으나, 이것은 사실이 아니다. 172년 후한 세력이 대규모의 병력을 동원해 고구려를 친 것으로도 잘 알 수 있다. 168~169년 전쟁에서 패배했기 때문에 그에 대한 보복으로 대군을 동원해 고구려를 침공한 것이다.

169년 침입에서 별 소득이 없었던 후한 세력은 172년 11월 대군을 몰아 다시 고구려를 침공했다. 고구려에서는 한나라 대군을 맞아 어떻게 싸울 것인가를 둘러싸고 치열한 논쟁이 펼쳐졌다. 먼저 나아가 길목을 지켜 싸우면 대승을 할 것이라는 주장과 그렇지 않다는 주장이 나뉘어 대립했다. '나가 싸우지 말고 지키자'라고 주장한 사람은 국상 명립답부였다. 그는 "한나라 대군의 기세가 높을 때 맞서 싸우면 병력이 많은 적군의 예봉을 꺾을 수 없어 패배할 우려가 높다. 군사가 많은 편은 싸우는 것이 좋고 군사가 적은 편은 지키는 편이 마땅하다. 이것은 군사상식에 속한다"라고 주장하면서 나가 싸우자는 주장을 반대했다. 또한 "한나라 군사들은 천릿길에 걸쳐 군량을 운반하고 있으니 오래 견디지 못할 것이다. 만약 우리가 참호를 깊이 파고 보루를 높이 쌓아 들판을 비우고 기다리면 적들은 반드시 한 달을 못 넘겨 기아에 시달리고 피로해져서 돌아갈 것이다. 이때 강한 병사들을 앞세워 전투를 펼친다면 승리할 것이다"라고 주장했다(청야수성전술).

신대왕은 명립답부의 청야수성전술을 채택해 성문을 굳게 닫고 성을 고수하도록 했다. 한나라 군사들은 성을 공격했으나 별 성과가 없었고, 결국 군사들이 굶주리게 되자 퇴각하고 말았다. 그런데 그게 끝이 아니었다. 명립답부는 수천 명의 기병을 거느리고 퇴각하는 한나라 군대를 쫓아가 좌원에서 커다란 전투를 벌였다. 명립답부의 지휘 아래 펼쳐진 좌원벌 전투에서 한나라 대군은 크게 패전했고 한 마리의 말도 살아 돌아가지 못했다. 전쟁사에서 유례를 찾기 어려운 완전 섬멸전으로 고구려는 대승을 거두었다. 국왕은 크게 기뻐하며 명립답부에게 좌원과 질산을 식읍으로 주었다.

명립답부는 나이 99세에 정변을 일으켜 폭군 차대왕을 죽이고 신대왕을 즉위시켰으며, 그 이듬해에는 국상 겸 지내외병마사를 역임하고 양맥부락을 통치하도록 위임받았다. 또한 그는 172년, 105세의 나이에 좌원벌 전투를 지휘해 한나라군을 섬멸했다. 그는 179년(신대왕 15년)에 113세의 나이로 사망했다. 그가 임종을 맞을 때 국왕이 직접 찾아가 통곡을 했으며, 죽은 후에는 7일 동안이나 정사를 중단했다. 또 그의 식읍이었던 질산에 예식을 갖춰 장사를 지내게 했으며 묘지기 20가를 두게 했다. 그는 고구려의 명장이자 진보적 정치가였다.

2. 고국천왕(179~197년), 좌가려의 반란을 진압하고 을파소를 등용하다

좌가려 일당의 반란 진압

차대왕(수성)이 정권을 잡고 있을 때는 관나부, 환나부, 비류나부 귀족들이 왕을 등에 업고 권력을 독차지했다면, 신대왕 때는 연나부 귀족들이 정권의 중심에 서 있었다. 연나부 정권의 중심인물은 중외대부 어비류와 평자 좌가려였다. 그들은 왕후의 친척으로 권세를 독차지했다. 신대왕의 맏아들인 고국천왕은 그들의 세력을 약화시키려고 제나부(후부) 귀족 우소의 딸을 왕후로 맞아들였다. 하지만 이것만으로 연나부 귀족들의 발호를 막아내기에는 역부족이었다.

어비류와 좌가려의 자식과 아우들은 아버지와 형의 권세를 등에 업고 나쁜 짓을 일삼았다. 남의 자녀들을 약탈해 노비로 만드는가 하면, 토지와 가옥을 빼앗는 등 인권유린과 재산 침해를 밥 먹듯 했다. 이러한 행동은 주민들의 원한과 증오의 과녁이 됐다. 국왕 역시 왕권까지 침해하는 그들의 횡포를 그대로 두고 볼 수 없었다. 국왕은 그들을 죽여버리려고 결심했다. 이를 눈치챈 좌가려 일당은 4명의 연나부 귀족들과 공모해 191년 4월 국왕이 있는 수도성을 공격했다. 국왕은 왕기(본래 고구려 5부 지역을 가리키는데, 여기서는 연나부를 제외한 4개 지역을 말한다) 안의 군사들을 동원해 반란을 진압하는 데 성공했다.

을파소의 등용(191년)과 개혁

고국천왕은 반란으로 인한 혼란을 수습하고 왕권을 강화하기 위해 연나부를 제외한 4부에 정사를 바로잡을 수 있는 능력 있는 자를 추천하도록 했다. 4부 귀족들은 협의 끝에 동부의 안류를 추천했다. 고국천왕이 그에게 정사를 맡기려 했으나, 안류는 자신은 그럴 만한 재목이 되지 못한다고 고사하면서 서압록곡 좌물촌(『용만지』 인물 조에 의주군 옥산면 좌리라고 하는 기록이 있다) 사람 을파소를 천거했다. 을파소는 유리명왕 때 대신이었던 을소의 후손으로, 강의한 성격의 소유자였으며 깊은 지략을 가지고 있었으나 중앙정계에서 배제된 지 오랜 지방귀족이었다. 당시 을파소는 농사를 지으면서 살고 있었다.

고국천왕은 을파소에게 중외대부 관직에다 우태의 벼슬을 주었다. 중외대부는 국상 다음가는 벼슬이고, 우태는 제3등급이었으나, 당시 고구려에는 그와 동등한 지위에 있는 자들이 여럿 있었기 때문에 그들을 누를 수 있는 힘은 없었다. 이런 상태로는 국왕이 요구하는 개혁을 추진할 수 없다고 본 을파소는 중외대부 관직을 사양했다. 그러면서 그는 더 현명한 인물을 선택해 자신보다 더 높은 벼슬을 줄 것을 요청했다. 국왕은 을파소의 의도를 알아차리고 그를 최고 관직인 국상으로 임명해 나라의 정사를 총괄하도록 했다. 그러자 오랜 귀족 관료들은 불평불만을 쏟아내며 을파소를 미워했다.

고국천왕은 왕권을 강화하기 위해 문벌 귀족들의 힘을 꺾어 놓아야겠다고 생각하고 "귀천을 막론하고 국상의 명령에 복종하지 않는 자는 멸족시켜 버리겠다"라고 선언했다. 그렇게 되자 귀족들의 시비와 험담은 쑥 들어갔고, 을파소는 진대법(3월부터 7월까지 국창을 열어 구제곡을 빌려주었다가 추수한 뒤인 10월에 상환토록 하는 제도)을 제정하는 등 사회적 모순을 완화하고 민생을 개선하는 개혁을 추진해 나갔다. 을파소의 개혁정치는 또한 왕권 중심의 중앙집권체제를 공고히 하는 데도 기여했다. 그는 특히 환도성을 수축하는 등 성곽을 보수하고 나라의 방위태세를 증진시키는 데도 힘을 기울였다. 이러한 노력은 197년과 204년에 있었던 공손 세력의 침략을 저지하는 데 크게 기여했다.

3. 산상왕(197~227년), 환도성으로 수도를 옮기다

발기의 반란사건(197년)

고국천왕은 을파소를 등용해 나라를 개혁하고 민생의 안정을 도모했으며, 나라의 국방력도 강화했다. 하지만 그는 병약했고, 슬하에 아들이 없었다. 동생이 셋 있었는데, 그중 큰동생이 발기였고 다음은 연우, 막내는 계수였다. 국상 을파소는 후계 문제가 늘 걱정이었다. 원래대로 하자면 큰동생인 발기가 왕위를 이어받아야 맞지만, 발기는 자질 면에서 문제가 심각했다. 발기는 고국천왕 때 축출당한 연나부 사람들과 비밀리에 세력을 형성해 을파소의 개혁정책을 트집 잡고, 쫓아내려 획책했다. 발기가 왕위를 이어받을 경우 애써 추진해왔던 개혁이 물 건너갈 것을 염려한 을파소는 자질이 뛰어난 둘째 동생 연우가 왕위를 이어받도록 고국천왕과 계책을 세웠다. 그 계책은 '우씨 왕후 이야기'로 전해지고 있다.

> 고국천왕이 죽자, 우씨는 이 사실을 숨기고 은밀히 첫째 시동생인 발기를 찾아가 "왕이 뒤를 이을 아들이 없으니, 그대가 마땅히 계승해야 되지 않겠습니까?"라고 의중을 떠봤다. 발기는 왕이 죽었다는 사실을 모르고 있었기 때문에 신중한 태도를 보이며, "천운은 이미 흐르는 곳이 정해져 있는 법이니 경솔히 생각해서는 안

됩니다. 다시는 그 같은 말을 입에 담지 마십시오. 그리고 야심한 시간에 아녀자의 몸으로 밖으로 다니는 것은 예법에 어긋나는 것 아닙니까?"라고 힐난하며 왕후를 내쫓았다.

왕후는 부끄러움과 분함을 이기지 못하고 급히 발기의 집을 나서서 둘째 동생 연우의 집으로 갔다. 왕후가 왔다는 소식을 들은 연우는 의관을 정제하고 대문까지 나와 그녀를 맞이했다. 그리고 다과상을 준비해 그녀를 환대했다. 이에 감복한 왕후는 "조금 전에 대왕께서 돌아가셨는데, 아들이 없으니 큰동생이 왕위를 이어야 하겠지만 나에게 다른 마음이 있다고 하면서 포악하고 무례하게 굴어 여기로 달려왔습니다"라고 말했다. 이 말을 들은 연우는 더욱 융숭하게 왕후를 대접했다. 그러다 그만 손수 칼을 잡고 고기를 썰다 손가락을 베었다. 왕후는 치마를 찢어서 이를 싸매주었다. 이윽고 돌아갈 시간이 되자 왕후는 "밤이 깊어 뜻밖의 일이 생길까 겁이 나니 그대가 왕궁까지 나를 데려다 주오"라고 요청했다. 왕후는 연우의 손을 잡고 궁궐로 들어갔다. 이튿날 새벽 왕후는 선왕의 유명이라고 거짓말을 해서 군신들로 하여금 연우를 왕으로 추대하도록 했다. 이에 연우가 왕위에 올랐으니, 그가 바로 산상왕(197~227년)이다.

이 소식을 들은 발기는 속았다는 것을 깨닫고 크게 화를 내면서 군사를 이끌고 왕궁을 포위했다. 그리고 "형이 죽으면 아우가 뒤를 잇는 것이 예법인데 네가 차례를 뛰어넘어 왕위를 찬탈한 것은 큰 죄이니 빨리 나와라. 그렇지 않으면 네 처자식들까지 죽여버리겠다"라고 호통을 쳤다. 발기의 협박에도 불구하고 연우는 궁궐 문을 꼭 닫고 사흘 동안 꼼짝

하지 않았다. 사흘이 지나자 발기의 군대는 의기소침해져서 흩어져버렸고, 동조자들도 없었다. 상황이 뜻대로 되지 않자 발기는 처자들을 데리고 요동으로 갔다.

그는 요동태수 공손도에게 "나는 고구려 왕 남무의 동복 아우인데, 동생인 연우가 형수와 짜고 왕위에 올랐으니 이는 천륜을 어기는 것이다. 통분을 이기지 못해 찾아왔으니 3만 명의 군사를 빌려주면 난을 평정하겠다"라고 군사를 빌려줄 것을 요청했다. 공손도는 발기의 요청에 응했다. 연우는 아우 계수를 보내 발기가 데리고 온 공손도의 군대를 막게 했다.

계수는 한나라의 군대와 싸워 그들을 패퇴시키고 도주하는 발기를 추격했다. 그러자 발기는 "네가 감히 나이 많은 형을 해치려 드느냐?"라고 호통을 쳤다. 이에 계수는 "연우가 나라를 양보하지 않은 것은 옳지 않으나, 형님은 일시적인 분을 참지 못해 종국(대대로 이어오는 조상의 나라, 조국)을 멸망시키려고 하니 이것은 무슨 해괴한 행동이오? 죽어서 조상을 어떻게 만나려 하는 거요?"라고 응답했다. 그 말을 듣고 부끄러움과 자책감을 이기지 못한 발기는 배천 가에 달려가 스스로 목을 쳐서 자결했다.

계수는 발기의 시신을 수습해 장례를 준비했다. 그 말을 들은 연우(산상왕)는 형을 죽이지 못한 계수의 행동에는 이해를 표했으나, 반역자의 장례를 준비한 것에 대해서는 힐난했다. 그때 계수는 의연한 태도로 "왕후께서 비록 선왕의 유명에 따라 마마를 즉위케 했으나, 대왕께서는 예로서 사양하는 것이 예법입니다. 그런데 그렇게 하지 않았으니 이는 형제의 우애를 저버린 행동입니다. 그럼에도 나는 대왕의 덕망을 높이고자 시신을 거둬 초빈한 것인데, 이로 말미암아 힐난을 받을 줄은 몰랐습니다"라고 대답하며, 예에 따라 장례를 치러줄 것을 요청했다. 연우는 계수의 충언을 받아들여 그해 9월 발기의 장례를 왕례에 따라 치렀다. 왕은 우씨의 덕으로 왕위에 올랐으므로 우씨를 왕후로 삼았다.

발기의 반란은 왕이 되지 못한 분을 삭이지 못해서 벌린 왕위 쟁탈전이었으나, 다른 나라 군대를 끌고 들어와 조국을 친 것은 용서할 수 없는 반역행위다. 발기가 왕이 되지 못한 것은 결코 우씨의 거짓말 때문만은 아니었다. 역사서에는 우씨의 단독행동처럼 쓰여 있으나, 당시 정세를 감안하면 국상 을파소와 상의 없이 그러한 행동을 했을 것이라고 볼 수 없다. 발기가 왕위에 오르지 못한 주된 이유는 수구집단인 연나부 세력과 손을 잡고 개혁정책의 발목을 잡고 있었던 것이라고 봐야 할 것이다. 또 우씨가 연우로 하여금 왕위를 잇게 하는 것이 선왕의 유언이라고 말했을 때 사람들이 반신반의하면서도 반대하지 않은 것은 발기의 인물됨과 행동이 그리 변변치 못했기 때문이었을 것이다.

공손세력의 침략을 격파하다

2세기 중후반에 이르러 후한에서는 황건적의 난이라 불리는 농민폭동이 발생하는 등 정치적 혼란이 계속됐다. 189년 4월, 영제가 죽자 한나라 지배층 사이에서는 영제의 두 아들을 끼고 정권 쟁탈전이 벌어졌다. 실권을 장악한 동탁은 소제를 폐위시키고 현제를 황제로 내세웠다.

이때 동탁에 의해 요동태수로 임명된 공손도는 후한의 난리를 틈타 황제가 될 꿈을 꾸면서 요동군을 갈라 요서군, 중료군을 설치했다. 또 바다 건너 산동반도의 동래현 등지를 차지해 영주자사를 두고, 스스로 '요동후 평주목'이라 칭했다. 그는 요동지방의 제왕 행세를 하면서 영역을 동쪽으로 확장하려는 꿍꿍이를 갖고 있었다. 그러면서도 처음에는 고구려를 압박하지 않고 우호적인 태도를 취했다. 먼저 그는 고구려에 공동으로 부산적을 치자고 제의했다. 고구려는 요서 지역으로 진출할 계획이 있었으므로 공손도의 제의에 따라 대가 우거와 주부 연인으로 하여금 군사를 이끌고 가 부산적을 치도록 했다.

공손도는 큰 야심가로서 고구려를 칠 기회만을 호시탐탐 노렸다. 그러던 차에 고국천왕이 죽은 후 왕위 계승 싸움에서 밀려난 발기가 공손도에게 원조를 요청했다. 공손도는 발기에게 3만 명의 병사를 줘 고구려를 치도록 했다. 이때 고구려는 계수를 내세워 침략군에 맞서 싸우도록 했다. 계수는 공손도의 군대를 크게 격파했고, 동생 계수의 추궁에 부끄러움을 느낀 발기는 스스로 자결하고 말았다(194년).

204년 공손도가 죽고 뒤를 이은 아들 공손강은 197년 패배에 앙심을 품고 고구려에 대한 침략 기회를 엿보고 있었다. 그는 204년 낙랑군둔유현 이남 7개 현을 떼내 대방군을 새로 만들고 정권을 공고히 하려고 했다. 바로 그해, 공손강은 고구려를 침공했다. 하지만 공손강의 침공은 직접 군사를 이끌고 나온 고구려 왕에 의해 참패로 끝나고 말았다.

환도성으로 임시수도를 옮기다(209년)

『삼국사기』 권 16, 고구려 본기 산상왕 2년 2월 조에 "환도성을 쌓았다"라는 기사가 나온다. 또 산상왕 13년 10월 조에는 "왕이 수도를 환도로 옮겼다"라는 기사도 나온다. 환도성을 쌓고 수도를 옮겼다고 했으니, 분명히 수도를 옮겼다는 뜻이다. 하지만 이때의 수도 이전은 졸본성에서 국내성으로 옮긴 것처럼 기본수도를 옮겼다는 뜻이라기보다, 특별한 일 때문에 임시로 수도를 옮겼다는 뜻이라고 봐야 한다.

'임시수도'가 된 환도성은 246년 위나라 관구검의 침입 때 함락 파괴된 적이 있고, 342년에 다시 수축해 고국원왕이 나가 있다가 모용황의 침입으로 함락 파괴됐다. 환도성의 위치를 두고 설왕설래가 많았는데, 아직 해결되지 않고 있다. 어떤 학자들은 오늘날 집안 서안 200리가량 되는 자강도 초산 건너편이라고도 하고 유수림자 부근이라고도 주장하지만 그곳 부근에는 산성이 없다. 또 어떤 학자들은 환도성을 비류수(혼강) 인근으로 비정했지만 위치는 밝히지 못했다. 또 다른 학자는 처음에는 졸본성을 수도로 삼고 있다가 209년에 비로소 집안 국내성으로 옮겼으며 환도성이 곧 국내성(불내성)이라 주장한다. 좀 더 구체적으로 말하자면 집안 산성자산성이 국내성이라는 것이다. 이 가운데 가장 유력한 학설로 된 것은 환도성=산성자산성 설이다. 이 학설은 지금 거의 통설처럼 굳어져 있다.

환도성=산성자산성 설을 요약하면, 본래 고구려의 수도는 졸본(오늘날 환인) 지역에 있었는데, 발기의 난으로 졸본 지역을 공손씨에게 빼앗기자 어쩔 수 없이 국내성(집안) 지역으로 천도했으며, 이때 쌓은 환도성은 오늘의 집안 지역에 있는 산성자산성이라는 것이다. 그런데 이 설에 따르면 유리왕 때 졸본성에서 국내성으로 천도했다는 『삼국사기』의 기록이 부정될 뿐 아니라, 『삼국사기』 초기의 기록 모두를 믿을 수 없다는 『삼국사기』 초기 기록 불신론에 빠지게 된다. 또한 고구려의 국가 발전에 따른 주체적 천도가 아니라 수도를 빼앗겨 어쩔 수 없이 피난을 간 피동적 천도라는 논리에 빠져든다. 따라서 이 설의 진위를 과학적으로 분석하는 것은 고구려 역사를 올바로 이해하는 데 매우 중요하다.

이 학설은 『삼국사기』의 기록(고구려 본기 산상왕 즉위년 조)은 도외시한 채 『삼국지』 등 중국 쪽의 왜곡된 기록을 맹목적으로 추종하고, 고구려의 사회발전 수준, 국력을 과소평가했다는 점에서 심각한 문제가 있다. 『삼국사기』의 기록은 고구려 자체의 역사 기록인 『유기』 100권, 『신집』 5권을 근간으로 만들었기 때문에 중국의 그 어느 역사책보다 정확하다. 특히 197년 고국천왕(179~197년) 임종 직후의 발기 사건에 대한 『삼국사기』의 기록은 매우 구체적이고 사실적이며 그 어떤 꾸며낸 흔적도 없다. 이 기록에 따르면 발기 사건은 발기와 연우(이이모) 사이의 왕위 쟁탈전이었고, 여기에서 패배한 발기가 외세(공손씨)를 끌어들여 고구려를 공격한 반역사건이자, 공손씨의 침략사건이다.

반면에 『삼국지』는 이 사건을 백고(신대왕: 165~179년)가 죽은 후 발기와 이이모(산상왕: 197~227년) 사이의 왕위 쟁탈전으로 서술함으로써 고국천왕의 존재 자체를 부정하고 있다. 『삼국지』 고구려전에 따르면 백고가 죽은 후 맏아들 발기와 둘째 이이모 사이에 왕위 계승을 둘러싼 분쟁이 일어났는데, 그때 발기가 공손강(공손도의 아들)에게로 가서 도움을 청했다고 했다. 이 기록은 자체 모순에 빠져 있다. 발기 사건은 197년에 일어났고, 환도성 축성은 198년에 이루어졌다. 그런데 『삼국지』의 기록대로 발기가 공손강에게로 가서 도움을 청했다면, 공손강이 요동태수가 된 204년 이후에 사건이 발생했다는 자가당착에 빠진다. 또한 발기 사건으로 환인 지역이 장악당해 천도를 도모했다는 주장 역시 자가당착에 빠지고 만다. 이처럼 이 사건에 대한 『삼국지』의 기록은 믿을 수 없다.

발기 사건은 『삼국사기』의 기록대로 백고(신대왕)가 죽은 후에 발생한 것이 아니라 고국천왕이 죽은 후에 그의 두 아우 사이에서 발생한 왕위쟁탈전이다. 그리고 발기가 도망가 도움을 청한 것은 공손강이 아니라 그의 아버지 공손도이며, 공손도의 고구려 침략은 실패했다. 또한 204년의 공손강의 침략도 좌원전투에서 대패로 끝나고 말았다. 따라서 198년에 환도성을 쌓은 것은 공손씨의 재침에 대비하기 위해 비류수 서쪽에 있는 성(오녀산성)을 보수했다는 것이며, 204년 승리 이후 더욱 적극적으로 서방으로 진출하기 위해 아예 수도를 이쪽으로 임시로 옮긴 것이라고 봐야 할 것이다. 즉 환도성 수도 이전은 공손 세력의 침입을 막고 더 서쪽으로 진출하기 위한 적극적인 진출정책의 산물이며, 피동적 천도가 아니라 국가발전 요구에 따른 주동적 천도인 것이다. 그러므로 환도성은 환인 지역에서 국내성 쪽으로 후퇴한 지역이 아니라 반대로 국내성보다 더 서쪽에 있는 성이어야 한다. 이러한 점에서 환도성=산성자산성설은 문제가 있다.

환도성=산성자산성설을 주장하는 사람들은 1906년 집안현 서쪽 소판차령에서 도로보수공사를 하다 발견한 석각단편(26.5×26cm)을 근거로 들고 있다. 이 석각에 관구검이 부하 장수들을 시켜 고구려를 공격했다는 내용이 쓰여 있는데, 그들은 이것을 『삼국지』에 나오는 관구검이 환도산을 깎고 불내성에 새겼다는 관구검기공비의 단편이므로 환도산=산성자산성이라고 주장하고 있다. 하지만 이 석각단편은 크기도 작을 뿐 아니라 관구검의 행적도 적혀 있지 않다. 더 결정적인 것은 관구검이 직접 고구려를 침략한 246년에 작성된 것이 아니라 그 이전인 245년에 작성된 것이므로 관구검 기공비로 볼 수 없고, 환도성의 위치를 규정해주는 자료도 될 수 없다. 즉 이 석각단편을 근거로 환도성=산성자산성이라고 주장할 수 없다.

산성자산성은 환도성이 아니다. 환도성은 국내성과 상당히 멀리 떨어진 곳에 있었다. 『삼국사기』에는 태조대왕 72년(124년) 11월에는 경도(수도)에서, 태조대왕 90년(140년) 9월에는 환도에서 지진이 일어났다고 기록돼 있다. 만약 환도성과 국내성이 2.5km밖에 떨어져 있지 않았다면 이처럼 경도와 환도를 따로 따로 쓰지는 않았을 것이다. 그리고 『자치통감』

권 97, 정시 7년 조의 주석에는 왕 이이모가 다시 환도산 아래에 신국(새수도)을 만들었는데, 비류수의 서쪽에 있다고 했다. 비류수는 오늘의 혼강이며 미천왕 즉위년 조에는 비류수가 배를 타고서야 건너가는 큰 강이라고 밝혀져 있다. 그러므로 비류수는 통구하(국내성 서쪽의 개울로, 산성자산성 앞을 흐른다)일 수 없다.

또한 『자치통감』과 『삼국지』의 관구검전, 고구려전에는 유주자사 관구검이 속마현차(말 허리띠를 조이고 수레를 매다는 일) 하고서 환도산으로 올라가 고구려의 수도를 함락시켰다고 했는데, 집안의 산성자산성 남문은 통구하 기슭에 있고, 그곳에는 속차현마할 데가 아무 데도 없다.

그렇다면 환도성의 구체적 위치는 어디인가? 여러 자료를 종합적으로 분석해보면 환도성의 위치를 파악할 수 있다. 먼저 앞에서 언급한 지진 관련 기사로 볼 때 환도성과 국내성은 적어도 100리 이상 떨어져 있어야 한다. 또한 『요사』 지리지에서는 환도성이 발해시대 서경압록부 소재지였던 요나라의 녹주(집안) 서남 200리에 있다고 했다. 『자치통감』 정시 7년 조 기사의 주석에서는 "왕 이이모가 환도산 아래에 수도를 정하니 비류수(혼강)의 서쪽에 있었다"라고 나온다. 이러한 자료들을 종합하면 환도성은 오늘의 오녀산성이나 흑구산성(고려성자)이다. 그래서 북한의 사학계에서는 한때 흑구산성을 환도산으로 비정하기도 했다. 하지만 흑구산성은 둘레가 1,493m인 비교적 작은 성이고, 궁전터로 볼 만한 큰 건물터도 발견되지 않았으며, 산 아래에서 도시 유적도 발견되지 않아 환도산이라고 볼 수 없다. 반면에 오녀산성(2,600m)을 환도성이라고 보면 모든 것들이 딱 맞아떨어진다. 특히 관구검의 침략 때 속마현차하고 환도산에 올라가 고구려의 수도를 함락시켰다고 한 기사에 부합된다. 그리고 342년 모용황 침입 당시의 남도 북도 기사에도 집안보다 훨씬 더 잘 어울린다. 결론적으로 환도성은 집안의 산성자산성이 아니라 졸본(오늘의 환인) 지역에 있는 오녀산성으로 비정해야 한다.

산상왕이 왕위에 오르자마자 국내성(집안)에서 졸본 지역의 환도성으로 수도를 옮기기로 결심한 데는 발기 사건이 큰 영향을 줬다. 발기가 산상왕의 왕위계승에 불만을 품고 반란을 일으킬 때 졸본 지역을 근거지로 삼고 있었던 연나부 귀족들이 대거 참여했다. 이 때문에 졸본 지역에 직접 나가 그 지역 귀족들을 다시 장악하고 불만을 억누르는 한편 흉흉해진 민심을 다독일 필요가 있었다. 이러한 이유로 발기 사건을 겪은 직후부터 환도성을 개축하고 서둘러 천도를 결행했던 것이다.

환도성 위치가 중요한 까닭은 그 위치가 어디인가에 따라 3~4세기 당시 고구려의 역사가 많이 달라지기 때문이다. 환도성이 집안에 있다고 보는 견해는 고구려가 외래 침략 세력에게 몰려 어쩔 수 없이 졸본에서 국내(집안)성 지역으로 밀려났다고 본다. 반대로 환도성이 졸본(오늘의 환인) 지역에 있는 오녀산성이라면, 이 시기의 천도는 수세적 조치가 아니라 서쪽으로 진출하기 위한 적극적인 서방 진출 정책에 따라 이루어진 것이며, 그만큼 고구려의 국력이 성장했다는 것을 뜻한다.

209년 임시수도가 된 환도성은 언제까지 수도로 있었을까? 이것도 역사적 논쟁점 중의 하나다. 일부 역사가들은 209년, 247년(관구검의 침공으로 환도성이 불탔던 사실)을 결부시켜 그 기간 동안 줄곧 환도성에 수도가 있었다고 보기도 한다. 그러나 산상왕의 왕후이며 동천왕 때 태후가 된 우씨가 죽은 다음 그 무덤을 산상왕릉 곁에다 쓴 것을 두고 국양왕(고국천왕, 우씨의 전남편)이 그를 대하기 어렵다고 해 자기 무덤 앞에 7중으로 된 나무를 심어달라고 한 이야기를 전하고 있는 것을 보면 산상왕의 무덤은 고국천왕의 무덤이 바라다보이는 곳 즉 국내성 부근에 있었던 것이 분명하다. 따라서 환도성이 임시수도였던 기간은 최대 227년 산상왕이 사망하기 이전이었다고 볼 수 있다.

『삼국사기』 지리지에 기원 3~427년 기간의 수도는 국내성이었다고 한 것으로 볼 때 이 기간에도 기본수도는 국내성이었고, 환도성은 임시수도였다. 그리고 그 기간도 그리 길지는 않았다고 볼 수 있다. 246년 위나라 관구검이 침공할 때 환도성뿐만 아니라 불내성(국내성)까지도 침공한 것은 국내성이 기본수도였기 때문이다.

6절
고구려, 고조선 고토를
완전 수복하고
동아시아 강국으로 등장하다

1. 동천왕의 평양 천도 이야기

고구려 - 위 전쟁

고구려 - 위 전쟁은 239년부터 246년까지 8년간에 걸쳐 진행된 장기전이었다. 전쟁의 계기는 238년의 공손연 세력 소탕작전이었다. 이 소탕작전은 위나라와 고구려의 상호 협약에 따른 공동작전이었다. 하지만 이 작전에서 고구려군의 역할이 매우 컸음에도 위나라는 전과를 독차지하고 낙랑군 대방군 지역까지 차지해버렸다. 이러한 처사에 격분한 고구려는 위나라를 상대로 대대적인 군사행동에 돌입했다.

고구려 - 위 전쟁은 크게 세 단계로 나누어 볼 수 있다. 첫째 단계는 239~240년까지 요동군 남부와 북부, 현도군 북부를 공격했던 시기이다. 고구려는 요동군 남부 지역인 답씨현, 안시현으로 쳐들어갔으며, 연이어 현도군의 북부, 요동군의 북부인 문현, 북풍현으로 진격했다. 이를 통해 고구려는 위나라의 침략거점인 여러 현을 함락시켰다. 제2단계는 242~245년까지 여러 차례에 걸친 위나라의 침공을 격퇴한 시기다. 이 싸움은 고구려의 서안평 공격으로부터 시작됐다. 고구려는 서안평 점령에는 성공했으나 유주자사 휘하의 대부대가 공격해오자 후퇴했다. 이후 245년까지 수차례 전투가 펼쳐졌다. 이는 1906년 집안 서북 90리 판석령에서 도로공사 중에 발견된 석각에 밝혀져 있다. 유주자사 관구검은 휘하의 부하들을 내보내 수차례에 걸쳐 고구려를 공격했으나, 번번이 실패하고 말았다. 셋째 단계는 관구검의 고구려 침공으로 대규모 전쟁이 진행됐던 시기다.

위나라는 제2단계의 공격이 실패로 끝나자 유주자사 관구검이 직접 대군을 이끌고 북쪽으로 쳐들어오는 한편, 낙랑태수 유무와 대방태수 궁준을 시켜 한반도 중부지방에 있는 낙랑국 대방국 남변을 거쳐 영동지방(강원도 북부)으로 침입함으로써 남북 두 방면으로 고구려를 침공해 왔다. 246년 2월 관구검은 주력부대를 이끌고 현도군에서 출발해 여러 길로 고구려를 침공했다. 고구려 인민들은 각지에서 적군의 침공을 저지시켰다. 관구검의 군대는 6개월이 지난 8월에야 비로소 비류수(혼강) 계선까지 침입할 수 있었다.

고구려의 동천왕은 환도성으로 나와 있다가 적군이 다가오자 보병과 기병을 합해 2만 명의 군사를 거느리고 관구검의 침략군을 파구에서 격퇴했다. 이 비류수 가의 전투에서 고구려군은 적군 3,000명의 목을 베는 큰 전과를 거뒀다. 관구검은 황황히 퇴각해 대량수(태자하)를 따라 도망쳤다. 고구려군은 적군을 추적해 양맥 골짜기에서 다시 3,000여 명을 살상하거나 포로로 붙잡았다.

두 차례 전투에서 큰 승리를 거둔 뒤 동천왕은 "위나라의 대군이 우리의 소수병력만도 못하구나. 관구검은 위나라의 명장이라는데, 오늘 그의 운명이 나의 손에 있구나"라고 하면서 철기 5,000명을 거느리고 적군을 추격했다. 관구검은 방진을 치고 결사전을 펼쳤다. 사실 동천왕의 공격은 무모했다. 보병의 도움 없이 기병만으로 방진을 공격하면 적의 장창부대와 쇠뇌부대에 의해 적진돌파는커녕 숱한 군사들만 희생당하게 된다. 동천왕은 자만에 빠져 이 점을 고려하지 않고 무모하게 공격했으며 그 결과 고구려군은 패배하고 말았다.

동천왕은 공격 대오를 수습하기 어렵게 되자 1,000여 명의 기병을 데리고 압록강 쪽으로 후퇴했다.

현도 태수 왕기는 동천왕을 계속 추격했고, 동천왕은 설한령, 황초령을 넘어 남옥저 방면까지 물러났다. 죽령에 이르자 군사가 얼마 남지 않았다. 이때 동부 출신 밀우는 결사대를 조직해 적진에 쳐들어가 싸우다 전사했다. 그 사이 왕은 샛길을 통해 남으로 가서 산골에 흩어졌던 군사들을 찾아 방어태세를 구축할 수 있었다.

왕은 누구든 전장에 나가 밀우를 찾아오는 사람에게 후한 상을 주겠다고 했다. 하부(서부) 출신 유옥구가 자청해 싸움터로 가 바닥에 쓰러져 있는 밀우를 찾아서 업고 왔다. 그 후에도 위나라 군대의 추격은 멈추지 않았고, 동천왕은 남옥저까지 쫓겨갔다. 그곳에서 어찌할 바를 모르고 있는데, 동부 출신의 유유가 나서 "형세가 심히 위급하니 그저 죽을 수는 없습니다. 신에게 어리석은 계책이 하나 있으니, 음식물을 가지고 가서 적장을 위로하는 체하다가 적장을 찔러 죽이겠습니다. 신의 계략이 성공하면, 왕께서 분연히 떨쳐나서서 반드시 이길 수 있을 것입니다"라고 했다.

계책대로 유유는 투항하는 체하면서 위나라 장수를 찔러 죽이고 자신도 죽었다. 위나라 군대 안에서는 커다란 혼란이 일어났고, 기회를 엿보던 고구려 군사들은 세 갈래로 반격해 들어갔다. 위나라 군대는 분산되고 낙랑국 방면으로 패주했다.

한편 관구검 부대는 246년 10월 환도산에 이르러 '말 허리띠를 조여 매고, 수레를 달아맨 채' 산을 올라 환도성을 함락시켰으며 더 나아가 불 내성까지 점령했다. 그러나 사방에서 고구려군이 반격을 가해왔고, 남옥 저 방면으로 나갔던 왕기의 부하 장수 부대들이 크게 패전함으로써 관 구검의 남북 협동작전은 파탄이 났다. 관구검은 황급히 환도성과 불내 성을 파괴하고 퇴각했다.

8년여에 걸쳐 진행된 고구려 - 위나라 전쟁의 최종 승자는 고구려였 다. 고구려는 관구검의 대군이 침공할 당시 동천왕의 전술적 판단 착오 로 일시적으로 패퇴해 남옥저 방면까지 쫓겨나 생사존망의 위기에 빠졌 고, 관구검 부대에 의해 환도성과 불내성이 함락되고 불타는 등 커다란 손실을 입었다. 하지만 이것은 전쟁의 전체적 국면과 양상에서 일시적이 며 전술적인 실패에 불과했다.

관구검의 고구려 침공의 전략적 목표는 고구려의 수도를 함락시키고, 고구려 왕의 항복을 받아내는 것이었다. 하지만 반년 이상 지속된 전투 에서 비류수 가와 양맥 골짜기에서만 6,000명의 인명손실을 냈을 뿐 아 니라 여타 지역에서도 수많은 병사들이 사상당해 적어도 1만 명의 병력 을 잃었다. 위나라 침략군은 남부 전선에서도 대방태수 궁준이 죽는 등 거의 모든 침략군 병사들을 잃어버렸을 정도로 커다란 손실을 입었다. 그럼에도 고구려 왕의 항복을 받아내기는커녕 고구려군의 거센 반격에 쫓기듯 퇴각하지 않을 수 없었다. 그 결과 고구려는 238년 이래 빼앗았 던 낙랑군 북부와 요동군 남부 지역을 그대로 고수할 수 있었다.

『진서』(중국 晉나라의 기록을 담은 역사서) 지리지에 요동군 남부 2개 현과 낙랑군 북부 5개 현이 보이지 않는 것은 바로 이 때문이다. 고구려는 전쟁이 종결된 후 환도성과 불내성에 새겨진 관구검의 기공비를 지워버리고 전쟁에 대한 총평을 진행했다. 여기에서 밀우와 유옥구, 유유의 공을 높이 평가해 포상을 내렸다. 이것으로 봐서도 이 전쟁에서 고구려가 승리했다는 것을 명확히 확인할 수 있다.

위나라는 246년 전쟁의 패배를 만회하기 위해 259년 말에 울지해의 지휘로 고구려에 대한 새로운 침략전쟁을 개시했다. 이번에도 고구려 수도로 곧바로 쳐들어가는 전략으로 나왔으나, 고구려의 중천왕은 정예 기병 5,000명을 선발해 적이 고구려 땅에 깊이 쳐들어오기 전에 격멸하도록 조치했다. 고구려군은 양맥 골짜기까지 쳐들어온 적을 기습 공격해 8,000명을 목 베는 등 참패를 안겼다. 위나라 군대는 무질서하게 도주했다. 고구려는 이 전쟁을 통해 위나라 군대를 물리쳤을 뿐 아니라 훨씬 더 서쪽으로 진출할 수 있었다.

동천왕, 평양을 임시수도로 삼다

어릴 때 이름이 '교체'였던 동천왕(227~248년)은 산상왕의 아들이다. 동천왕 20년(246년) 위나라의 유주자사 관구검이 대군을 이끌고 고구려로 쳐들어왔을 때 고구려의 기본수도인 국내성과 부수도였던 환도성이 동시에 파괴되어 수도 구실을 할 수 없게 됐다. 동천왕은 247년 2월 평양성을 쌓고 백성들과 묘사(종묘사직)를 옮겼다. 종묘사직을 옮겼다는 것은 수도를 옮겼다는 것을 의미한다. 『삼국사기』에는 평양이 본래 선인왕검의 택이었다고 밝혀놓았다. 선인왕검은 고조선의 개국시조 단군이며, 그 수도 평양성은 오늘의 평양이다.

'낙랑군 재평양설'을 추종하는 학자들은 3세기 중엽까지 평양 일대에 낙랑군이 있었기 때문에 『삼국사기』의 247년 평양 천도 기사는 오류라고 주장한다. 또는 평양이 지금의 평양이 아니라 집안 일대 혹은 자강도 강계 부근에 있었다고 강변한다. 모두 아무런 근거도 없는 주장이다. 평양지방은 이미 기원 37년 고구려가 낙랑국을 멸망시킨 후부터 고구려의 땅이었으며, 낙랑군과는 아무런 관계도 없다. 이는 최근 평양 낙랑 지역 보성리에서 3세기 초 고구려 고분벽화무덤이 발굴됨으로써 명백히 입증되었다.

평양성을 임시수도로 했던 기간은 그리 길지 않았다. 동천왕의 뒤를 이은 중천왕(248~270년)은 왕위를 계승한 이후 곧바로 국내성으로 되돌아갔다. 이는 동천왕 사후에 발생한 여러 사건들로 유추할 수 있다.

248년, 동천왕이 사망한 다음 그의 장례를 끝내고 즉위한 중천왕은 연나부 귀족의 딸을 왕후로 맞아들였다. 이로써 연나부 귀족의 발언권이 높아졌으며, 그들은 옛 수도로의 복귀를 주장했을 것이다. 게다가 국내성에 남아 있던 왕의 아우 예물과 시구 등의 왕위 탈취 사건까지 발생했다. 이러한 제반 사정들로 인해 동천왕은 즉위 직후 국내성으로 복귀하고, 종묘사직도 다시 국내성으로 옮겨졌다. 하지만 평양 지역에 대한 통치력 강화 노력은 계속됐다. 낙랑국과 대방국 잔존 세력들이 남아 있었기 때문이다. 또 246년 전쟁 이후 새로 편입된 오늘의 황해도 지역을 고구려 땅으로 공고하게 편입시키고 개발을 확대하려면 남방 진출의 거점이 절실히 필요했다. 이러한 까닭으로 중천왕은 평양성을 부수도로 정하고 이 지역에 대한 개발사업을 지속적으로 펼쳤다. 구체적 사례로 미천왕(300~331년) 3년(302년)에 현도군을 공격해 포로로 잡은 8,000명의 인원을 평양성으로 보냈고, 334년에는 평양성을 증축하고 청호동 토성과 고방산성을 건설한 것을 들 수 있다.

비록 짧은 기간이었지만 동천왕의 평양 천도의 의미는 적지 않다. 당시 평양 천도가 가능했던 것은 그 이전부터 평양 지역이 개발돼 있었고, 조금만 손을 보면 사용할 수 있는 왕궁이 있었기 때문이었다. 성을 쌓고 궁궐을 짓는 일은 수년이 걸려야 하는 대공사다. 그런데 246년 10월에 환도성이 함락되고 평양성 천도가 247년 2월에 있었으니, 불과 3~4개월 만에 성과 궁궐을 짓고 천도를 했다는 이야기다. 따라서 그 전에 평양을 부수도로 삼기 위해 이미 성을 쌓고 궁궐을 지어 놨기 때문에 가능했을 것이라 봐야 한다. 또한 성을 쌓고 종묘사직을 옮겼다는 『삼국사기』의 기사는 기존에 쌓아놓은 성곽과 궁궐을 수리해서 천도했다는 것으로 봐야 할 것이다. 즉 고구려는 일찍부터 남방경영의 뜻을 세우고 그 거점으로서 평양을 개발하고 있었다고 볼 수 있다.

2. 낙랑국 대방국을 통합하고 백제와 국경을 맞대다

기원 37년 이후 낙랑국의 잔여세력들은 살수(오늘의 황주천) 계선 이남에서 나라를 재건해 명맥을 유지했다. 하지만 지역에 대한 통제력은 크게 약화됐다. 지방 토호세력들은 후기 낙랑국의 지배와 통제를 잘 따르지 않았다. 그들은 기원 1세기 말에 아예 후기 낙랑국에서 떨어져 나와 새로운 소국을 건설했다. 대방국이다. 그 결과 후기 낙랑국은 낙랑국과 대방국으로 분리됐다.

대방국의 위치는 정확하게 기록돼 있지 않다. 대략 남쪽은 황해도 배천 연안 지역(『삼국지』에 마한의 북쪽에 대방이 있다고 기록돼 있다)이었을 것이며, 신원 남쪽 청단, 해주 벽성, 신천의 남서 북부, 삼천 은율과 그 서쪽을 포괄한 지역이었을 것으로 보인다.

후기 낙랑국과 대방국의 지배층은 고구려에 대한 반감으로 후한 세력 및 그 뒤를 이은 위나라 세력과 우호적인 외교관계를 맺고 그들의 고구려 침공을 도왔다. 구체적으로는 246년 위나라의 고구려 침공 때 위나라 편을 들었다. 그들은 위나라의 낙랑, 대방 태수들이 한반도 중부에 무력을 끌고 들어와 '한' 세력, '예맥' 세력과 싸우는 데 길을 터주었다. 그러나 위나라와 전쟁에서 고구려가 승리를 거두고, 위나라 세력은 패주해서 도망갔다. 고구려군은 위나라와 협력했던 낙랑과 대방 두 나라의 북변과 동변을 치고 들어가 점령해버렸다. 오늘의 과일군, 신천군, 봉산군, 서흥군은 이때 고구려 땅으로 편입됐고 낙랑국과 대방국의 영역은 크게 축소돼 보잘것없는 세력으로 추락했다.

소국으로 전락한 낙랑국과 대방국은 각각 286년과 300년에 고구려의 공세에 무너져 역사의 무대에서 사라지고, 그 지역은 고구려 땅으로 통합됐다. 그 과정을 살펴보자. 본래 고구려는 약화된 두 나라를 완전 통합하기 위한 새 공세를 준비하고 286년에 대방국을 공격했다. 그러나 이 공격은 백제의 방해로 실패하고 말았다. 이것은 286년에 고구려가 대방국을 치므로 백제왕이 자기의 장인의 나라를 도와 참전했다는 기록을 통해 알 수 있다. 그런데 이때 고구려는 대방국만 친 것이 아니라 낙랑국도 동시에 쳤다. 그것은 『삼국유사』 권 1, 기이 북대방 조에 신라 노례왕 4년(유례이사금 4년, 기원 287년)에 낙랑과 대방 두 나라 사람들이 신라에 투항해왔다고 쓴 기사를 통해 알 수 있다. 만약 286년 고구려가 대방국만 공격했다면 낙랑국 사람들이 신라에 피난을 가는 일은 발생하지 않았을 것이다.

그 후 300년에 이르러 두 나라는 고구려에 의해 완전히 통합됐다. 이 것은 역사 기록에 의해 확인된다. 『삼국사기』 권 2, 신라본기 기림이사금

3년(300년) 2월 조에는 "낙랑과 대방 두 나라가 귀순해왔다"고 나와 있으며, 『속일본기』권 38, 연력 4년 6월 계유, 『일본후기』권 21, 홍인 2년 5월 병진 조 등에는 백제에서 왜국으로 간 아치노오미 계열의 주민들이 본래 대방국에서 살다가 백제로 갔으며 그 후 다시 왜국으로 갔다고 쓰여 있다. 이처럼 두 나라의 통치집단은 신라와 백제로 망명했다(반면에 낙랑군, 대방군의 통치집단은 312년, 313년 고구려에 멸망된 후 요서 지역으로 가서 낙랑군, 대방군을 설치해 잔명을 유지했다).

낙랑국과 대방국의 통치집단이 백제와 신라에 망명했다는 『삼국사기』의 기사는 낙랑국과 낙랑군, 대방국과 대방군은 서로 다른 존재이며 낙랑군, 대방군이 한반도에 존재하지 않았다는 것을 반증해준다. 아울러 한반도 지역에 있었던 것은 고조선 유민이 세운 소국인 낙랑국과 대방국이었음을 알 수 있다. 이렇듯 3세기 말에 이르러 낙랑국과 대방국을 통합함으로써 고구려는 예성강 하류와 임진강 중류(대략 토산, 철원 남부)를 계선으로 백제와 접하게 됐고, 고구려의 남부 영역은 상당히 확장됐다.

이 사건은 한반도에서 펼쳐질 새로운 역사의 출발을 알리는 총성이었다. 고구려가 백제와 국경을 맞대고, 이어서 신라와도 국경을 맞댐으로써 바야흐로 소국 통합의 시대가 끝나고 겨레의 통합을 실현하기 위한 삼국통일 과업이 전면에 나서는 새로운 시대가 펼쳐졌다. 물론 삼국 사이의 본격적인 쟁투는 고구려가 고조선의 고토 회복을 완성한 370년대 이후 본격화되지만, 백제와 국경을 맞댄 이상 고구려로서도 남방에 대한 대비를 강화하지 않을 수 없었을 것이다.

3. 후부여의 옛 땅을 수복하고 주, 군으로 개편하다
(285년과 346년)

고대국가 부여가 멸망한 이후 부여의 통치세력들은 혼란기를 거친 뒤 후부여를 건국했다. 중세봉건제 국가였던 후부여는 고구려와 맞서기도 했고, 1세기 말~2세기 초에는 고구려와 연합해 한나라 침략세력과 싸우기도 했다. 하지만 121~122년에는 후한 편에 서서 고구려의 현도성 공격을 방해했으며, 그 후로도 고구려에 적대적 입장을 견지했다. 후부여는 건국 이후 기원 3세기 중엽까지 400년 동안 큰 전쟁을 치르지 않아 수도성이 공략당하는 일은 없었다. 그것은 고구려가 고조선 옛 땅의 수복과 중국 침략세력과의 투쟁에 집중하느라 후부여와의 갈등을 피했기 때문이다. 그러나 후부여는 이것을 오판해 자기들의 힘이 강대하기 때문이라고 생각하고 국방을 소홀히 했다.

원래 노략질을 일삼던 모용선비는 281년에 창려군을, 285년에는 요서군을 침공하다가 갑자기 동쪽으로 방향을 틀어 후부여 수도성을 공격했다. 아무런 전쟁 준비가 없었던 후부여는 모용선비의 공격에 속수무책으로 당할 수밖에 없었다. 후부여왕 의려는 자살하고 수도성은 함락됐다. 이때 일부 후부여 왕실 세력들은 옥저(북옥저) 땅으로 도망가 그곳에서 동부여를 세웠다. 모용선비의 우두머리 모용외는 수도성을 파괴하고 1만여 명의 주민들을 강제로 연행해 갔다.

사태를 주시하고 있던 고구려는 즉시 군사를 보내 후부여 수도성 일대를 점령하고 영토로 삼았다. 이듬해 후부여 왕자 의라는 요동군 동이요위 하감의 후원을 받아 나라를 세우고 새 수도를 팔가자(회덕) 부근으로 정했다. 재건된 부여와 옥저지방에 세운 동부여는 중간에 있는 고구려 때문에 합치지 못한 채 두 개의 부여국으로 존재했다. 이 가운데 동부여는 고구려의 속국으로 되었음이 광개토대왕릉비에 의해 확인됐다 (285년).

286년에 재건된 후부여(서쪽 부여)는 고구려의 압박을 받아 수도를 연나라와 가까운 서쪽으로 옮기고 근근이 명맥을 유지했다. 346년 모용황은 1만 7,000명의 기병부대로 불시에 후부여의 수도성을 습격, 함락시키고 부여 왕 여현과 5만 명의 주민을 강제 연행해갔다. 고구려는 재빨리 군대를 보내 후부여의 남부 지역을 점거했고, 일부 후부여 사람들은 눈강을 건너가 북부여를 세웠다. 고구려는 이때 차지한 지역에 부여주를 설치하고 그 밑에 여러 고을을 두었다. 모두루묘지에 나오는 북부여 관련 수사는 285년에 차지한 후부여 동부 지역에 북부여주를 두었다는 것을 보여준다. 부여주에 대한 기사는 667년 전쟁 기사에 나온다(346년).

두 차례에 걸친 후부여 옛 땅의 통합과 동부여의 복속으로 고구려의 북부 영역은 크게 확장됐다. 서쪽으로는 눈강 하류 계선, 동북쪽으로는 동류 송화강 계선에 이르렀고 서쪽으로는 서요하 동쪽 지역 즉 쌍료, 개통, 도남 계선, 동쪽으로는 우수리강 계선에 이르렀다.

4. 창조리의 정변으로 왕이 된 을불
(미천왕: 300~331년)

국상 창조리, 봉상왕을 몰아내다
3세기 말 고구려는 봉상왕(292~300년)의 폭정으로 사회적 모순이 극도로 첨예화됐다. 봉상왕은 서천왕(270~292년)의 아들로, 태자 때부터 교만하고 방자한 짓을 많이 했으며, 남을 의심하고 시기하는 못된 품성의 소유자로 알려져 있다. 그러한 그가 왕이 됐으니, 이루 말할 나위 없는 폭정의 기관차가 질주하기 시작했다. 왕이 되자마자 아무런 죄도 없는 자신의 삼촌 안국군 달기를 죽였으며, 293년 아우 돌고 역시 아무런 죄도 없는데 쳐 죽이고 말았다. 그리고 돌고의 아들 을불(훗날의 미천왕)을 찾아내 죽이라고 닦달했다. 사람들은 봉상왕의 잔악무도함에 치를 떨었다.

봉상왕이 재위에 있었던 293년에는 서리와 우박의 피해를 입어 굶주리는 백성들이 속출했다. 그런데도 국왕은 293년 10월 백성들을 동원해 왕궁을 증축하고 화려하게 장식했다. 신하들은 굶주린 백성이 만연한 상황에서 왕궁 증축을 미뤄달라고 간청했으나 봉상왕은 이를 무시했다. 기원 300년에 국상 창조리는 정변을 일으켜 봉상왕을 쫓아내고 을불을 새 왕으로 추대했다. 이 왕이 바로 미천왕이다. 『삼국사기』에 기록된 창조리의 정변 과정은 다음과 같다.

> 300년(봉상왕 9년) 정월에 지진이 있었고, 2월부터 7월까지는 가뭄으로 흉년이 들어 백성들은 심히 굶주리게 됐다. 그럼에도 봉상왕은 8월에 전국의 15세 이상 되는 남녀를 징발해 왕궁을 수리하게 했다. 백성들은 제대로 먹지도 못한 채 부역에 시달리다 제 고장을 떠나 도망을 갔다. 국상 창조리는 왕궁 수리를 위한 강제동원을 재고해줄 것을 왕에게 청했다. 그러나 봉상왕은 "임금이란 백성들이 우러러보는 대상인데, 궁실이 장대하고 화려하지 못하면 위엄이 무겁다는 것을 보여줄 수 없다. 지금 국상은 과인

을 비방함으로써 백성들에게 칭찬을 받으려고 하는 게 아니냐"
라고 국상을 힐난했다. 창조리가 재차 간청하자 왕은 "국상은 백
성을 위해 죽으려고 하는가? 금후에는 말이 없기 바란다"라고 협
박했다.

창조리는 왕이 자기 말을 듣지 않을 뿐 아니라 자기에게도 해
가 미칠까 두려웠다. 그는 밖으로 물러 나와 여러 신하들과 의
논한 끝에 왕을 폐위시키고 을불을 왕위에 앉히기로 결의했다.
그리하여 북부 출신의 조불과 동부 출신 소우 등을 시켜 을불
을 찾아내게 했다.

그들은 산골짜기와 들판을 두루 찾아다니다가 비류하(혼강) 가
에 이르렀다. 한 장부가 배를 타고 있는데 모습은 초라했으나 거
동이 보통사람 같지 않았다. 그들은 을불임을 직감하고 다가가
절을 하고 "지금 국왕이 무도하니 국상과 여러 신하들이 비밀리
에 왕을 폐위시키려고 결의했습니다. 왕손께서 품행이 검소하고
성품이 인자하여 선조 왕들의 업적을 이을 만하다고 해서 우리
를 보내 맞아오도록 했나이다"라고 말했다.

을불은 의심을 풀지 못해 "나는 초야에 사는 사람이오. 왕손이 아
니니 다시 살펴보시오"라고 했다. 소우 등이 "지금 임금은 인심을
잃은 지 오래됐고 본래부터 나라의 임금이 될 자격이 없기에 여러
신하들이 왕손을 간절히 바라보고 있으니 의심치 마십시오"라고
말해 그의 의심을 풀고 그를 받들어 모셔왔다. 창조리는 매우 기
뻐하면서 남쪽의 인가에 몰래 그를 감추어 두었다.

9월에 왕이 후산 북쪽에서 사냥을 했는데, 국상 창조리 등이 따라
갔다. 이때 창조리는 여러 사람에게 "나와 뜻을 같이하는 자는 내

가 하는 대로 따라하시오"라고 하면서 갈댓잎을 관에 꽂았다. 그러자 여러 사람이 그를 따랐다. 창조리는 모든 사람의 뜻이 모아졌다고 판단하고 국왕을 폐위시켜 딴방에 가둬놓고 군사들로 지키게 했다. 그리고 왕손을 맞이해 새수(국왕의 인장과 인수)를 바치고 왕위에 등극시켰다. 봉상왕은 죽음을 면치 못할 것을 알고 스스로 목매어 죽고 두 아들도 뒤따라 죽었다.

창조리의 정변은 봉상왕의 폭정을 중단시켰을 뿐만 아니라 왕정 내부에 조성됐던 사회적 모순을 해결해 민생을 안정시키고 국가발전을 추동했다. 미천왕은 8년 동안 방랑하면서 머슴살이도 해보고 소금장사도 하면서 억울한 매도 맞아본 경험을 바탕으로 과중한 억압과 착취를 다소 완화하는 조치를 취함으로써 정세를 안정시켰다. 창조리의 정변으로 고구려는 내부 정세가 안정되고 국방에 힘을 쏟을 수 있어 고조선 고토 회복 투쟁을 적극적으로 추진하기 시작했다. 고구려는 302년 현도군을 쳐 크게 이기고, 311년에는 요동군 서안평현을 완전 점령했으며, 313~315년에는 낙랑군, 대방군, 현도군 지역을 수복하는 데 성공했다.

낙랑군, 대방군, 현도군을 완전히 몰아내다

창조리의 정변으로 등극한 미천왕은 봉상왕의 학정으로 인한 폐해를 바로잡아 정세를 안정시키고 국력을 성장시켜 나갔다. 당시 요동반도 서쪽 지역에는 여전히 낙랑군, 대방군, 요동군, 현도군이 잔존해 있었고, 이를 통제하던 중앙정부는 서진이었다. 하지만 4세기 초에 이르러 서진(265~316년)의 국력이 쇠잔해지자 요동 지역에 대한 통제력은 거의 상실되다시피 했다. 이런 유리한 정세와 국면을 고구려가 놓칠 리 없었다. 미천왕은 요동반도 지역에 대한 대대적인 공세를 취했다. 302년 현도군을 들이쳐 8,000명의 포로를 잡아 평양으로 보냈다. 이는 당시 부수도 평양 개발이 활발히 추진되고 있었다는 것을 보여주는 중요한 역사자료다.

311년에는 요동군 서안평현을 점령했다. 서안평현은 원래 안평국의 서쪽에 있다고 해서 서안평이라는 이름이 붙었는데, 고구려의 공세로 처음의 위치에서 쫓겨나 당시에는 요동성에서 동쪽으로 60리 지점에 있었다. 서안평현이 점령됐다는 것은 요동군 지역이 거의 다 점령되고, 양평(요동성) 주변에서만 근근이 명맥을 유지하게 됐다는 것을 뜻한다. 미천왕은 연이어 313년에는 낙랑군 지역을 완전 점령했다. 이로써 고조선이 멸망한 이후 한나라가 설치한 낙랑군이 400년 만에 고조선의 영토에서 완전히 쫓겨나게 되었다. 314년에는 그 남쪽에 있던 대방군 지역도 점령했다. 315년에는 현도성을 쳐서 무너뜨리고 수많은 적군을 살상하거나 포로로 잡았다.

고조선 옛 땅에서 완전히 쫓겨난 낙랑군 잔여세력들은 요서지방에 있던 모용선비족의 나라(전연)에 투항했다. 전연은 대릉하 유역에 낙랑군을 설치했다. 기록에는 나오지 않으나 대방군과 현도군의 잔여세력들도 전연에 가서 투항했고, 거기에서 작은 군으로 재생했다. 그것은 덕흥리 벽화무덤(고구려 유주자사 진의 무덤)의 묵서에 낙랑군, 대방군, 현도군의 태수들이 나오는 사실 그리고 4세기 기록에 해당하는 관직명들이 모이는 사실을 통해 알 수 있다.

요서 지역의 낙랑군은 6세기 북위 때까지 여러 차례 개편되고 위치도 바뀌었다. 우리나라 일부 역사가들은 요서 지역에 낙랑군이 등장하는 중국 역사 기록을 바탕으로 마치 낙랑군이 처음부터 요서에 설치돼 있었던 것처럼 주장하는데, 요서 낙랑군은 요동 지역에 있던 낙랑군 세력들이 쫓겨 가서 새로 만든 것이다.

313~315년 사이에 고구려가 3개 군 지역을 탈환함으로써 요동지방에는 오직 요동군 하나만, 그것도 작은 군으로 남게 됐다. 319년 요동군에 있던 진나라 평주자사 최비가 고구려 우문선비 등과 연합해 모용선비를 치려다 실패하고 고구려로 도망 온 후 신흥세력인 모용선비가 요동군 지역을 차지함으로써 요동지방의 완전 수복은 뒤로 미룰 수밖에 없었다. 미천왕은 요동지방의 새로운 강자로 등장한 모용선비 세력 때문에 요동군을 몰아내지 못한 채, 331년에 사망했다. 미천왕은 342년 전연의 침공 때 시신이 강탈당함으로써 죽어서도 수치를 당한 왕으로 기록됐다.

5. 고국원왕(331~371년)의 파란만장한 삶

고국원왕은 미천왕의 아들이며, 휘는 사유라 한다. 미천왕 15년(314년)에 태자로 책립되었고, 미천왕 32년(331년) 봄에 미천왕의 사망으로 왕위에 올랐다.

고국원왕의 삶은 파란만장했다. 외세의 침략을 저지하고 고조선의 옛 땅을 완전히 되찾기 위한 투쟁을 적극적으로 펼쳤을 뿐 아니라, 새로운 시대를 주동적으로 맞이하기 위해 평양을 개발하고, 남평양성을 개척하는 등 남방 경략에도 심혈을 기울였다. 그는 또한 북과 남 양쪽의 적대 세력들의 침략에 대처하기 위해 국방에도 심혈을 쏟았고, 여러 성을 새로 쌓거나 보수했다. 334년에는 평양성을 증축했고, 335년에는 신성을 쌓았으며, 342년에는 환도성을 보수하고 국내성을 쌓았다. 하지만 그는 부왕(미천왕)의 시신을 강탈당하는 비운을 겪은 다음 평양성으로 임시수도를 옮겼고, 371년 백제와의 남평양성 전투 중 날아오는 화살에 맞아 전사했다. 그는 황해도 안악군 오국리에 있는 안악 3호고분에 묻혔다.

부왕의 시신을 강탈당하다(고구려 - 전연의 전쟁)

3세기 말, 고구려의 서방에서는 모용선비족이 세력을 떨쳤는데, 그들은 원래 흉노의 한 갈래였다. 1세기 말 한나라의 공격으로 북흉노가 멀리 북쪽으로 달아나자 선비족들이 그 땅을 차지했는데, 흉노의 잔여세력들도 자신들을 선비라고 자칭하게 됐다. 우문선비도 흉노의 한 갈래였다. 2세기 중엽 선비의 우두머리 단석괴는 선비족들을 다 복속시킨 다음 동쪽의 후부여를 물리치고 요하 서쪽 지역을 다 차지했다. 166년 단석괴는 자기의 통치 지역을 3등분해 동, 중, 서 3부로 나누고 각각 대인을 두고 통치했다.

모용선비는 단선비, 우문선비와 함께 중부에 속했다. 모용선비는 대릉하 유역, 단선비는 만리장성 안팎, 우문선비는 노합하, 시라무렌강 유역에 각각 자리 잡고 있었다. 3세기 중엽에 대릉하 북쪽 유역에 있던 모용선비족은 그후 요동지방의 북쪽 지역으로 옮겨가 있었다. 그러다 다시 요서지방으로 가서 281년에 서진의 창려군을 처음 공격했고, 294년에 이르러 요서지방의 많은 부분을 차지하게 됐다. 그 후 모용선비의 추장 모용외는 대극성(조양 동남)으로 중심지를 옮겼다.

모용외는 293년에 고구려의 서북 국경 지역에 침입했으나 고구려 장수 고노자에 쫓겨나고 말았다. 이 패배를 만회하기 위해 296년 8월에 많은 무력을 이끌고 다시 침입한 모용외는 고국원(환도성 부근)에 이르러 서천왕의 무덤을 파헤치려다 실패하고 도망갔다. 313~315년 요동지방의 낙랑과 현도, 대방 3개 군을 고구려가 탈환하자 모용외는 잔여세력들을 받아들여 요서지방에 3개 군을 부활시켰다. 이후 모용외는 자신의 권위를 높이려고 동진의 벼슬을 받았다.

319년, 요동군에 있던 평주자사 최비는 고구려와 단선비, 우문선비에게 모용외를 치고 그 영토를 나눠 갖자는 제안을 해왔다. 고구려는 이 제의를 받아들여 모용외의 수도였던 극성을 포위했다. 하지만 모용외의 이간책에 넘어가 아무런 성과 없이 군대를 철수시키고 말았다. 교묘한 이간술로 연합전선을 무너뜨린 모용외는 각개격파 전략을 써서 우문선비의 대군을 격파한 후 요동 지역으로 쳐들어왔다. 급해진 최비는 고구려로 망명했다. 모용외는 계속해서 고구려 영토 내로 침입해 들어왔다. 이때 고구려의 장수 여노자가 지키고 있던 성곽이 함락되었지만 영토를 빼앗기지는 않았다.

320년대에 이르러 양측은 수차례에 걸쳐 전투를 벌였지만 교착 국면을 벗어나지 못했다. 333년, 모용외가 죽자 맏아들 모용황이 그 자리를 이었다. 모용황은 337년 연나라를 세우고 스스로 연왕이라 칭했다.

고구려는 전연의 침입에 대비해 335년에 신성을 보수했고, 336년에는 동진에 사신을 보내 전연을 돕는 것을 막으려 했다. 이 시기 고구려는 후조(後趙: 319~351년, 오호십육국 시대 갈족의 석륵에 의해 건국된 나라)와 협력관계를 맺고 전연을 압박했다. 후조는 고구려와 손을 잡고 338년에 전연의 수도 극성을 포위 공격했으나 실패했다. 339년 9~10월, 모용황은 고구려의 서북방 주요 거점인 신성을 공격했다. 전쟁준비를 채 마치지 못한 고구려는 전연과 화의를 맺고, 340년에는 왕세자를 전연에 보냈다. 하지만 전연과의 전쟁이 불가피하다고 본 고구려는 342년 2월에 환도성을 수축하고 국내성도 다시 쌓았다. 그리고 8월에는 고국원왕의 거처를 환도성으로 옮기고 수많은 군사들을 환도성으로 집결시켰다.

342년 10월, 전연은 수도를 극성에서 용성(조양 부근)으로 옮겼다. 그리고 이를 계기로 동쪽의 고구려와 서쪽의 우문선비 가운데 어느 쪽을 먼저 칠 것인가 논란을 벌였다. 이 과정에서 모용한의 주장에 따라 고구려를 먼저 침략하기로 결정했다. 당시 모용한은 "고구려는 남도와 북도 두 길이 있다. 남도는 좁고 험하며, 북도는 넓고 평탄하다. 고구려는 당연히 우리의 주력이 북도를 통해서 공격하리라 예상하고 있을 것이다. 따라서 북도로는 적은 무력을 보내고 주력군은 남도로 보내자"라고 제안했다. 모용한의 주장에 따라 모용황은 직접 정예부대 4만 명을 이끌고 남도로 침입했고, 장사 왕우로 하여금 1만 5,000명의 병력을 이끌고 북도로 침공하도록 했다.

고국원왕은 모용한의 예상대로 전연의 주력이 북도로 침입할 것이라 봤다. 커다란 전술적 패착이었다. 그는 왕제 고무로 하여금 정예군 5만 명을 이끌고 북도를 지키도록 했고, 자신은 적은 군사들을 거느리고 남도를 지켰다. 북도에서는 고구려군의 숫자가 우세했기 때문에 적군 1만 5,000명을 전멸시켰다. 하지만 남도에서는 전연의 주력군 4만 명에 의해 방어진이 무너지고 장수 아불화도가가 전사하고 말았다.

고국원왕은 급한 나머지 단웅곡(압록강 부근)으로 후퇴했다. 전연군은 곧바로 환도성을 함락시켰다. 환도성에 와 있던 태후(고국원왕의 어머니)와 왕후는 적군에게 사로잡히고 말았다. 전연군은 환도성을 함락시키기는 했으나, 북도로 침공했던 전연군을 전멸시킨 5만의 고구려군이 남도로 급히 달려오고 있었으므로 오래 지체할 수 없었다. 그들은 비열하게도 환도성을 파괴하고 보물들을 약탈했으며, 미천왕의 무덤을 파헤쳐 시신을 훔쳐갔다. 또 태후 주씨를 비롯한 많은 인원들을 납치해갔다.

당시 고구려는 적을 추격해 커다란 타격을 줄 수 있는 군사력을 갖고 있었으나, 태후가 잡혀가고 부황의 시신이 약탈당한 상황이라 추격전을 펼치지 못했다. 고구려는 이듬해 많은 보물을 보내 부황의 시신을 되찾았지만, 태후는 되돌려 받지 못했다.

평양으로 임시로 수도를 옮기다

『삼국사기』 권 18, 고구려 본기 고국원왕 13년 7월 조에는 왕이 "평양 동황성으로 거처를 옮겼다. 성은 지금(고려 때)의 서경(오늘의 평양) 동쪽 목멱산에 있다"라는 기사가 있다. 일반적으로 '거처를 옮겼다'는 것을 '수도를 옮겼다'고 해석하기에는 무리가 있다. 하지만 황성은 왕이 사는 궁성을 가리키므로, 343년에 옮겨간 평양의 동황성은 임시수도였다고 말할 수 있다. 당시 고국원왕이 평양을 임시수도로 삼은 까닭은 정세의 급박성 때문이다. 전연(모용황 세력)의 침략으로 요동지방에서 환도성에 이르는 구간의 방어력이 허실하다는 것이 노출됐고, 수도 국내성은 환도성과 가까운 곳에 있어서 방위에 불리했기 때문에 비교적 안전한 평양성으로 수도를 임시로 옮긴 것이다.

동황성의 구체적 위치에 대한 명확한 기록은 없다. 『삼국사기』에서는 지금의 서경 동쪽 목멱산 속에 있다고 했고, 『평양지』와 『신증동국여지승람』에서는 평양부 동쪽 4리 지점인 목멱산에 있으며, 고구려의 고국원왕이 있던 곳이라고 했다. 그런데 조선시대 평양부 청사가 있던 곳으로부터 4리 되는 지점에는 고구려의 성터나 큰 건물터가 없다. 이 때문에 일부 책에서는 의암산에 황성이 있었다고 써 놓았는데, 여기에도 고구려 때 성터나 건물터가 발견되지 않는다.

343년 고국원왕이 거처했던 동황성은 '동쪽 황성'이라는 뜻이다. 그러므로 무엇을 기준으로 동쪽인가 하는 문제가 매우 중요하다. 『평양지』와 『신증동국여지승람』에서는 당시(조선시대) 평양부가 있었던 곳을 기준점으로 삼았기 때문에 그릇된 결론에 도달할 수밖에 없었다. 동황성은 고국원왕 당시의 평양성 동쪽에 있는 황성이라는 뜻으로 해석해야 정확한 결론에 도달할 수 있다. 따라서 고국원왕 당시의 평양성을 찾으면 동황성의 위치도 찾을 수 있다.

당시의 평양성은 청암동성이므로 이 성을 기준으로 동쪽 4리 지점에서 동황성을 찾아야 한다. 이렇게 보면 청암동성에서 동쪽으로 4리쯤에 청호동 토성(평지성, 길이 약 1.3km)과 고방산성(길이 약 3km)이 있다. 고구려의 수도성 구성은 5~6세기까지 평지성과 산성의 결합으로 돼 있었던 만큼 바로 이곳을 동황성으로 비정하는 게 합리적이다. 청호동 토성 일대에는 큰 건물터도 여러 개 있다. 다만 청호동 토성과 고방산성이 언제 축조됐는지에 대한 기록은 없다.

고국원왕은 343년에 동황성으로 거처를 옮기고 370년대 초까지 머물렀다. 따라서 370년대 초까지 이곳이 임시수도의 역할을 담당했다. 이곳에 오래 머물렀던 이유는 전연과의 대치상태가 계속됐기 때문이다. 고국원왕은 이곳에 머물면서 평양 서북방 요충지들에 성곽방어시설을 많이 건설했고, 황해도 일대에도 구월산성을 비롯해 수많은 성을 쌓았다. 특히 장수산 일대에 또 하나의 부수도로 삼을 남평양성을 건설했다. 고국원왕은 이러한 대규모 건설사업을 지휘 감독하기 위해 직접 지방을 순수(왕이 지방을 직접 돌아다니며 시찰하는 것)했다.

이처럼 고국원왕은 죽을 때까지 평양 일대에서 수많은 대형 건설사업을 벌였다. 그중에서 주목되는 것은 단군릉 개축이다. 제반 자료들과 유적 유물들에 의거해 볼 때 단군릉이 고구려 무덤양식으로 개축된 것은 고국원왕이 동황성에 머물던 4세기 중반경이었다고 결론지을 수 있다. 고국원왕이 평양성을 대대적으로 건설하고 단군릉을 개축한 것은 평양으로 수도를 옮길 구상을 갖고 있었기 때문이었을 것이다. 425년, 장수왕 재위 시의 평양 천도는 하루아침에 이뤄진 것이 아니라 고국원왕 때부터 시작됐다고 볼 여지가 있다.

전연을 멸망시키고 고조선 옛 땅을 모두 되찾다

고국원왕은 전연과의 대결 태세를 늦추지 않으면서도 태후를 되돌려 받기 위해 유연한 자세로 임했다. 전연은 355년 태후를 고구려로 돌려보냈다. 태후를 돌려보낸 것은 고구려의 노력도 있었지만, 다른 한편으로는 자기들의 국력이 성장해 고구려가 감히 넘보지 못할 것이라는 자신감도 깔려 있었다. 하지만 고구려는 342년에 당한 수치를 잊지 않고 있었으며, 국방력을 강화하면서 전연에 대한 복수전을 준비하고 있었다. 고국원왕은 이 시기에 전국 각지를 순시하면서 조성된 정황을 처리하고, 요동지방과 서북조선 각지의 성곽 방위시설들을 신축하거나 보수하도록 했다. 또 남평양성을 건설하고 농업, 수공업 생산을 발전시킴으로써 군량 축적과 무기무장 생산을 다그쳤다.

전연은 초기에는 승승장구했다. 350년 2월 만리장성 계선을 넘어 후조(중국 오호십육국시대에 갈족인 석륵이 건국한 나라. 319년에 건국되어 351년에 전연에게 멸망당했다)의 유주를 차지하고 계(베이징 부근)로 수도를 옮겼다. 351년에는 중산지방을 점령했으며, 352년에는 염위(기원 350년, 오호십육국시대에 염민에 의해 건국된 나라)를 멸망시켰다. 또한 전연왕 모용준은 황제를 자칭하고, 357년에는 수도를 계로부터 업성(하남성 임장현 서쪽 40리)으로 옮겼다.

그러나 내부적으로는 관료들의 타락이 심해 민심을 크게 잃은 데다 남쪽에서는 동진(東晉: 317~420년, 서진 왕조가 유연의 전조에게 멸망한 후 사마예가 강남에 세운 망명 왕조)이 공격해 왔고, 서쪽에서는 전진(前秦: 351~394년, 중국 오호십육국시대 때 티베트계 저족에 의해 건국된 나라)이 공격 기회를 노리고 있었다. 369년에 전진은 전연의 낙양을 공격해 그 이듬해 2월에 점령했다. 370년 7월에는 호관(섬서성 장치현 동남)과 진양(산서성 태원)을 공격했다. 전연의 최고 관료인 태부 모용평은 전국에서 정예군 30만 명을 모아 전진의 진격을 저지했다.

370년 10월 23일 전진과 전연의 군대는 위원에서 대규모 전투를 벌였다. 이 전투에서 전연군은 15만 명이 살상당하거나 포로로 잡혔고, 모용평은 겨우 목숨을 건져 수도로 도망쳤다. 11월 초 전진군은 전연군의 수도 업성을 포위했다. 7일 밤, 부여와 고구려 등이 보낸 치자(간첩) 500여 명이 북문을 열어줘 업성은 함락됐다.

고구려는 상황을 예의 주시하고 있었다. 전연이 멸망의 위기에서 벗어날 수 없을 것이라고 판단한 고구려는 대규모 기마군단을 보내 요서 지방을 장악했다. 그리고 만리장성 계선을 돌파해 파죽지세로 유주 북부 지역까지 점령해버렸다. 당시 고구려의 국경으로부터 유주 북부 지역까지는 2,000여 리에 달했는데, 이 거리를 10여 일 만에 진격한 것은 매우 놀랄 만한 일이다. 기동성이 뛰어난 기마군단이 없었다면 불가능한 일이었다. 고구려 기마군단의 위력은 이미 49년 태원 원정 때 진가를 과시한 바 있다.

기마군단의 뛰어난 기동성을 이용해 11월 10일경 베이징 서남 용성 부근까지 진격한 고구려군은 곽경의 전진 군대와 만났다. 당시 고구려와 전진은 공동의 적인 전연을 무너뜨리기 위한 전략적 동맹을 맺은 상태였기 때문에 상호 충돌 없이 전연 잔여세력 소탕작전을 공동으로 벌였다.

용성(유주 북부 지역)까지 진출한 고구려는 그 지역에 고구려 행정구역으로서의 유주를 설치했다. 당시 설치된 고구려의 유주는 산하에 13개 군이 있었고, 유주자사는 진이었다. 그런데 고구려가 한때 자기의 유주를 갖고 있었다는 사실은 그 어떤 역사책에도 기록돼 있지 않다. 중국의 역사책은 말할 것도 없고 『삼국사기』에도 기록이 남아 있지 않다. 이 때문에 대다수의 중국 역사책은 전연 멸망 이후 그 땅을 전진이 다 차지한 것처럼 써 놓았다. 그렇다면 어떻게 고구려가 설치한 자신들의 유주가 있었다는 것을 알게 됐을까? 그것은 바로 덕흥리 벽화무덤의 발굴 덕분이다.

1976년 말, 평남 강서군 덕흥리에서 벽화무덤이 새롭게 발굴됐다. 그 앞칸에는 묵서가 쓰여 있었는데, 이 묵서를 통해 고구려의 유주 설치 사실이 알려지게 됐다. 무덤 앞칸의 묘지명을 통해 이 무덤의 주인은 고구려 귀족 관료 진(332~408년)이라는 것이 알려졌다. 그리고 묵서에는 그가 유주자사로 있을 당시 유주 관하의 군현 수와 군현 법이 적혀 있었고, 벽에는 그가 3군 태수와 만나는 장면이 그려져 있었다.

하지만 고구려의 독자적인 유주를 부인하는 사람들은 여전히 덕흥리 벽화무덤의 묵서를 통해 확인된 유주자사 진이 중국의 유주자사였다가 고구려에 망명한 사람이라고 주장한다. 하지만 유주자사 진은 망명객이 아니라 고구려 사람이다. 그 근거는 첫째 묘지명에 적힌 그의 출생지 '00군 신도현 도향 중감리'가 고구려의 지명이라는 점이다. 둘째는 그의 관직명이 고구려의 관직이며, 셋째로 무덤의 축조형식과 방법, 벽화의 주제와 내용이 5세기 초의 고구려 식으로 고구려의 고유 풍습과 사상을 반영하고 있다는 점이다. 이처럼 고구려에서 태어나 고구려에서 관직생활을 줄곧 했던 진이 유주자사를 했다는 사실은 고구려가 370년대에 독자적인 유주를 설치했다는 것을 확증해준다.

고구려가 유주를 설치한 것은 유주를 영구 장악하기 위해서가 아니었다. 고구려의 정책적 목표는 분명했다. 그것은 우리 겨레가 살았던 고조선의 옛 영토를 수복해 겨레의 통합을 실현하는 것이었다. 따라서 유주 설치는 군사전략상 필요에 따른 것이었다.

남조 계통의 역사책들인 『송서』[宋書: 488년에 남제(南齊) 무제의 명을 받아 심약이 편찬한 기전체 역사서로, 동진의 뒤를 이은 남조의 왕조인 유송(劉宋, 420~479년)의 역사를 담았다], 『양서』(梁書: 502~557년까지 존재했던 중국 남조 양나라 시대를 기록한 역사서), 『남사』(중국 남조를 다룬 역사서로, 439~589년의 송나라, 제나라, 양나라, 진나라의 역사를 담고 있다) 등을 보면 당시 백제도 출병해 요서·진평 2개 군을 두었다. 이러한 상황에서 고구려는 진연의 잔여세력을 소탕하는 한편, 백제 세력도 제압하기 위해 유주를 설치했던 것이다.

고구려는 유주 진출의 목적을 달성한 후, 376년경 스스로 철수하고 대릉하 - 의무려 산줄기 계선 동쪽만을 영토로 확보했다. 이 계선은 바로 고조선의 서쪽 국경선이 있었던 곳으로 고조선 옛 땅 수복정책에 포함되는 지역이었다. 물론 대릉하에서 난하까지의 지역도 한때 고조선의 영토였던 적이 있으나 기원전 3세기 이후 연나라에 강점당한 후 우리 겨레가 거의 살지 않고 중국화돼 버렸다. 당시 대다수 우리 겨레는 대릉하 이동 지역으로 옮겨와 살았기 때문에 대릉하 이서 지역은 통합의 대상으로 삼지 않았던 것이다.

고구려의 유주 진출은 오랜 침략자였던 전연을 멸망시키고 그 잔당까지 소탕함으로써 고구려의 국위를 널리 선양했을 뿐 아니라, 수백 년 동안 외세에 강점당했던 고조선 옛 땅의 수복이라는 역사적 위업을 달성했다는 점에서 의의가 있다.

고국원왕, 371년 백제와의 남평양성 전투에서 사망하다

고국원왕이 전연과의 생사를 건 투쟁을 펼치고 있을 때, 남쪽에서는 백제가 고구려에 대항하는 세력으로 급부상했다. 그때 백제의 왕은 근초고왕(346~375년)이었다. 근초고왕은 비류왕의 아들로서 백제의 부흥을 이끈 왕이었다. 그는 내적으로는 왕권을 강화하고 지방 통치기구를 정비하는 등 국력을 신장시켰고, 외교적으로는 가야를 손아래 동맹으로 끌어들이고 신라와의 관계를 개선했다. 한편으로는 지금까지 상전으로 모시고 받들던 고구려와 한판을 겨뤄보겠다는 야심을 공공연하게 내비쳤다.

지금까지 사대조공을 해오던 백제가 통제를 거부할 뿐 아니라 신라까지 자기 휘하에 끌어들여 남쪽에서 하나의 세력으로 규합되는 것을 고구려로서는 그냥 보고만 있을 수 없었다. 고국원왕은 369년 9월 직접 보병과 기병 2만 명을 거느리고 백제의 북변 치양 땅에 나가 주둔했다.

고국원왕이 치양 땅으로 내려온다는 소식을 접한 백제의 근초고왕은 태자를 시켜 많은 무력을 이끌고 급히 치양으로 달려가 싸우도록 했다. 백제군이 기습하면서 고구려 - 백제 간의 첫 전투가 벌어졌다(3세기 말 대방국을 공격할 당시 대방국왕의 사위였던 백제의 책계왕이 대방국을 도와 고구려와 싸운 적은 있으나 양국 사이의 직접적인 대규모 전투는 치양 전투가 처음이라고 할 수 있다). 이 전투의 승자는 백제였다. 당시 고구려군은 아직 진지를 차지하기 전이었는데, 백제군이 기습해오자 많은 사상자를 내고 후퇴하지 않을 수 없었다.

이 전투의 승리로 백제군은 기세가 등등해졌다. 이전까지는 고구려를 몹시 두려워했지만, 첫 전투에서 승리하자 고구려를 두려워하던 마음이 사라지고 승리할 수 있다는 자신감이 충만해졌다. 371년 10월, 백제군은 3만 명의 무력으로 고구려 남부지방을 쳐들어왔다. 백제군은 예성강을 건너 황해도 평천군을 거쳐 남평양성(장수산성)을 공격했다. 남평양성 전투는 고구려의 완강한 저항으로 실패했고, 전투는 고구려의 승리로 끝났다. 하지만 남평양성 방어전을 지휘하던 고국원왕은 백제군이 쏜 화살을 맞은 것이 원인이 되어 10월 23일에 사망했다.

새로쓰는
고구려역사

제3장

삼국통일을 향한
고구려의 투쟁

1절
소수림왕,
황제국 체제를 세우다

1. 새로운 정세가 도래하다

고국원왕은 고조선 고토 수복의 역사적 소명을 완수한 왕이다. 342년, 그는 전연의 침공 때 전략적 판단 실수로 환도산성을 일시적으로 빼앗겼을 뿐 아니라 부왕의 시신을 강탈당하고, 태후를 비롯한 수많은 사람들이 납치되는 사태를 초래했다. 그러나 평양 동황성으로 거처를 옮긴 뒤 방위력을 증강하고 국력을 신장시키는 등 커다란 역할을 했다.

370년, 전연이 전진과의 전쟁에서 멸망의 위기에 처해 있을 때 고국원왕은 대 기마군단을 동원해 전광석화처럼 만리장성을 넘어 유주로 진격해 전진 세력과 힘을 합쳐 전연 세력을 일망타진했다. 그런 다음 전연의 유주와 평주를 합해 고구려의 유주를 설치하고, 고구려 사람 진을 유주자사로 임명했다. 이 사실은 덕흥리 벽화무덤의 묵서를 통해 알려지게 됐다. 고조선의 유주 진출은 오랜 침략자였던 전연을 멸망시키고 그 잔여세력까지 소탕함으로써 고구려의 국력을 널리 시위했다는 역사적 의의가 있다. 뿐만 아니라 수백 년간 외세에 강점됐던 고조선의

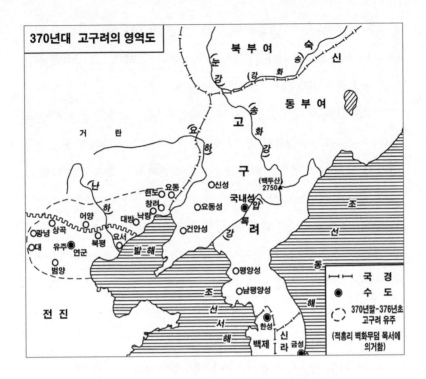

370년대 고구려의 영역도

북부여　숙신　신

동부여

고　구　려

거　란

신성

(백두산)2750

현도　요동

창려

요동성

국내성

대방　낙랑

건안성

어양

광녕　상곡

대　유주　연군　북평

범양

요서

발해

압록강

조　선

동해

평양성

남평양성

조　선　서해

전 진

한성

백제

신라　금성

국 경
수 도
370년말-376년초 고구려 유주
(적흥리 벽화무덤 목서에 의거함)

옛 땅 수복이라는 역사적 소명을 완수했다는 점에서 역사적 의미가 더욱 빛난다.

고조선 옛 땅 수복의 역사적 과업이 완료되고, 전진과의 우호관계가 수립됨으로써 서북방의 정세가 안정됐다. 고구려는 480년 가까이 혈투를 벌여 마침내 그 꿈을 실현시켰다. 이제 고구려는 고조선을 계승한 나라라는 것을 만방에 떳떳이 내세울 수 있게 되었다. 겨레와 민족을 통합해 동방의 강국으로 이름을 떨치는 것은 고구려가 건국 초기부터 내세웠던 민족사적 과업이었다. 이 과업을 달성하기 위한 노정에는 이제 마지막 과제이자 가장 어려운 과제만 남게 됐다. 그것은 남방의 백제와 신라를 통합해 삼국통일의 위업을 달성하는 것이었다.

그러나 고구려는 376년까지 여기에 힘을 돌릴 수 없었다. 고구려군의 주력은 그때까지만 해도 유주에 나가 있었으며, 남쪽에는 일부 군 병력만 남아 방어태세를 취하고 있었다. 마침 이런 때 백제가 고구려의 허를 노려 기습을 가해왔다.

371년 10월, 백제의 근초고왕은 군사 3만 명을 이끌고 남평양성(장수산성 근처)을 먼저 공격해왔다. 『삼국사기』 백제 본기에는 이 해에도 고구려가 먼저 백제를 쳤으며 패하(예성강)에서 백제의 매복에 걸려 패했고, 그해 겨울에 백제가 군사 3만 명으로 고구려의 평양성(이 평양성은 남평양성이다)을 공격한 것으로 돼 있다. 하지만 고구려 본기에는 먼저 공격했다는 기사는 없고, 백제군이 10월에 고구려 평양성을 친 것으로만 돼 있다. 당시 백제군의 남평양성 공격 때는 고국원왕이 직접 나가 방어 전투를 지휘했다. 하지만 고국원왕은 전투 도중 날아오는 화살에 맞은 것이 원인이 돼 그해 10월 23일 죽고 말았다.

고국원왕의 사망은 우연이었으나, 새로운 시대의 도래를 예고한 사건이었다. 이제 삼국통합의 주도권을 놓고 고구려와 백제, 더 나아가 고구려, 백제, 신라의 치열한 각축전이 펼쳐지기 시작했다. 당시 삼국통합은 필연적으로 제기된 민족사적 과제였다. 고국원왕의 죽음은 고구려에게 그러한 시대의 도래를 일깨워주고, 향후 300년 동안 삼국통일을 이룩하기 위한 소명을 불러일으키는 중요한 계기가 됐다. 하지만 본격적으로 삼국통일 위업에 뛰어들기 위해서는 아직 마무리해야 할 일이 남아 있었다. 그것은 국가 정치체제 정비와 서북방 지역의 튼튼하고 안정적인 방위체제 구축이었다. 이는 바로 고국원왕의 뒤를 이어 왕위에 오른 소수림왕의 긴급한 과제가 되었다.

2. 소수림왕, 황제국가 선언하다

소수림왕(371~384년)은 고국원왕의 아들로서 고국원왕 25년(356년)에 태자로 책봉되었고, 371년 10월 부왕이 사망하자 왕위에 올랐다. 당시 고구려의 영토는 대릉하 지역을 넘어 유주에 이르렀다. 고구려의 유주는 수년 만에 폐지됐지만, 소수림왕이 왕위에 오를 당시 고구려는 서쪽으로 오늘날의 베이징 지방까지 장악하고 있었던 강대한 나라였다. 고구려는 삼국통일 위업을 본격적으로 추진하기에 앞서 강대국의 체모에 걸맞게 중앙 및 지방 관제를 재정비할 필요가 있었다. 관제 정비는 중국 대륙에 우후죽순처럼 들어선 여러 나라와 유리한 관계를 맺기 위해서도 시급했다. 당시 중국의 전연과 전진은 352년에 황제 칭호를 사용하기 시작했는데, 그들과 맞서 자기의 권위를 높이려면 그에 걸맞은 국가체제가 필요했던 것이다.

『삼국사기』 소수림왕 조에는 소수림왕 2년에 태학을 설치하고, 4년에 율령을 반포했다는 사실이 기록돼 있다. 율이란 현재의 형법에 해당되는 것이고, 령이란 지금의 행정법에 상당하는 것으로 나라를 통치하기 위한 각종 제도를 말한다. 흔히 소수림왕 때 율령을 반포했다는 사실을 놓고 고구려가 이때부터 성문법 체제와 중앙집권적 체제를 갖추게 됐다는 식으로 해석하고 있다. 하지만 성문법은 일찍이 고조선(후조선)의 '8조금법'부터 존재했고, 이후로도 계속 발전해왔다. 따라서 고구려 초기에는 성문법이 없었고 관습법만 존재했다고 해석하는 것은 잘못이다.

또한 율령 반포와 중앙집권적 체제 성립을 등식화시켜 놓고 이때부터 중앙집권적 전제국가로 됐다고 보는 것 또한 잘못이다. 법과 제도에 의해 현실이 만들어지는 것이 아니라, 법과 제도는 현실을 반영하는 것이다. 고구려는 소수림왕 이전에도 각종 법과 제도, 관료기구가 존재했으며, 전제군주권 역시 공고하게 보장돼 있었다.

소수림왕의 율령 반포의 초점은 '황제국가'였다. 고구려는 원래부터 천자의 나라(황제국가)였다. 천자의 나라에 대비되는 나라는 속국 또는 제후국이다. 천자의 나라는 하늘로부터 천명(전제권)을 부여받아 속국과 제후국을 거느리는 나라를 가리킨다. 반면에 제후국과 속국은 천자로부터 명을 받아 왕 또는 제후 노릇을 하는 나라를 말한다. 그런데 굳이 소수림왕 때에 이르러 황제국가를 천명하고 그에 걸맞은 체제와 제도를 정비한 까닭은 무엇일까? 당시 중국 여러 나라에서 사용하던 '황제' 칭호를 도입하고, 그에 따른 여러 법과 제도를 체계적으로 정비함으로써 강대국의 면모를 내외에 과시하려는 것이었다.

황제 칭호를 채택하다

고구려의 최고 통치권자는 국왕이었다. 국왕은 전제군주로서 각급 관리의 임면권과 군사통수권을 갖고 있었고, 전쟁의 개시와 강화의 체결, 다른 나라와의 외교관계 설정과 단절, 법의 제정과 적용 등 국가 통치 및 활동과 관련된 모든 것을 주관했으며 좌지우지했다. 물론 봉건국가의 초기에는 왕권이 상대적으로 약하지만 시간이 흘러감에 따라 점차 강화되는 것이 일반적이었다. 따라서 초기 왕권이 취약했다는 단편적 사실을 확대 과장해서 고구려가 중앙집권적 전제군주제를 확립하지 못했다느니, 왕이 전제군주로서의 권한을 갖지 못했다느니 하고 시비하는 것은 잘못이다. 이러한 태도는 역사발전의 일반적 법칙을 외면하고 역사를 구체적으로 보지 않는 잘못을 범하는 것이다. 동방의 나라에서 봉건적 통치기구들이 갖춰지고 강화된다는 것은 곧 국왕의 전제권이 강화된다는 것을 뜻한다.

고구려 역시 기원전 3세기 초, 국가 성립 초기에는 전신 국가인 구려와 같이 5부 귀족들의 세력이 강했고, 귀족평의회 기구의 권능도 상대적으로 컸다. 왕의 정치군사적 지반이 튼튼하지 못한 상태에서 불가피하게 나타나는 현상이었다. 하지만 오래지 않아 국왕의 전제권은 크게 강화되었으며 수많은 후국들이 성읍으로 개편되고 국왕이 임명하는 관리들이 지방민들을 통치하게 됐다(그럼에도 지방에 대한 중앙정부의 인사권과 통제권은 고려 때까지도 제한적이었다. 대체로 지방의 관리를 중앙에서 파견하는 경우는 적었고, 지방의 토착 귀족세력들의 기득권을 인정하는 차원에서 요식적으로 행사됐을 뿐이다). 특히 기원 3년 국내성으로 수도를 옮긴 후 5부 귀족들이 수도에 와서 살게 됐고, 그들은 직접 국왕에게 복무하는 관청에서 관료로 일하게 됐다. 이처럼 국왕의 전제군주권이 강화되면서 중앙집권적 전제군주제가 튼튼하게 확립되어 갔다. 국왕의 전제권 강화는 왕궁과 왕릉을 크게 만드는 데서도 잘 드러난다.

황제국가란 국왕(황제)이 하늘이 낸 천자이며, 그 밑에 여러 제후 왕, 속국 왕을 거느린 나라를 말한다. 고구려의 국왕은 처음부터 황제였고, 고구려는 황제국가였다. 단지 국왕의 칭호를 황제라고 부르지 않았을 뿐이다. 광개토대왕릉비에는 시조 동명성왕을 '천제의 아들', '황천의 아들'로, 모두루묘지명에는 '해와 달의 아들', 『위서』에는 '해의 아들', 『삼국사기』 고구려 본기에는 '천제의 아들인 해모수의 아들' 또는 '천제의 아들'로 묘사하고 있다. 그리고 『삼국사기』를 비롯한 옛 기록들과 금석문에는 고구려의 최고 통치자를 왕, 대왕, 태왕, 성왕, 성태왕, 명왕, 신왕, 호태왕, 호태성왕, 제, 성제 등으로 쓰고 있다.

소수림왕은 삼국통일을 본격 추진하기에 앞서 나라의 체제와 제도를 동아시아의 강대국의 면모에 걸맞게 고쳤다. 그중에서도 특히 대내외적으로 황제가 통치하는 나라로 만들기로 하고 '황제 칭호'를 사용했다. 그런데 소수림왕 초기에 황제 칭호를 사용했다는 사실이 어떤 이유에서인지 전면적으로 기록되지 않고, 이러저러한 역사기록에 단편적으로밖에 밝혀져 있지 않다.

하지만 이런 단편적인 기록만으로도 그 사실은 명확히 확증된다. 『수서』(당태종의 명에 따라 안사고와 공영달 등이 집필해 당태종 10년, 기원 636년에 완성한 수나라의 역사서) 고구려전에는 고국원왕을 소렬제라고 불렀다는 기사가 두 군데 나온다. "위궁(동천왕)의 현손의 아들을 소렬제라고 하였는데, 그는 모용씨에게 격파되었다. 모용씨는 드디어 환도에 들어가 궁실을 불사르고 크게 약탈하고 돌아갔다. 소렬제는 후에 백제에게 살해됐다"는 기사가 바로 그것이나. 여기에 나오는 소렬제는 고국원왕이며, 소렬제라는 칭호는 그의 아들인 소수림왕이 추증한 시호로 볼 수 있다.

고구려의 대왕이 황제의 체모에 맞는 용어를 썼다는 것은 『삼국사기』 권 20, 고구려 본기 영양왕 11년 정월 조에 태학박사 리문진에게 '조'해서('조'는 황제의 지시를 가리키는 말. '조했다'는 말은 황제가 지시했다는 것을 뜻한다) 『신집』 5권을 편찬하게 했다는 데서도 찾아볼 수 있다. 『삼국사기』는 김부식의 사대주의적 관점 때문에 고구려, 백제, 신라의 왕들이 천자 - 황제로 처신하면서 쓴 말들을 모두 삭제했는데, 용케도 이것은 남았다.

또 고구려가 황제국가의 틀을 갖추었다는 것은 '태학'이나 '태묘'를 두었다는 사실에서도 잘 드러난다. 태학이나 태묘는 황제의 나라에서 쓰는 말이다. 『삼국사기』 소수림왕 2년(372년) 6월 조에는 "태학을 세워 자식을 교육했다"라고 나와 있고, 408년에 축조된 덕흥리 벽화무덤에는 '태묘작식인'(태묘에서 음식을 만드는 사람)이란 묵서가 있다. 이러한 자료들은 단편적이나마 고구려가 황제국의 체모에 걸맞은 용어를 사용했다는 것을 보여준다. 고구려는 황제 칭호를 채용한 후에도 본래의 왕, 대왕, 호왕, 호태왕, 호성왕 등의 칭호들을 이전처럼 썼다.

독자 연호를 사용하다

소수림왕 때부터 고구려는 독자적인 연호를 제정해서 썼다. 이 역시 소수림왕이 황제 칭호를 채택했다는 주요 근거 중의 하나다. 소수림왕 이전 고국원왕 때까지는 중국 동진이나 후조의 연호를 빌려 썼다. 소수림왕은 자신의 통치 시기 초기부터 독자적 연호를 사용했는데, 이것은 황해도 신천군 복우리에서 나온 벽돌유물을 통해 확인된다. 그 벽돌에는 '건시 원년 한씨 조전'이라는 글이 새겨져 있다. 중국에서도 전한 성제 때인 기원전 32~29년 사이에 '건시'라는 연호를 쓴 일이 있지만, 당시에는 벽돌에 연호를 새기는 풍습 자체가 없었다. 한반도 서북 지역에서 발견된 기년명이 있는 벽돌은 대부분 2세기 말엽 이후의 것이다. 그러므로 이 연호는 370년대 초에 고구려가 처음으로 연호를 제정 실시한다는 뜻에서 쓴 연호로 보아야 한다.

374년 이후에는 '태녕'이라는 연호를 썼다. 근년에 집안에서 나온 기와막새에는 '태녕 4년 태세□□ 윤월 6일 기사'라는 글이 새겨져 있었다. 일부 사람들은 이 연호를 동진의 연호라고 주장한다. 동진의 태녕 3년(325년)에도 '윤 8월 6일 기사일'이 있으니, 해수를 잘못 쓴 것이라고 우긴다. 그러나 三을 四로 잘못 새긴다는 것은 있을 수 없는 일이다. 그러므로 이 '태녕 4년 윤월 6일' 기사는 377년(소수림왕 7년) '윤3월 6일 기사'로 보아야 하며, 태녕의 첫해는 374년이다. 따라서 건시 연호는 고구려가 황제 칭호를 정식으로 사용하기 시작한 372년부터 374년까지

해수로 3년간 사용됐다고 봐야 할 것이다.

	연호	사용기간	시작한 해
1	건시	372~374년	소수림왕 2년
2	태녕	374~377년	소수림왕 4년
3	함소	378~387년	소수림왕 8년
4	원홍	388~390년	고국양왕 5년
5	영락	391~412년	광개토왕 원년
6	연가	413~419년(?)	장수왕 원년
7	연수	451~?	장수왕 39년
8	건흥	472~476년(?)	장수왕 60년
9	백선(?)	508~511년(?)	문자명왕 17년
10	태화	544~546년(?)	안원왕 14년
11	영가	565~571년(?)	평원왕 7년

지금까지 알려진 고구려의 연호

3. 소수림왕, 남진정책을 펼치다

소수림왕, 375년 수곡성 전투에서 승리하다

소수림왕이 칭제건원(황제의 호칭과 독자적 연호 사용), 태학의 설립, 율령의 반포 등 내부 체제 정비에 힘쓰고 있던 때 고국원왕 사망으로 사기가 높아진 백제는 북방진출 정책을 펼쳤다. 백제는 수도를 남한성(오늘의 경기도 광주 부근)에서 북한성(북한산, 서울 북부)으로 옮겼고 373년에는 청목령(정확한 위치가 알려지지는 않았으나 제반 사정을 고려해볼 때 오늘의 개성 송악산 일대)에 성을 쌓았다. 백제는 청목령성 쌓기에 백성들을 마구잡이로 내몰았는데, 백성들의 참상을 보다 못한 독산성주는 300명의 백성을 데리고 신라로 도망갔다. 백제 왕은 국서를 보내 이에 항의했으나, 신라 왕은 그 항의를 무시했다.

백제가 이처럼 전쟁준비를 다그친 까닭은 백제의 요서 진출을 고구려가 반대해 수세에 몰린 때문으로 보인다. 소수림왕은 백제의 기세를 초기에 꺾어버리는 일이 중요하다고 보고, 유주에 나가 있던 고구려군 주력 일부를 빼 백제 전선에 투입했다. 375년 7월, 고구려는 371년 전투 이후 백제가 장악하고 있던 수곡성을 공격했다. 수곡성을 지키려는 백제와 탈환하려는 고구려 사이에 치열한 전투가 펼쳐졌다. 규모는 비록 작았지만, 향후 전쟁의 주도권을 장악할 수 있다는 측면에서 매우 중요한 전투였다. 이 전투의 승자는 고구려였다. 고구려는 수곡성 전투에서 승리함으로써 수곡성을 되찾음과 동시에 향후 남진정책 추진에 청신호가 켜졌다.

백제, 377년 남평양성 공격 전투에서 패배하다

수곡성 전투에서 패배한 백제는 반격전을 준비했다. 377년 10월, 백제 왕은 직접 3만 명의 군대를 이끌고 남평양성(장수산성)을 다시 공격했다. 그러나 고구려군의 반격으로 성을 함락시키지 못하고 퇴각해야 했다. 백제군이 눈물을 머금고 퇴각한 이유는 유주에 나가 있던 고구려의 주력군이 376년 이후 고구려로 돌아와 있었기 때문이다. 고구려는 백제군이 남평양성 방면으로 공격해오자, 백제가 상상할 수 없었던 대군을 동원해 백제를 격퇴시켰다. 이로써 백제의 제2차 남평양성 공격은 아무런 소득도 없이 끝났고, 고구려군은 퇴각하는 백제군을 뒤쫓았다. 다음

달인 11월에는 국경선을 넘어 백제의 북쪽 변경을 공격했다.

377년의 남평양성 전투 이후 10년 동안 양국 사이에는 일진일퇴의 소규모 전투만 거듭했을 뿐 큰 전투나 변화가 없었다. 당시 고구려는 다시 서북방의 정세가 불안정해진 데다 384년에 소수림왕이 사망하는 등 내부 정세가 복잡해 백제와의 전쟁에 큰 힘을 쏟을 수 없었다. 소수림왕은 384년(재위 14년)에 죽었는데, 슬하에 아들이 없어 동생에게 왕위를 물려주었다. 새로 왕이 된 소수림왕의 동생 고국양왕(384~391년)이 바로 그 유명한 광개토대왕의 아버지다.

2절
동방의 강대국 꿈을 실현한
광개토왕

광개토왕(391~412년)의 즉위를 전후해서 고구려는 전후좌우 적들의 준동으로 시련을 겪고 있었다. 국내적으로는 강성기로 접어든 백제의 도전이 더욱 거세졌다. 또 동북쪽 속국, 속령에 속해 있던 숙신과 동부여가 조공의무를 어기는 등 고구려의 지배에 반발하고 있었다. 밖으로는 서쪽에서 후연이 다시 발흥해 호시탐탐 고구려를 넘보고 있었으며, 서북쪽에서는 거란족이 국경을 넘어와 약탈과 살육을 벌이고 고구려 사람들을 노예로 끌고 갔다. 18세의 나이에 왕위에 오른 광개토왕에게는 만만치 않은 시련이었다. 그에게는 이런 시련을 극복하고 대고구려를 건설해야 할 역사적 책무가 주어졌다.

1. 광개토대왕릉비는 말하고 있다

이처럼 복잡한 국내외 정세 속에서 왕위에 오른 광개토왕은 빛나는 위훈을 이루었다. 광개토왕의 업적은 광개토대왕릉비에 자세히 기록돼

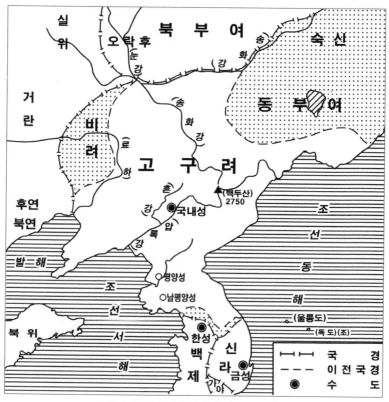

광개토대왕 시기 영역 확장도(391~412년)

있다. 광개토대왕릉비는 414년(장수왕 2년)에 만든 높이 6.4m의 큰 돌비
석이다. 광개토왕의 업적 칭송과 무덤 관리 규정 등 1,715자가 새겨져 있
다. 능비는 마모된 부분도 적지 않아 판독하기 어려운 것도 있으나, 수많
은 학자들의 노력으로 그 뜻이 거의 다 해명됐다. 이 비에는 문헌 사료에
없는 역사적 사실들이 많이 기록돼 있어서 고구려 역사, 나아가 당시 동
아시아 역사를 연구하는 데 귀중한 제1차 사료가 되고 있다. 뿐만 아니
라 능비문의 서체가 매우 세련돼 당시 고구려의 높은 문화수준을 잘 보
여주는 우리 민족의 소중한 문화유산이다.

광개토대왕릉비문의 내용은 크게 3단으로 나뉜다. 제1단에는 고구려 시조 추모왕(주몽)이 나라를 세운 경위와 그 후 역대 왕들의 계승 관계, 광개토왕의 치적에 대한 총평, 산릉의 축조와 능비 건립의 목적을 써 놓았다. 제2단은 광개토왕의 공훈과 업적을 연대별, 사건별로 서술한 것으로 북방에서는 비려, 식신, 동부여를 정벌해 국위를 선양하고 영토를 크게 확장한 사실, 남방에서는 백제·가야·왜와의 싸움에서 결정적 타격을 주고 백제의 많은 성들을 차지함으로써 고구려의 위력을 과시하고 영역을 넓히는 한편 신라를 도와주는 동시에 강하게 통제 장악하게 된 과정을 써 놓았다. 제3단은 왕릉의 관리 수호를 위한 수묘인 연호의 구성과 그것을 항구적으로 유지하기 위한 법령조항들을 밝혀놓았다. 즉, 이 비는 광개토왕의 훈적비 - 기공비인 동시에 능묘관리원칙을 규범화해 놓은 것이다.

비문에서 가장 논쟁의 초점이 되고 있는 것은 바로 신묘년 조 기사이다. 원문은 "百殘新羅舊是屬民由來朝貢而倭以辛卯年來渡海破百殘□□新羅以爲臣民"(백제와 신라는 옛적에는 속민이었고 그전부터 조공을 바쳐왔다. 그런데 왜가 신묘년에 왔기에 패수를 건너서 백제를 격파하고 동쪽으로 신라를 초유하여 신민으로 삼았다)이다. 이 기사에 대해 일부에서는 "백잔(백제), 신라는 과거 속민이었고 조공을 바쳐왔다. 그런데 왜가 신묘년(391년)에 바다를 건너와 백잔 □□ 신라를 격파하고 (자기) 신민으로 삼았다"라고 읽었다. 이렇게 해석하는 것은 주로 일본의 역사학계인데, 이것을 자신들의 임나일본부설을 합리화하는 데 이용하고 있다. 그러나 이렇게 해석하는 것은 고고학적, 문헌학적 근거가 전혀 없는 허무맹랑한 짓거리다.

우선 비문에 보이는 '왜'가 어떤 왜인가에 대해서는 대체로 북규수에 있던 왜라는 의견에 크게 이견이 없다. 그런데 이 왜는 친백제, 친가야적 성격을 띠고 있으며 대대로 백제와 가야를 조국으로 알고 따랐다. 당시 북규수의 왜가 마한 - 백제, 변진 - 가야 계통 이주민이나 그 후예들이 주도하던 나라였다는 것은 그 일대에서 나오는 유적유물, 지명, 전설 자료들이 충분히 증명해주고 있다.

일부에서는 신묘년 조 기사에서 나오는 왜가 북규수 왜가 아니라 기내 야마토 왜라고 우기기도 하는데, 그것은 어불성설이다. 당시 일본에는 통일국가가 형성되지 않았고, 기내 야마토의 왜는 아직 서부 일본의 여러 지방 정치세력들을 복종시키지 못한 형편이었다. 따라서 한반도에 손을 미칠 수 없었다는 것은 불문가지다. 일본 내 고분군들의 분포상태를 포함해 유적유물의 상태, 고기록 내용 등으로 볼 때 4세기 말까지는 '기내 야마토'의 세력범위는 그리 넓지 않았고 국력도 보잘것없었다.

유적유물에 대한 고고학적 연구에 따르면, 5세기 초엽 기내 야마토 지역의 왜는 무기 무장류나 마구류의 수준이 매우 형편없어 고구려 군대나 백제 군대와 싸울 만한 힘을 갖추지 못했다. 오히려 북규수 지방에서는 5세기 전반 한반도 백제 - 가야 지역에서 쓰던 무기류와 마구류들이 많이 출토되고 있다. 이것은 당시 일본 내에서 기내 야마토의 왜보다 북규수의 왜가 더욱 힘이 강했고, 4세기 말~5세기 초 광개토왕 때 백제 - 가야 편에서 싸운 왜가 다름 아닌 북규수 왜였다는 것을 입증해주고 있다.

이처럼 왜가 백제·신라를 쳐서 신민으로 삼았다는 설은 근본적으로 성립될 수 없다. 따라서 '도해파'(渡海破)의 주어는 어디까지나 왜가 아니라 고구려가 돼야 한다. 고구려를 주어로 놓고 보면 "백제와 신라는 옛적에는 우리의 속민이었고 이전부터 조공을 바쳐왔다. 그런데 신묘년에 '왜'가 (백제 - 가야의 편에 서서) 왔기 때문에 (고구려는) 바다(강화만)를 건너 백제를 격파했다. 또 신라를 …하여 신민으로 삼았다"가 된다. 이렇게 읽어야 『삼국사기』를 비롯한 역사책들의 서술내용과 부합된다.

먼저 그 앞부분 "百殘新羅舊是屬民由來朝貢"(백제와 신라는 옛적에는 속민이었고 이전부터 조공을 바쳐왔다)을 살펴보자. 이것은 과장된 표현이 아니라 역사적 사실을 정확하게 반영한 것이다. 당시 고구려는 백제와 신라가 감히 넘볼 수 없는 강대국이었다. 백제는 369년 고구려와 충돌이 있기 전에는 옛 친족 관계를 두터이 하고 숭상하며 고구려를 큰집으로 여기고 사대하는 관계에 있었다. 이는 406년까지 동명왕의 사당에 제사를 지내면서 시조 묘로 삼고 있었다는 것을 통해서도 확인된다. 신라는 248년 강화 이후 고구려와 상하관계에 있었다. 따라서 이 구절은 봉건국가들 사이에 흔히 쓰이는 과장 수법이 작용한 것은 사실이지만, 실제로 있었던 역사적 사실에 정확히 부합된다고 봐야 할 것이다.

또한 '도해파'(渡海破)의 주어를 고구려로 봐야 신묘년 이후 고구려 - 백제, 고구려 - 신라 관계 역시 현존 기록들과 잘 부합된다. 『삼국사기』에도 고구려가 393~395년 사이에 여러 차례 패수(예성강) 좌안에서 싸워 백제군을 격파한 사실을 전하고 있다. 그리고 신라본기에는 고구려가 392년 초에 신라에 사신을 보내 신라 측에서 볼모를 보내도록 했다는 것도 전하고 있다. 이처럼 역사기록들과 광개토대왕릉비문을 종합적으로 볼 때 고구려가 백제를 치고, 신라를 설득해 볼모를 보내도록 해서 신민으로 삼았다는 것이 가장 합리적이고 정확하다. 이렇게 해석하지 않으면 납득하기 어려운 무리한 해석이 나타날 수밖에 없다.

이와 관련해 첨언하자면, 비문의 변조 문제도 간과할 수 없다. 일본은 광개토대왕릉비문을 자신들에게 유리하게 해석하기 위해 용납할 수 없는 역사조작에 매달렸다. 일부에서 주장하는 것과 같은 일본군의 '석회

도포 사건'은 없었지만 탁본자들에 의한 몇몇 글자의 손상은 분명히 있었다. 특히 주목할 점은 일본인들에 의한 몇 개 글자의 가공 - 변조 또는 말소 책동이 있었다는 것이다. 그중에서 핵심적인 것은 '도해파'(渡海破)의 가운데 글자가 과연 '해'(海)가 맞느냐는 문제다. '해'(海)자는 각종 탁본에서 그 자형과 위치가 제가끔 차이가 나며, 최근에 탁출한 것과 이전 것이 판이하게 다르다. 본래 잘 보이지 않는다는 이 글자는 인공적인 변조 가능성을 생각게 한다. 예컨대 '泪'(패)자를 조금만 손봐도 '해'(海)로 만들 수 있다. 만약 그 글자가 '泪'(패)자라면 '왜'를 주격으로 보는 해석은 단번에 부정될 수밖에 없다.

광개통왕릉비문에 대한 최근 연구에 따르면 이 글자는 '해'(海)로 볼 수 없다는 결론에 도달했으며, 야간촬영 사진에 의해 '泪'(패)자에 가깝다는 것이 확인됐다. 이 글자를 '泪'(패)라고 보면, 『삼국사기』 고구려 본기 광개토왕 5년 8월 조에 나온 "고구려가 패수 가에서 백제와 싸웠다"라는 기록과도 일치한다. 또 '백잔' 다음 글자는 초천부·초균덕 부자의 탁출 저본에 '東'(동)으로 돼 있다는 데 주목하지 않을 수 없다. 그럴 경우 당연히 '왜'를 주격으로 볼 수 없게 된다. 어쨌든 '해'(海)로 보고, '東'(동)자가 없다는 것을 전제하더라도 백제를 치고 신라를 얼러 신민으로 만든 주체는 왜가 아니라 고구려이며, 따라서 이 문장의 주격은 고구려여야 한다.

이상과 같이 광개토대왕릉비는 묻혀질 뻔했던 고구려의 건국 시점을 밝혀주는 핵심적 단서를 제공해주었을 뿐 아니라, 4세기 말~5세기 초 동아시아 역사의 진실을 밝혀주는 역사자료로 그 가치가 무한하다 할 만한 우리 민족의 보물이다.

2. 고구려 주도 삼국통일 실현의 주춧돌을 세우다

광개토왕은 고구려의 가장 위대한 왕으로 칭송받고 있다. 광개토대왕릉비문에서는 "왕은 18세에 왕위에 올라 영락태왕이라 일렀는데, 은정과 혜택은 하늘에 가득 찼고 무공은 온 세상을 가득 덮었으며 (옳지 못한 자들을) 없애고 생업을 편안케 하니 나라는 부유하고 백성은 넉넉하고 오곡이 풍요롭게 무르익었다"라고 칭송하고 있다. 시호 또한 이 내용을 담아 '국강상광개토평안호태왕' 즉 국토를 널리 넓히고, 나라를 평안하게 다스린 태왕이라고 불렀다.

하지만 광개토왕은 즉위 당시 내외 적들의 공세로 커다란 국가적 위기에 처해 있었다. 특히 가장 큰 위협으로 등장한 것은 백제였다. 백제는 근초고왕 때 국력 신장에 심혈을 기울인 결과 360년대에 이르러 강대한 나라로 성장했다. 백제는 그 힘을 기반으로 가야의 여러 나라들과 '형제·부자' 관계를 맺었을 뿐 아니라, 일본 열도의 왜 세력에게까지 그 영향력을 확대해 나갔다. 이로써 백제 - 가야 - 왜 연합체제가 형성됐다. 더 나아가 신라와의 관계 개선에도 힘을 기울여 366~368년에는 신라와의 우호관계가 맺어졌다.

이러한 흐름들은 고구려에 매우 불리하게 작용했다. 백제는 369년 치양전투, 371년 남평양성 공격을 통해 자신의 군사력을 과시했으며, 이 과정에서 백제의 군사가 쏜 화살에 맞아 고국원왕이 사망하는 사태도 발생했다.

고구려는 백제의 도전에 유주를 포기하고, 유주에 있던 주력군을 빼내 백제와의 전투에 투입했다. 375년에 있었던 수곡성 탈환 전투는 이러한 전략적 결단의 산물이었다. 고구려는 수곡성 탈환 전투의 승리로 백제에 기울던 신라를 다시 자기 쪽으로 끌어당길 수 있었다. 그럼에도 백제는 고구려에 대한 도전을 포기하지 않았다. 377년, 백제는 남평양성을 공격해 왔다. 이 전투에서 고구려는 또다시 승리했다. 이후 광개토왕 등장 때까지 고구려와 백제 사이에는 소강상태가 지속됐다. 그러나 이것은 폭풍전야의 고요에 불과했다. 백제는 이 기간 동안 가야와 왜 세력을 끌어들여 고구려를 칠 치밀한 작전을 준비하고 있었다. 광개토왕은 바로 이러한 정세 속에서 왕위에 올랐다.

백제와의 전투가 시작되다(391~395년)

391년 왕위에 오른 광개토왕은 백제를 주 공격 대상으로 삼고 집중 타격하는 한편, 신라를 견인하는 정책을 펼쳤다. "왜가 신묘년에 왔으므로 바다를 건너 백잔(백제)을 격파하고 동쪽으로 신라를 …하여 신민으로 삼았다"라고 한 광개토대왕릉비 신묘년 조 기사에는 위와 같은 광개토왕의 전략에 따른 흐름이 잘 밝혀져 있다. 하지만 광개토왕도 즉위 초기에는 백제 타격에 군사적 역량을 집중할 수 없었다. 391~395년까지 서북쪽 지역의 거란족이 소란을 피우고 있어서 이 세력들을 소탕해야 했기 때문에 군사력을 양분할 수밖에 없었다.

392년 7월 광개토왕은 4만 명의 군사를 거느리고 백제 북쪽의 석현성(개성 서북 청석령 부근 또는 여현)을 비롯한 10개 성을 점령했다(『삼국사기』 권18, 고구려 본기 광개토왕 원년 7월. '원년'은 2년을 잘못 기재한 것). 병법에 능한 지략가로 알려진 광개토왕이 대군을 이끌고 연이어 성을 함락시키자 백제는 반격할 엄두도 내지 못하고 퇴각했으며, 한강 이북의 많은 땅을 내주고 말았다. 뒤이어 10월에 고구려군은 백제의 관미성(관미성의 위치에 대해서는 여러 설이 있으나 고구려군이 이미 10개 성을 함락시킨 다음 집중공격한 성이므로 임진강 북쪽 또는 남쪽 기슭에 있던 성이라고 볼 수 있다)을 공격했다. 관미성은 백제 서북방의 요새로, 사면이 험한 벼랑으로 돼 있고 물이 둘러막고 있어 난공불락의 요새로 알려져 있다. 고구려군은 7개 방향으로 나누어 20일 동안이나 쉼 없이 공격해 마침내 이 성을 함락시키고 말았다. 이로써 고구려는 백제의 예성강 방면 진출을 봉쇄하고, 임진강 하류 지역을 제압해 장차 한강을 건널 수 있는 요긴한 길목을 장악했다.

393년 백제의 아신왕(392~405년)은 좌장 진무에게 관미성을 포함한 5개 성 탈환 임무를 하달하면서 "관미성은 우리나라 북쪽 변경의 옷깃(관문)과 같은 요충지다. 지금은 고구려의 소유로 돼 있어 가슴 아프고 안타깝다. 그대는 마땅히 모든 힘을 다 기울여 성을 탈환해 수치를 씻어야 할 것이다"라고 강조했다. 이로써 관미성이 얼마나 중요한 요충지인가를 알 수 있다. 아신왕의 명을 받은 진무는 1만 명의 군사를 거느리고 고구려의 남쪽 변경을 쳤다. 직접 대오의 앞장에 서서 날아오는 화살과 돌을 무릅쓰며 5개 성 중에서도 관미성을 먼저 함락시키려고 갖은 애를 다 썼다. 그러나 고구려 군사들이 성문을 굳게 닫고 지켜 성을 함락시키지 못한 채 철수하고 말았다. 그 이듬해인 394년 7월, 백제군은 다시 수곡성까지 쳐들어갔으나 광개토왕은 정예군 5,000명을 동원해 백제군을 격파했다. 이처럼 백제군의 공격이 극심해지자 고구려는 그해 남쪽 지역에 7개 성을 쌓아 백제의 공격에 대비했다.

395년 8월 백제군은 다시 좌장 진무의 지휘 아래 고구려의 남쪽 변경을 쳐들어왔다. 광개토왕은 직접 7,000명의 군사를 이끌고 패수(예성강)가에서 싸워 크게 이기고 백제군 8,000명을 살상하거나 포로로 붙잡았다. 백제로서는 치욕적인 패전이었다. 분노가 치민 아신왕은 11월에 직접 7,000명의 군사를 거느리고 한강을 건너 청목령까지 진출했다. 하지만 때

마침 큰 눈이 내려 얼어죽은 군사들이 많아지자 북한산성으로 철수하고 말았다. 이렇듯 392~395년 사이에 있었던 여러 전투에서 고구려는 연전연승했다. 이것이 바로 광개토대왕릉비문에 보이는 '○를 건너 백제를 격파했다'는 구절과 잘 대응되는 역사기록들이다.

광개토왕의 대규모 공세에 백제의 아신왕은 무릎 꿇고 항복하다(396년)

비문에 따르면 광개토왕은 396년(병신년)에 예성강 하류 - 임진강 중하류 일대 그리고 경기도와 충북 서부 일대의 전선에서 백제에 대한 대대적인 전면 공격을 가하도록 하는 한편, 자신은 수군을 이끌고 한강을 거슬러 올라가 한강 하류 남쪽 기슭에 상륙했다. 기상천외한 우회전술이었다. 전혀 예상치 못했던 지역으로 공격해 들어가 방비가 허술한 곳을 치고, 백제의 수도 한성을 공격하려는 작전이었다. 그 사이 주력군은 백제 수도의 북쪽, 한강 북쪽 기슭까지 진출해 공격태세를 취했다. 이러한 고구려군의 공세에 백제 군사들은 완강한 태세로 맞서 싸웠지만 더 이상 견디지 못하고 고구려에 화의를 요청했다.

백제는 남녀 노비 1,000명, 가는 베 1,000필을 바치고 58개 성, 700촌을 고구려에 넘겨주기로 했다. 또 왕의 아우와 대신 10명을 볼모로 보내고, 아신왕 자신이 "이제부터 영원토록 고구려 왕의 신하가 되겠다"라고 성하지맹(성 아래에서 하는 항복맹세)을 했다.

광개토왕이 신라를 구원하다(399~400년)

396년 아신왕의 성하지맹을 수치스럽게 여겼던 백제는 고구려와의 맹세를 헌신짝처럼 버리고, 비밀리에 새로운 전쟁을 준비했다. 그 일환으로 397년 왕태자 전지(후의 전지왕)를 왜국으로 보내 군사를 모집 동원하도록 했다. 한편 백제는 397년 가을 한강 남쪽에서 대규모 열병식을 거행하고, 388년 3월에는 쌍현성(한강 북쪽)을 쌓았다. 8월에는 고구려를 치기 위해 군대를 북한산 북쪽에 있는 큰울타리성까지 진격시켰으나, 큰 별똥별이 떨어지는 것을 보고 불길한 징조라고 여겨 군사행동을 중단했다. 399년에 백제는 가야와 왜의 군사까지 동원해 새로운 전쟁을 벌였다. 백제는 먼저 가야와 왜의 병력을 앞세워 신라를 쳐, 신라 서부 일부 지역을 점령하도록 했다. 이는 신라를 먼저 굴복시키고 고구려에 정면으로 맞서려는 술책이었다. 신라 왕은 고구려에 구원을 요청했고, 광개토왕은 신라에 비밀계획을 알려줬다.

400년에 광개토왕은 보병, 기병을 합해 5만 명의 병력으로 신라 구원 작전을 개시했다. 남거성(고구려 남쪽 변경에 있던 성)을 출발해 신라성(신라 변방의 1개 성)에 이르니, 성 안에는 왜군이 가득 진을 치고 있었다. 고구려의 대부대가 나타나자, 왜 군사들은 감히 싸워볼 엄두도 내지 못하고 걸음아 날 살려라 하고 도망쳤다. 고구려군은 신라군과 협력해 이들을 급히 추격해 임나가라(금관가야, 오늘의 김해 지역)의 종발성까지 진출했다. 종발성을 지키고 있던 가야군과 왜군 역시 싸워볼 생각도 내지 못하고 투항했다. 고구려군은 종발성에 신라군을 배치해 지키도록 조치했다. 뒤이어 고구려군은 왜군에게 점령당했던 신라의 성염(?)성을 들이쳤다. 왜군은 역시 크게 싸워보지도 못하고 성을 버리고 달아나면서 성 안의 주민들을 강제로 끌고 가려고 했다. 그러나 성 안에 있던 신라 주민들은 완강하게 거부했다. 고구려군은 여기에도 신라군을 배치, 주둔시켰다.

그 후에도 고구려 - 신라 연합군과 백제 - 가야 - 왜 연합군의 싸움은 여러 곳에서 벌어졌다. 이에 관한 내용은 광개토대왕릉비문의 40여 글자가 보이지 않아 그 구체적 과정을 알 수 없다. 하지만 '잔왜'(백제와 왜)가 무너져 도망갔고, 그 성을 함락시켜 신라 수비병을 뒀다는 내용이 광개토대왕릉비문에 나오는 것으로 볼 때 이것은 확실한 사실이다.

고구려의 신라 구원 작전은 대승리로 마무리됐다. 고구려군의 위력은 상상 이상이었다. 이르는 곳마다 백제 - 가야 - 왜 연합세력은 변변히 싸워보지도 못하고 도망가기에 급급했다. 이것은 고구려군의 무기무장과 전술, 전투력이 비할 바 없이 우월했다는 걸 말해주며, 광개토왕의 위대성을 웅변해준다. 고구려의 지원으로 파멸의 위기에서 구원된 신라 왕은 너무도 감사한 나머지 관례를 깨고 자신이 직접 고구려 땅에 찾아와 광개토왕을 알현하고 사의와 함께 조공예물을 바쳤다. 이 싸움 이후 고구려군은 신라의 요충지와 전방지대에 주둔하면서 백제 - 가야 - 왜 연합세력의 침공을 저지시키는 데 커다란 역할을 했다. 또한 이 전투에서 심대한 타격을 받은 김해의 금관가야는 내리막길을 걷고, 고령의 대가야가 6가야의 중심세력으로 부상했다.

광개토왕이 직접 대방계로 침입한 왜군을 격파하다(404년)

백제는 연속적인 패배에도 불구하고 고구려와의 전쟁준비에 몰두했다. 402년 5월 아신왕은 왜국에 사신을 보내 병력지원을 요청했으며, 403년 2월 답방한 왜국 사신을 특별히 우대했다. 백제는 404년 드디어 새로운 전쟁을 시작했다. 우선 왜군을 앞세워 바닷길로 대방계(황해도 남쪽 해안지방으로 옛 대방국 남부지방)에 침입했다. 이때는 마침 고구려가 후연과 전쟁을 벌이고 있던 때(400~404년)로서, 이 틈을 활용하면 승산이 있을 것이라 계산하고 모험적 공격을 펼친 것이다.

광개토왕은 역시 명장이었다. 서북방뿐 아니라 남방의 정세변화도 예리하게 주시하고 있었던 그는 백제 - 왜 연합군이 대방계에 침입했다는 보고를 받자 즉시 직접 군사를 이끌고 반격을 펼쳤다. 그는 남평양성에서 출발해 침략 초기에 백제 - 왜 연합군을 공격했다. 비문에는 주로 왜군과의 전투만 나오는데, 백제군은 후방에 있으면서 왜군을 선봉대로 내세웠기 때문이다. 광개토왕은 왜군을 여러 지점으로 분산시켜놓고 섬멸적 타격을 가했다. 결국 선봉에 섰던 왜군은 괴멸되고 백제 - 왜 연합군은 싸워볼 엄두도 내지 못한 채 도망가고 말았다.

407년 광개토왕, 전면적인 백제 타격작전을 펼치다

404년에 왜 세력을 앞세워 고구려를 침공한 것에 대한 보복전을 준비하고 있던 광개토왕은 백제 내부가 복잡한 틈을 이용해 새로운 타격을 가했다. 407년 광개토왕은 보병, 기병 합해 5만 명을 남쪽으로 출동시켜 사방에서 백제군을 격파했다. 투구와 갑옷 1만여 벌을 노획하고, 군수물자도 수없이 많이 빼앗았다. 그리고 백제의 사구성, 누성, 우전(?)성 등 6~7개 성을 빼앗고 개선했다. 이 작전 이후 백제는 오랫동안 감히 고구려에 대항하지 못했다. 407년 타격작전 이후 고구려는 409년 7월 독산성을 비롯한 '국동 6성'을 쌓고 평양 주민들을 이주시킴으로써 390년대 이후 새로 차지한 지역의 방어를 강화했다.

392년 이후 약 15년간 '고구려 - 신라' 연합 대 '백제 - 가야 - 왜' 연합의 대결은 고구려의 대승으로 끝났다. 그 후 백제와 왜는 이따금 신라는 침범했지만 고구려는 감히 건드리지 못했다. 고구려는 삼국통일을 더 힘있게 추진할 수 있는 조건을 확보하게 됐다.

한편 고구려는 신라에 대한 영향력을 더욱 강화했다. 399~400년 신라 구원 전쟁 이후 고구려는 신라에 군대를 주둔시켜 왜군의 침략과 준동을 막아주었다. 고구려군은 470년대까지 신라 땅에 주둔해 있었다.

3. 광개토왕의 영토 확장 업적

광개토왕은 또한 고구려의 영토를 크게 확대한 왕이기도 했다. 이에 대해서는 대체로 동의하지만 구체적으로는 폄하와 과장이 난무한다. 폄하와 과장을 뛰어넘어 광개토왕의 영토 확대 업적을 정확히 기록하는 것 역시 고구려의 위대함을 이해하는 데 매우 중요하다.

비려 정벌과 서북 영토 확장

광개토왕 시기에 고구려의 영토가 얼마나 확장됐는가를 알아보기에 앞서, 광개토왕이 왕위에 오를 당시 고구려의 영역에 대한 정확한 표상을 가질 필요가 있다. 국내외의 많은 역사학자들은 당시 고구려의 국력을 과소평가하고, 영역을 축소 해석한다. 예컨대 일부 역사학자들은 광개토대왕릉비의 비려 정벌 기사에서 비려가 거란족의 한 부족이긴 하지만 그들의 거주지는 집안(고구려의 수도 국내성)에서 그리 멀리 떨어져 있지 않은 태자하 상류(심양의 동남쪽 지역)라고 주장한다. 이 견해는 광개토왕 시기에는 아직 요동지방(한나라가 설치한 요동군 지역)을 차지하지 못하고 있었다는 것을 전제로 한다. 즉 우리가 알고 있는 요동성은 이때까지 고구려의 영토가 아니었다는 것이다.

고구려 국경에서도 멀리 떨어져 있는 태자하 상류 지역(심양 동남쪽 지역)은 일찍이 390년대에 고구려의 영역적 지배가 확고히 정착된 지역이었다. 이 지역에 거란족의 한 부족인 비려부(거란 8부의 하나인 필혈부)가 살고 있었다는 것은 있을 수 없는 일이다. 앞에서도 정리한 바 있듯이 고구려는 이미 370년대에 고조선의 고토 수복에 성공해 대릉하 하구 – 의 무려산 줄기 계선을 서쪽 국경으로 삼게 됐으며, 북서쪽으로는 심양에서도 밀리 서북쪽으로 요하 중류 지역까지 장악하고 있었다. 그러므로 비려가 살고 있었다는 염수는 태자하 상류가 아닌 요하 중상류 지역에서 찾아야 한다.

광개토대왕릉비에 기록된 영락 5년의 비려 정벌은 후연의 북동부(오늘의 서요하 유역)에 있었던 거란족의 한 부족인 비려부(필혈부)에 대한 정벌전쟁이었다. 광개토대왕릉비에는 영락 5년에 정벌했다고 나오지만, 『삼국사기』에는 즉위년 조에 거란 정벌 관련 기사가 나온다. 이렇게 다르게 기록된 것은 아마도 비려 정벌 전쟁이 광개토왕 즉위년 조에서부터 시작됐지만 초기에는 장군들에게 전쟁을 맡겨두었다가, 왕이 직접 부대를 이끌고 친정에 나선 것이 영락 5년이기 때문일 것이다.

이 정벌은 378년 약탈행위에 대한 보복 차원에서 이뤄진 것이다. 이 정벌로 3개 부락 600~700개 영을 깨뜨리고 소와 말, 양을 수없이 빼앗아왔을 뿐 아니라, 거란 땅에 붙잡혀 가 있던 고구려 주민들도 되찾아왔다. 또한 거란족의 일부를 고구려에 복속시킴으로써 고구려 서북부 변방 지역을 대폭 확장해, 고구려 영토를 넓혔다.

식신 및 동부여와의 전쟁, 동북 영역의 확대

비문에 따르면 398년에 고구려는 식신(숙신) 토곡에 군대를 보내 말사라성, 가태라곡의 남녀 300여 명을 잡아왔는데, 이때부터 숙신이 고구려에 조공하게 됐다고 한다. 숙신에 대해 일부 사람들은 한반도 중부 지역

(강원도)에 있던 예맥 세력으로 봐야 한다고 주장하지만, 사리에 맞지 않는다. 강원도 중부지방의 예맥 세력은 일찍이 기원 1세기 무렵부터 고구려에 복속했다. 그리고 392년에는 신라가 고구려에 볼모를 보내는 등 밀접한 관계를 맺고 있었기 때문에 고구려와 신라 사이에 그 어떤 중간지대 또는 독자적 세력이 있을 수 없다. 이러한 역사발전의 추세로 볼 때 고구려가 이미 자신의 확고한 영토로 고착돼 있는 강원도 지방의 예맥을 징벌할 까닭이 없다. 그러므로 영락 8년 조에 나오는 식신은 한반도 중부 지역에 있던 예맥이 아니라 '숙신'이다.

숙신족은 장광재령 북부 이동, 목단강 하류 지역에 있던 종족으로 읍루족의 후예이자 말갈족의 전신이다. 280년 10월에 숙신족이 변방을 침범했는데, 고구려는 왕의 동생 달가를 보내 그들을 쳐서 부여의 남쪽 오천에 600여 호를 옮겼고 6~7개 부락을 항복시켜 속령으로 삼았다. 이 때문에 광개토대왕릉비에는 '정벌'이라는 표현을 사용하지 않고 '식신 토곡을 돌아보게 했다'라는 식으로 썼을 것이다. 즉 아직도 고구려에 복종하지 않고 있던 나머지 숙신족에게 고구려의 강대성을 시위함으로써 복속시키기 위한 군사 출동이었던 것이다. 이 일로 대다수 숙신족은 고구려에 순응하면서 조공을 바치는 속국으로 편입됐다. 이 진출로 고구려는 자신의 영역을 훨씬 북쪽까지 넓힐 수 있었다.

광개토왕은 또한 동부여를 정벌했다. 285년경 북옥저 땅 북부 지역에 세워진 동부여는 처음부터 고구려에 조공하는 속국의 처지였다. 그런데 100여 년이 지나면서 조공 의무를 이행하지 않는 등 고구려에 맞서기 시작했다. 광개토왕은 410년 직접 동부여 정벌작전을 진두지휘했다. 그는 64개 성, 1,400개 촌을 공격해 격파하고 동부여의 수도성으로 진격해 들어갔다. 당황한 동부여 왕은 곧바로 항복했고, 여러 명의 압로(대신급 고위관료)들이 광개토왕을 따라왔다. 동부여는 다시 속국이 되었고, 494년에는 통합됐다. 이처럼 광개토왕은 식신과 동부여 정벌을 통해 고구려의 영역을 동북쪽으로 크게 확장했다.

광개토왕의 남방 진출과 영역 확대

광개토왕은 수차례에 걸쳐 백제 연합세력과 전쟁을 벌였으며, 그 과정에서 많은 땅을 차지해 남방으로 영토를 확장했다. 우선 391~396년 사이의 전투를 통해 백제왕의 항복을 받아내고 58개 성, 700촌을 차지하는 등 놀랄 만한 전과를 거뒀다. 그러나 서울·개성 지방은 이후로도 계속 백제 땅으로 남아 있었던 사실이 밝혀진 만큼 이 땅들은 백제에 도로 돌려줬다고 봐야 할 것이다. 그럼에도 칠중성(경기도 파주군 적성면) 이동, 포천·가평 등 한강 이북의 대부분 지역은 고구려의 영토로 됐으며, 충북 음성 등지도 이 시기에 고구려의 영토로 편입됐다. 이후 399년 전쟁에서 충북 동부 지역을 차지해 고구려의 영역은 소백산줄기 계선에 이르렀다.

이상으로 광개토왕의 영토 확장 업적을 구체적으로 살펴봤다. 과장과 폄하 없이 광개토왕의 영토 확장 업적을 있는 그대로 평가하려면, 고구려는 광개토왕 이전에 이미 광대한 영토를 장악한 강대국이었다는 점을 정확히 이해할 필요가 있다. 이 바탕 위에서 광개토왕은 서북으로는 의무려산 줄기, 서요하, 송화강 중하류, 동으로는 연해주, 동남으로는 경기도·충북의 동북부, 강원도 거의 전 지역을 차지하는 업적을 남겼다.

3절
장수왕의 평양 천도와
삼국통일정책

1. 장수왕, 수도를 평양으로 옮기다

광개토왕의 아들 장수왕(413~491년)은 광개토왕이 죽은 413년 왕위에
올라 무려 78년간 왕위에 있으면서 수도를 평양으로 옮기고, 백제의
수도를 함락시키는 등 삼국통일정책을 정력적으로 추진했다. 장수왕
의 제일의 업적은 수도를 평양으로 옮긴 것이라 할 수 있다. 장수왕은
427년(장수왕 15년)에 기본수도를 국내성으로부터 평양성으로 옮겼다. 이
때 평양성은 247년 동천왕 때의 평양성이나 343년 고국원왕 때의 동황
성이 아니라 새로 쌓은 안학궁과 대성산성이었다.

평양 천도는 삼국통일정책(남하정책) 수행의 필연적 요구다
장수왕의 평양 천도는 그 이전에 있었던 두 차례의 평양 천도와는 성
격이 달랐다. 이전의 천도는 국내외 정세에 따른 일시적인 천도였고 곧
바로 국내성으로 되돌아갔다. 반면에 427년 평양 천도는 국가 정책적 요
구에 따라 오랫동안 사전 준비를 한 후 기본수도를 아예 평양 지역으로

옮긴 것이다.

그러면 고구려 지배계급은 왜 기본수도를 평양 지역으로 옮겼을까? 평양이 갖는 정치적 상징성, 원활한 통치에 유리한 교통운수 조건, 남진정책 추진의 유리한 교두보라는 세 가지 측면에서 살펴볼 수 있다.

우선 평양의 정치적 상징성을 들 수 있다. 평양은 단군조선 이후 수천년 동안 고조선의 수도였다. 또한 평양을 중심으로 한 대동강·재령강 유역은 너른 벌판을 갖고 있으면서 우리나라에서 고대문명이 맨 처음 싹트고 발전한 지역이었다. 고조선의 옛 땅을 모두 물려받고 삼국통일을 본격적으로 추진해 나가려는 고구려로서는 고조선의 수도 평양이 갖는 정치적 상징성을 주목하지 않을 수 없었다. 이는 4세기 중엽 후반경에 단군릉을 개건한 사실로도 잘 알 수 있다. 고구려 왕조가 단군릉을 개건한 까닭은 명백하다. 고구려는 고조선을 물려받은 나라라는 것을 내외에 널리 과시하려는 것이었다. 평양 천도는 이것을 더욱 뚜렷이 할 수 있었다.

평양 천도는 정치적 상징성만이 아니라 국가발전의 절박한 요구의 산물이기도 했다. 그때까지 기본수도였던 국내성은 고구려의 달라진 위상에 비춰볼 때 수도로서 불리한 점이 많았다. 무엇보다 국토가 광대할 정도로 넓어진 조건에 맞게 교통운수 조건이 좋은 곳으로 수도를 옮기는 일이 절박한 과제로 제기됐다. 또한 중요한 생산 중심지가 한반도 서북지역(평양을 중심으로 한 지역)과 요동지방으로 바뀐 조건에서 그 많은 물동량을 국내성으로 운반한다는 것은 매우 불합리했다. 이처럼 기본수도 이전 문제는 경제적 필요성에서도 절박했다.

그러나 고구려 지배집단이 평양 천도를 결심하게 된 결정적 이유는 삼국통일을 본격화하려는 군사전략적 필요성이었다. 국내성에서 남방 최전선까지는 1,500~2,000리나 된다. 이렇게 먼 거리에서는 남방전선에서 무슨 일이 생기거나 수도로부터 무슨 지시를 하달하려 해도 통신의 신속성을 보장하기 어려웠다. 이 때문에 평양을 부수도로, 장수산성을 또 다른 부수도(남평양)로 설정해, 전시에는 국왕이 부수도에 머물면서 작전을 총지휘하는 방식으로 문제를 해결해 왔다. 하지만 남방진출이 본격화되고, 남방에서의 전투가 일상적으로 벌어지는 조건에서는 이러한 방식으로만 해결할 수는 없었다. 수도를 아예 평양으로 옮기고, 전시에는 남평양에 국왕이 직접 나가서 전쟁을 지휘하는 효과적인 통솔체계를 구축해야 할 필요가 절박했다.

평양 천도는 국책으로 결정되어 광개토왕 때부터 준비됐다

고구려의 남방진출 정책은 일찍이 고국원왕 때부터 본격화됐다. 하지만 당시에는 고구려 서변 지역에서 전연이 준동하고 있었기 때문에 남방정책에 집중할 수 없었고, 370년 전연을 동진과 함께 무너뜨리고 고조선의 옛 땅을 모두 수복한 이후 비로소 남방진출 정책에 집중할 수 있었다. 이때부터 평양 천도가 중요한 정책적 요구로 제기됐다. 당시 국내성은 역사로 보나 자연지리적 조건으로 보나 수도로 적절치 않았다. 하지만 소수림왕 때나 고국양왕 때는 수도 이전을 본격적으로 결정하고 추진할 여건이 갖춰지지 않았다.

391년 왕위에 오른 광개토왕은 삼국통일을 국책으로 결정, 추진했다. 이 과정에서 평양 천도를 결심한 것으로 보인다. 광개토왕 3년(393년)에 평양에 9개 사원을 짓도록 했는데, 이는 평양 천도 결심의 유력한 증거다. 이처럼 9개 사원을 건설한다는 것은 평양지방에 큰 도시 구획을 9개나 형성한다는 말이다. 대성산 일대 벌판과 청암동 지역 외에도 대동강 좌우 여러 곳에 새로운 시가지들을 만들려 했는데, 이는 평양을 큰 도시로 건설하려는 원대한 구상과 잇닿아 있다.

413년 왕위에 오른 장수왕은 광개토왕 때 결정된 평양 천도를 최우선 정책으로 꼽고, 이를 추진해 나갔다. 안학궁을 세우고, 대성산성을 축조 완성하고, 이방시설(도시구획)을 건설하고, 동명왕릉을 이설하고, 평양성 일대에 5부를 편성하고, 수도방위체계를 구축했다. 이러한 과정을 거쳐 장수왕 15년(427년)에 마침내 수도를 평양으로 옮김으로써 국내성 시대(기원 3~427년)를 마감하고 평양성 시대가 열렸다.

강대국 위상에 걸맞게 수도 평양을 건설하다

평양에는 247년과 343년에 임시왕궁 건물이 있었으나, 새로운 강대 국의 체모와 어울리지 않게 매우 초라했다. 새 수도 평양 천도를 위해서 는 크고 웅장한 왕궁이 필요했다. 고구려의 지배계급은 대외적으로 나라의 강대성을 보여주고 대내적으로는 주민들에게 위엄을 과시함으로써 순종을 끌어내기 위해 크고 웅장한 궁전을 건설하기로 했다. 대성산 남쪽, 오늘날 평양시 안학동에 왕궁 부지를 잡고 대규모 왕궁 건설 공사를 추진했다. 이것이 427~586년까지 고구려의 왕궁으로 사용된 안학 궁이다.

안학궁은 대성산 소문봉 바로 남쪽에 자리 잡고 있으며, 한 변의 길이가 약 622m인 약간 마름모형의 토성으로 둘러싸여 있다. 궁성의 면적은 약 38만㎡, 그 안에 총 건평 3만 1,458㎡가 되는 52개(궁전 21, 회랑 31)의 건물을 세웠다. 안학궁은 당시로서는 매우 큰 규모로 웅장 화려하게 지었는데, 그것이 돋보이도록 건물 배치와 지형 이용에도 많은 관심을 기울였다. 안학궁 중궁 1호 궁전의 크기를 보면 궁의 규모를 가늠할 수 있다. 1호 궁전의 크기는 앞면이 87m, 옆면은 앞뒤채를 합해 27m

인데, 우리나라 옛 건물 가운데 가장 크다. 비교하자면 서울 경복궁의 중심건물(근정전)은 앞면이 30.7m이고 신라 황룡사의 중심건물의 앞면 길이는 49m이다.

안학궁의 둘레는 2,480m로, 국내성의 평지성(통구성, 길이 2,686m)보다 좀 작지만 국내성은 왕궁 외에도 중요 관청들이 그 안에 배치돼 있었던 데 비해 안학궁은 오로지 왕궁성으로 돼 있고, 중요 관청은 궁전 앞에 따로 배치돼 있었기 때문에 국내성보다 훨씬 컸다. 안학궁의 건설 시기를 둘러싼 이러저러한 논란이 있는데, 안학궁 남문에서 정남 방향으로 뻗어나간 대통로를 연결하는 대규모 나무다리가 413년에 가설되었고, 안학궁 중심으로 정연한 이방시설이 포치되어 있는 점으로 볼 때 평양 천도 직전에 건설됐다고 확증할 수 있다.

대성산성은 광개토왕 때 본격적으로 건설되었다

수도 이전에서 우선 먼저 해결해야 할 문제는 왕궁성 건설과 함께 수도성의 2대 구성 부분인 산성을 쌓는 일이다. 평양성이 이전 수도성보다 훨씬 크게 건설되는 만큼 산성도 그에 걸맞게 크게 건설되어야 했다. 종전처럼 둘레가 3~5km밖에 되지 않는 작은 성이 아니라 적어도 인구 10만 명을 수용할 수 있는 큰 산성을 쌓아야 했다. 새로운 수도의 위치를 대성산성을 포함한 지대로 결정한 것도 대성산이 일대에서 가장 높고 또 청룡산 줄기를 통해 후방과 연계를 맺을 수 있으며 성 안 면적을 넓게 설정할 수 있었기 때문이다.

대성산성은 안학궁 북문에서 직선거리로는 750m, 산성 남문까지는 약 1,500m밖에 안 되는 가까운 거리에 있다. 또 대성산성은 소문봉, 을지봉, 장수봉, 북장대, 국사봉, 주작봉 등 6개 봉우리를 연결하는 능선과 산허리를 둘러막은 전형적인 고로봉식 산성이다. 둘레는 7,076m, 성벽의 총 길이는 9,248m에 이른다. 대성산성에는 19개의 성문이 있으며, 성 안에는 행궁터와 병영터, 창고터 등 수십 동의 건물과 170개의 못이 있어 풍부한 물 원천을 갖고 있었다. 대성산성의 축조사업은 그 이전부터 시작됐지만 광개토왕 때 본격적으로 이루어져 완공됐다. 이것은 대성산성의 기와와 안학궁의 기와가 다른 것으로 입증된다. 대성산성은 붉은색 기와만 사용됐고, 안학궁성은 청회색 기와가 사용됐다. 고구려에서 청회색 기와가 사용되기 시작한 것은 장수왕 때부터였다. 이것은 이미 광개토왕 때 수도 이전을 정책적으로 결정했다는 반증이 된다.

평양 천도의 역사적 의의

427년(장수왕 15년) 평양 천도는 임시수도를 평양 지역으로 옮긴 두 차례의 수도 이전과는 비교할 수 없는 큰 사건이었다. 이것은 400여 년간 기본수도였던 국내성 시대를 마감하고 평양 시대의 시작을 알리는 웅장한 서곡이었다. 국내성 시대 고구려에 부여된 역사적 대과업이 외세와의 투쟁을 통해 잃어버렸던 고조선의 옛 땅을 모두 수복해 우리겨레의 삶터를 되찾는 것이었다면, 평양 시대 고구려에 부여된 역사적 대과업은 남방진출 전략을 승리로 일궈 삼국통일 위업을 완수하는 것이었다. 고구려는 삼국통일 위업 수행이라는 시대적 역사적 대과업을 올바로 포착하고, 일찍이 4세기 중반부터 남방진출 전략을 체계적으로 준비해왔다. 그리고 평양으로의 천도를 국가발전의 중대 방침으로 결정하고 광개토왕 때부터 수도 이전 준비에 힘을 쏟아 드디어 장수왕 때 역사적 대과업을 집행하게 됐다.

고구려의 평양 천도가 갖는 역사적 의의를 조금 구체적으로 살펴보

자. 우선 평양은 국토통일 위업 수행의 중심지이자 후방기지로서의 역할을 더욱 원만히 수행할 수 있게 됐다. 당연한 귀결이겠지만, 평양이 수도로 확정됨으로써 전국 각지의 조세와 공물이 육로와 수로를 통해 평양으로 집중됐으며, 평양의 인구도 급속도로 늘어났다. 평양의 생산 잠재력도 현저하게 확대되었다. 특히 식량 생산과 무기 무장 제작 수공업이 빠르게 발전했다. 이러한 모든 요소들은 고구려를 중심으로 나라와 겨레를 통일하려는 삼국시대 민중들의 지향과 열망을 높여줬다. 특히 평양의 역사적 상징성은 이러한 것들을 더욱 높여주었다. 평양은 원래 우리 민족의 시조 단군이 세운 첫 고대국가 고조선의 수도였고, 단군조선은 한반도 전체와 중국 동북지방의 많은 지역을 영역으로 삼고 있었다. 그러한 평양이 고구려의 수도로 됨으로써 단군조선의 후예인 우리 민족의 구성원들에게 단군조선 때처럼 하나의 나라로 통합되기를 바라는 염원을 더욱 강렬하게 불러일으켜 주었다. 또한 고구려는 이제 고조선의 역사적 지위를 계승한 국가로서의 위상을 공고하게 확보할 수 있게 됐다.

평양 천도는 이처럼 삼국통일의 위업 수행에 정치사상적으로 지대한 의의를 갖고 있었을 뿐만 아니라, 군사전략적 의의 역시 그에 못지않다. 수도(정치군사적 사령부)와 최전선 사이의 거리가 훨씬 줄어듦으로써(국내성과 평양성을 비교하면 고구려 수도에서 최전방까지의 거리가 거의 절반이나 줄어들었다) 군대 이동, 군수물자 수송, 군사통신의 신속성 보장의 측면에서 비할 바 없이 유리해졌다.

과거에는 남방에서 주요 전투가 벌어질 경우 국왕이 왕궁을 비우고 남방에 있는 부수도 평양이나 남평양에 내려와야 했다. 왕궁을 비운다는 것은 국내 정치의 측면에서 많은 손실을 감수해야 한다는 것을 뜻한다. 또한 군수물자 등 전쟁에 필요한 제반 사항들을 신속하게 보급받지 못해 전쟁에 매우 불리한 요소로 작용했다. 그런데 평양으로 수도를 옮김으로써 국왕이 국내정치를 직접 살피면서 전쟁지휘를 통일적으로 할 수 있어 국왕 중심의 통치를 효과적으로 유지 운용할 수 있게 됐다. 이 모든 것들은 고구려의 전쟁능력을 높여주었다.

이처럼 유리한 조건이 갖춰졌기 때문에 475년 이후 백제 - 신라의 연합에도 불구하고 남하정책을 강력하게 추진할 수 있었으며, 5세기 말 ~6세기 초에는 아산만 - 소백산 줄기 계선까지 진출해 삼국통일의 완성 단계로 올라설 수 있게 됐다.

평양 천도의 또 다른 역사적 의의는 고구려의 전반적 경제문화 발전을 급속하게 촉진시킨 것이다. 원래 평양지방은 원시시대 이래로 한반도 안에서 경제와 문화가 가장 발전된 지역이었으며, 단군조선의 성립 이후에 이러한 경향은 더욱 촉진됐다. 247년, 고구려가 평양성을 임시수도로 삼은 후 평양은 고구려 전체에서 경제가 가장 발전된 지역이 되었다.

427년 천도로 수도건설이 대규모로 진행되고 전국의 인적·물적 자원이 집중되었으며, 도로망이 정비되고 수상운수도 발전했다. 평양 지역의 농업, 수공업 생산과 상업, 대외무역도 매우 빠른 속도로 발전했다. 평양지방에서 새로 발전한 생산기술과 선진문화는 전국 각지로 보급돼 각 지방의 경제·문화 발전을 추동했다. 평양 부근 대동강 하류 유역 각지의 고구려 고분벽화들에 그려져 있는 농기구, 일용품, 무기무장, 공예품, 생활풍습 등은 서로 같은 것들이 많다. 이것은 수도와 지방 사이의 경제·문화적 연계가 매우 밀접했음을 잘 보여준다.

평양 천도의 역사적 의의는 이외에도 대외적 측면에서 찾아볼 수 있다. 평양 천도로 고구려의 수도 안전이 더 잘 지켜지게 됐고, 대외적 권위도 매우 높아지게 됐다. 평양이 기본수도로 됨으로써 서부 국경지대와의 거리가 500리 이상 더 멀어졌고, 서부 국경과 수도 평양 사이에 더 많은 방어선들을 구축함으로써 수도방위를 더욱 굳건히 할 수 있었다. 북위나 남조, 송나라 등이 한때 고구려와 관계가 악화됐을 때도 감히 침범할 엄두를 내지 못한 것도 이의 영향이 컸다. 그리고 되도록 고구려와 맞서지 않고 친선적으로 지내려고 노력했다. 또한 상인들과 사신들의 왕래도 잦아졌는데, 이들은 수도 평양의 모습을 보고 그 규모의 방대함에 놀라워했으며, 고구려의 대외적 권위는 매우 높아져 갔다.

이상과 같이 고구려의 평양 천도는 내부의 발전, 군사적 강화 측면에서 전환적 계기가 됐으며, 백제·신라·가야뿐만 아니라 대외적으로도 고구려의 위세를 높여주는 결과로 나타났다.

2. 장수왕! 삼국통일을 적극 추진하다

1) 장수왕, 475년에 백제의 수도 한성을 함락시키다

백제 공략을 위해 치밀하게 사전공작을 펼치다

장수왕은 남하정책을 적극 추진한 왕으로 기억되고 있다. 특히 평양 천도로 그러한 기억은 더욱 강하게 남았다. 하지만 고구려의 남하정책은 장수왕 때 처음 채택되고 추진된 것이 아니라 멀리 고국원왕 때부터 구상된 정책이었으며, 광개토왕 때부터 본격화됐다. 장수왕 시대 전반기에는 평양 천도에 역량을 집중해야 했기 때문에 실제로 남방경략에 나설 수 없었고, 평양 천도 사업이 어느 정도 이루어진 440년대에 접어들어서야 본격적으로 백제 정벌 작전을 펼치기 시작했다.

장수왕은 지속적인 군사적 타격을 통해 백제의 국력을 약화시키는 한편 내부 와해 공작을 벌이는 등 양면 전략을 구사했다. 지금 남아있는 사료에는 440~450년대 백제와의 관계에 대한 기록이 없다. 하지만 백제 개로왕이 472년에 북위에 보낸 국서에 436년 북연(北燕: 407~436년, 중국 오호십육국 시대 때 고구려의 왕족 출신인 고운이 후연을 멸망시키고 건국한 나라)이 망하고 풍홍이 고구려로 도망간 후 기고만장해진 고구려의 '능멸과 침략을 받고 전화가 계속된 지 30여 년이나 됐으며, 이로 인해 재력이 탕진되고 점점 더 쇠약해졌다'라는 하소연이 담겨있다. 이로 보아 고구려와 백제 사이에는 440년대부터 소규모 충돌이 빈번히 이루어졌다는 것을 알 수 있다. 고구려가 펼친 백제의 내부 와해공작 가운데 대표적인 것은 승려 도림 사건이다. 이 사건은 『삼국사기』 권 25, 백제본기 개로왕 21년 조에 잘 기록돼 있다.

승려 도림 사건이란 장수왕이 승려 도림을 백제 왕실에 침투시켜 내부로부터 와해시키려 했던 사건이다. 그 경위는 이렇다. 장수왕은 백제 땅에 들어가 간첩 노릇을 할 만한 사람을 수소문했다. 그때 승려 도림이 "저는 아직 불도를 깨닫지 못한 사람인데, 이제 나라의 은혜에나 보답하려 합니다. 대왕께서 신이 어리석다고 하지 않는다면 기꺼이 명을 완수하겠나이다"라고 자청했다. 장수왕은 기뻐하며 그를 백제로 보냈다. 도림은 거짓으로 죄를 짓고 도망가는 것처럼 가장해 백제로 들어갔다.

당시 백제의 개로왕은 장기와 바둑에 빠져 있었다. 도림은 왕궁 문지기에게 "나는 어릴 적부터 바둑을 배워 꽤 묘한 수를 알고 있소. 원컨대 왕의 좌우 측근 신하들에게 이를 전달해주오"라고 했다. 그러자 왕이 그를 불러들여 바둑을 두어 보았는데, 과연 국수였다. 그래서 그를 상객으로 받들고 친근하게 대했다. 하루는 도림이 개로왕과 마주앉아 조용히 말하기를 "신은 다른 나라 사람입니다. 왕께서 저를 차별하지 않고 은혜를 베풀어주시는데, 저는 다만 한 가지 재주만을 갖고 있을 뿐 아직도 은혜에 보답하지 못했습니다. 이제 한 말씀 올리려는데 허락해주시겠나이까?"라고 했다. 왕은 "그런 것이 있다면 한번 말해보라. 만약 나라에 이익이 되는 일이 있으면 그것은 내가 대사에게 소망하는 바이다"라고 답했다.

이에 도림은 "대왕의 나라는 사방이 모두 산과 언덕, 강과 바다로 막혀 있으니, 이는 하늘이 설치해준 요새지이며 사람의 힘으로 된 지형이 아닙니다. 그러므로 이웃 사방의 나라들이 감히 엿볼 생각을 하지 못하고 받들어 섬기기에 여념이 없습니다. 그런즉 대왕은 마땅히 높은 권세와 부유한 재력으로 위세를 과시해야 하는데, 성곽은 수축되지 않고, 왕궁은 수리되지 않았으며, 선왕의 유골은 임시로 묻힌 채 뒹굴고, 백성들의 집은 강물에 무너져 가고 있습니다. 이것은 대왕에게 좋지 않다고 생각합니다"라고 아뢰었다.

개로왕은 "알겠다. 내 이제 그렇게 하도록 하겠다"라고 답했다. 그리고 온 나라 백성을 동원해 흙을 구워 성을 쌓고, 궁전과 누각, 축대와 전각을 웅장 화려하게 지었다. 또 한강에서 큰 돌을 날라다 돌곽무덤을 만들어 아버지(비유왕)의 유해를 장사지내고 사성 동쪽으로부터 숭산 북쪽까지 강둑을 따라 제방을 쌓았다. 이 때문에 나라의 창고는 텅 비고 백성들의 생활은 곤궁해졌으며 나라는 누란지위(累卵之危)에 처하게 됐다. 일이 이 지경에 이르렀을 때 도림은 도망쳐 장수왕에게 이를 보고했다. 장수왕은 기뻐하며 백제를 치라는 명을 하달했다.

장수왕은 백제 징벌에 앞서 신라를 달래는 데 신경을 썼다. 중원고구려비에 따르면 470년 5월 고구려의 태왕조왕(장수왕)은 신라매금(자비마립간)과 그 태자 공이 찾아오자 두 나라가 형제의 관계를 계속 유지하며 상하의 관계를 더 화목하게 할 것을 약속했다. 그리고 의복을 비롯한 여러 가지 물품을 하사했다. 신라 매금은 고구려 땅에 오랫동안 체류하다가 12월 25일에야 우발성(경북 영풍군 순흥면)으로 되돌아갔다.

475년, 백제의 수도 한성을 함락시키고 개로왕을 처형하다

장수왕은 백제에 대한 내부 와해 공작에 성공하고 신라의 백제 지원을 봉쇄한 다음, 475년 9월 3만 명의 군사를 이끌고 대대적인 공격에 나섰다. 고구려군은 백제의 전방 방어선을 무너뜨리고 백제 수도 한성(북한성)으로 물밀 듯이 밀어닥쳤다. 개로왕의 그릇된 정사로 인해 백제군의 무장은 보잘것없었고, 군사들은 훈련을 제대로 받지 못해 고구려군의 맞상대가 되지 못했다. 그제야 개로왕은 자기의 잘못을 후회하면서 태자 문주에게 "내가 어리석고 현명치 못해 간사한 자의 말만 믿고 이 지경에 이르게 됐다. 백성들은 무력해지고 군사들은 약해졌구나. 위기가 왔으나 누가 나를 위해 힘써 싸우겠는가? 나는 여기서 사직을 위해 힘껏 싸우다 죽으려 한다. 여기에서 나와 함께 죽는 것은 무익한 일이다. 그러니 너는 피난을 가서 나라의 명맥을 잇도록 하라"라고 했다. 그러면서 신라와 가야에 구원을 요청했다.

고구려군은 대로(제1벼슬등급) 제우와 재증걸루 고이만년의 지휘 아래 북성(북한성, 서울 북부)을 7일 만에 함락시키고, 4개 방향으로 나뉘어 남성(남한성: 몽촌토성)을 공격했다. 백제군은 성문을 굳게 닫고 방어했으나 고구려군은 마침 불어오는 바람을 이용해 성문을 불태웠다. 이렇게 되자 백제군의 사기는 떨어지고 항복하려는 자가 속출했다. 개로왕은 수

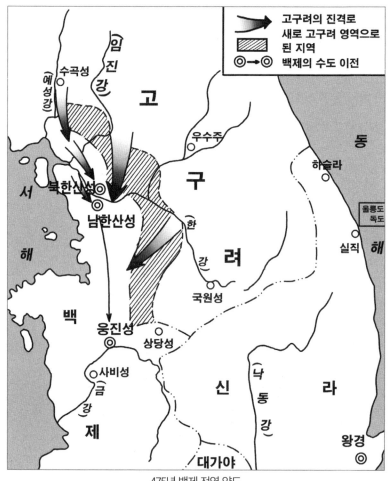

십 명의 기병만을 이끌고 성문을 빠져나가 서쪽으로 달아났다. 그러나 고구려군은 추격을 멈추지 않았고 끝내 그를 붙잡아 재증걸루에게 데려갔다. 재증걸루는 고이만년과 함께 원래 백제 사람이었는데 죄를 뒤집어쓰고 고구려로 달아났던 사람이다. 개로왕이 말에서 내려 재증걸루를 보고 절을 했더니 걸루는 왕의 낯에 세 번이나 침을 뱉고 왕이 저지른 죄를 조목조목 들면서 그를 비난했다. 그는 개로왕을 묶어서 아차성

475년 백제 전역 약도

고구려의 진격로
새로 고구려 영역으로
된 지역
백제의 수도 이전

임진강
수곡성
(예성강)
고
우수주
구
동
하슬라
서
북한산성
남한산성
(한강)
려
해
울릉도
독도
실직
해
국원성
백
웅진성
상당성
사비성
(금강)
신
(낙동강)
라
제
왕경
대가야

으로 보냈다. 개로왕은 아차성에서 고구려군에 의해 처형됐다. 한편 백제의 원병 요청을 받은 신라는 자기들의 신세도 백제처럼 될 수 있다고 생각하고 고구려와의 동맹약조를 깨고 1만 명의 지원병력을 보냈다. 그러나 지원병이 한성에 도착하기도 전에 벌써 한성이 함락되었기 때문에 허무하게 돌아올 수밖에 없었다.

그런데 여기에서 풀리지 않는 수수께끼가 있다. 역사서(『삼국사기』고구려 본기와 백제 본기)에 따르면 475년 전쟁에서 백제의 수도를 함락시키고 승리를 쟁취한 장수왕은 한성을 도로 내주고 8,000명의 백제 사람들만 붙잡아 왔다고 돼 있다. 그리고 백제는 고구려군이 비록 물러갔으나 한성이 크게 파괴돼 수도로 다시 이용할 수 없어 웅진으로 수도를 옮겼다고 한다. 따라서 일부 역사학자들이 주장하는 것처럼 이때 고구려가 아산만 계선까지 다 차지했다고 볼 수는 없다. 오히려 최소 6세기 초엽까지 한성은 계속 백제 땅으로 남아 있었다고 봐야 한다.

그렇다면 왜 장수왕은 한성을 함락시킨 후 더 전진하지 않았을까? 또, 왜 한성을 백제에 도로 내주었을까? 그럴 만한 속사정이 있었겠지만 지금까지 드러난 자료로 보면 이것은 고구려의 전략적 실책인 것 같다. 당시 고구려는 요동 방면에서 별 근심이 없는 상황이었으므로 더욱 남진해서 백제의 주요 요충지들을 장악하고 군대를 주둔시키거나 고구려의 영토로 통합했어야 했다. 그래야 백제가 더 이상 일어서지 못하고, 삼국통일의 대업을 손쉽게 성취할 수 있었을 것이다. 하지만 그러지 않았기 때문에 백제가 다시 일어설 수 있는 기회를 제공했고, 또한 신라가 성장해 고구려에 맞설 수 있는 여건을 만들어줌으로써 고구려 중심의 삼국통일 성취에서 결정적 기회를 놓쳤다고 볼 수 있다.

2) 백제를 도운 신라를 징벌하다(480~490년)

481년, 고구려군이 미질부로 진격하다

475년 백제 수도 함락 당시 신라가 백제를 지원하기 위해 1만 명의 병력을 파견한 것은 고구려와의 종속적 동맹을 파기하고 백제와 연합하겠다는 것을 내외에 선언한 셈이었다. 이는 지난날의 약조를 배신하는 행위로, 묵과할 수 없는 사태였다.

일단 백제의 기세를 눌러놓은 장수왕은 신라에 대한 징벌작전을 펼쳤다. 479~480년 지두우족 거주지역 장악을 위한 원정작전이 끝난 직후, 신라를 공격하기 위한 준비에 곧바로 들어갔다. 신라의 소지마립간은 고구려의 공격이 곧 있을 것으로 보고 481년 2월 북쪽 국경 지역 요새인 비렬성(비렬성의 위치는 분명하지 않으나 경북 영주 근처로 추정됨)으로 가서 군사들을 위문하고 군복을 주어 군대의 사기를 높였다. 그런 한편 백제, 가야와 공동방어에 대한 교섭도 진행했다.

481년 3월 정예 기병과 보병으로 구성된 고구려 원정군은 동남 방향에서 대규모 군사행동을 개시해 신라군의 저항을 돌파하고 호명성(경북 영덕으로 비정됨)을 비롯한 7개 성을 점령한 다음 계속 전진해 미질부성(오늘의 경북 포항시)까지 진출했다. 고구려군이 신라의 수도 왕경(경주)에서 불과 90~100리밖에 떨어져 있지 않은 가까운 지점까지 밀고 내려와 신라의 운명은 그야말로 풍전등화의 신세가 됐다. 신라의 지배층은 백제, 가야의 지원을 애타게 요청했고 그들과 합세해 고구려군의 남진을 막았다. 신라 - 백제 - 가야 연합군은 니하(오늘날 홍해군 신광천) 서쪽 전투에서 고구려군의 진격을 저지했다. 그러나 그 후 고구려군은 미질부 북쪽 아혜현(영일군 청하면) 계선을 확보했다.

481년의 신라 징벌작전은 고구려의 삼국통일정책의 한 부분으로서 커다란 역사적 의의를 갖는다. 이 작전은 중원고구려비에도 나올 만큼 큰 사건이었으며, 이때 고구려는 경상북도 동북부, 강원도 남부 지역을 차지하고 군현을 설치했다. 또 삼척 남쪽, 청하 북쪽, 안동 동쪽과 북쪽의 넓은 지역을 차지함으로써 사실상 신라의 목덜미를 눌렀다. 하지만 백제와 가야가 합세해 죽기살기로 저항하는 통에 신라를 완전 병합하지는 못하고 말았다.

480년대 중엽~490년대, 백제 신라의 연합을 제압하기 위한 고구려의 전투

475년 한성 함락 이후 백제는 웅진(충남 공주)으로 수도를 옮겼다. 이때 방어력이 강한 고구려의 고로봉식 산성 축조 형식과 방법을 도입해 웅진성을 쌓고, 전쟁 후유증을 극복하기 위한 정책을 펼쳤다. 476년 2월에는 대두산성(한강 남쪽)을 보수하고, 피난 나온 한강 북쪽 지방 사람들을 이곳에 살도록 했다. 476년 8월에는 해구를 병관좌평으로 임명하고, 477년 2월에는 왕궁을 다시 수리했으며, 4월에는 왕의 동생 곤지를 내신좌평으로 삼았다. 이러한 노력에도 불구하고 내부 정세는 안정되지 못하고 혼란 상태가 계속됐다. 특히 귀족 관료 세력 사이에서 내분이 발생했다. 477년 해구는 정변을 일으켜 문주왕을 살해하고 13세짜리 태자를 삼근왕으로 삼아 국가와 군사에 관한 모든 권한을 장악했다.

해구에 반대하는 귀족 관료 세력은 해구를 몰아내기 위한 운동을 벌였고, 세 불리를 느낀 해구 일파는 478년 대두성에 기대어 반란을 일으켰다. 백제의 좌평 진남, 덕솔 진로가 두 차례에 걸쳐 이 반란을 겨우 진압했다. 해구파와 반대파 사이의 내분은 권력 쟁탈전에 불과했지만, 고구려에 대한 대응방식을 둘러싼 갈등도 내포돼 있었다. 해구 일파는 대고구려 유화론을 주장한 세력으로 보이며, 반대파들은 보복론자들일 것이다. 이 싸움의 승자는 해구 반대파였다. 그 결과 백제는 백제 - 신라 연합을 통한 대고구려 강경노선을 채택했다. 이에 따라 481년에 고구려가 신라에 대한 징벌 전투를 벌일 때 군사를 보내 신라를 지원했다.

481년에 백제가 신라를 지원한 것은 475년의 맹약(475년 한성 함락 이후 한성을 돌려주면서 맺은 강화조약)을 어긴 것으로, 간과할 수 없었다. 이에 대한 보복 타격으로 482년에 백제의 한산성(북한산성)을 쳐서 함락시켰다. 이것은 신라에 대한 공격이 일단락된 다음 다시 백제를 제압하기 시작했다는 것을 말해준다. 484년 7월, 고구려는 수군을 동원해 남제로 가는 백제의 사신 좌평 사약사의 앞길을 차단했다.

고구려는 또한 백제와 신라의 연합을 좌절시키기 위한 조취도 취했지만 백제 - 신라의 연합으로 장애에 부딪혔다. 484년 가을, 고구려는 지금의 충북 남부지방에서 신라의 북변을 향해 대대적인 공세를 취했다. 신라는 즉시 백제에 지원을 요청했고, 백제는 재빨리 군대를 충북 방향으로 파견했다. 백제군이 모산성 방면으로 고구려군을 측면에서 공격하자, 고구려로서는 신라보다 백제에 맞서는 것이 급선무로 됐고, 신라에 대한 대대적인 공세는 무위로 돌아갔다.

485년 백제는 신라에 사절단을 보내 고구려에 저항하는 공동행동을 강화하기로 했으며, 493년에는 백제 왕이 신라 왕에게 청혼을 했다. 신라는 진골 귀족 이벌찬 비지의 딸을 백제 왕에게 시집보내 결혼동맹을 성사시켰다. 이러한 과정을 통해 백제 - 신라의 연합은 더욱 공고해졌다. 고구려의 삼국통일정책은 중대한 암초에 부딪혔다.

당시 백제 - 신라 연합이 강화된 배경에는 백제 국력의 급격한 회복과 성장이 깔려있다. 백제의 동성왕(479~501년, 문주왕의 아우 곤지의 아들)은 무술에도 능하고 지략도 있어서 점차 국내 통치질서를 정비하고 군사력도 강화했다. 백제의 경제력과 군사력은 다시 급속히 증대됐다. 당시 백제의 군사력이 강화됐다는 것은 488년(동성왕 10년)과 490년에 북위가 상당한 무력을 동원해 산동반도 일대에 있던 백제 주둔지역을 공격했으나 두 번 다 백제군에게 크게 격파됐다는 사실(『삼국사기』권 26, 백제본기 동성왕 10년, 『남제서』권 58, 백제전, 『자치통감』권 136, 영명 6년)로도 잘 입증된다.

고구려는 중대한 장애에 부딪혔음에도 삼국통일정책을 포기하지 않고 불리한 조건들을 극복해 나가면서 남쪽으로 계속 진출했다. 489년 9~10월 고구려군은 신라 북변 과현을 지나 호산성을 함락시켰다. 또 494년에는 고구려 지역으로 침입한 신라군을 살수(충북 괴산군 청천면에 있었던 강으로 지금의 달천강 상류에 해당)벌에서 격퇴했으며, 계속 추격해 견아성을 포위했다. 이때 백제군 3,000명이 신라군을 도우러 들이닥치는 바람에 고구려군은 일단 철수했다. 하지만 494년 전투 결과 백제와 신라는 남쪽으로 더 밀렸으며, 소백산 줄기 계선으로 후퇴하지 않을 수 없었다. 이 시기에 고구려는 충북 청원군 지역을 모두 차지했다.

495년(문자명왕 4년) 8월, 고구려는 백제의 치양성(369년 고구려와 백제의 첫 충돌이 있었던 치양성과는 다른 성이지만 정확한 위치를 비정할 수는 없다)을 공격했으나 신라가 장군 덕지의 원병을 보내자 철수했다. 496년에는 신라의 우산성을 공격했으나, 신라는 니하 계선에서 이를 저지시켰다. 우산성은 다시 1년이 지난 497년 8월에 고구려의 수중에 장악됐다.

494~497년의 여러 전투에 의해 고구려는 중부 산악지대의 소백산 줄기 지역을 확고히 차지했다. 『삼국사기』지리지를 비롯한 역대 지리지들에 '본래 고구려 군현'으로 기록돼 있는 고을 이름들은 이 시기 고구려

남부 계선의 일단을 잘 보여준다. 이를 통해 볼 때 고구려의 남쪽 영역
은 중부 산간지대에서 단양, 제천, 중원, 청원, 진천 일대까지 미치고 있
었다. 이들 고구려 고을들은 광개토왕 시기에 고구려의 영역에 편입됐지
만, 괴산군 남부와 청원군 지역은 494년 이후의 남진에 의해 새로 편입
됐다고 볼 수 있다.

3. 고구려, 지두우와 동부여를 통합하다

지두우 지역의 통합(470년대 말)

『위서』(6세기 중엽에 중국 북제의 위수가 편찬한 북위의 정사), 『북사』(중국 북조
의 역사서로 당나라 때 이대사에 의해 편찬이 시작되었고, 그의 아들인 이연수에 의
해 완성된 24사 중의 하나)에 의하면, 지두우족은 실위(대흥안령 산줄기 북부의
서쪽 지역을 중심으로 살던 종족)의 서쪽 1,000리, 오락후국(눈강 유역의 치치하
얼 일대를 중심으로 하고 있던 나라)의 남쪽에 있던 족속이다. 기원과 전신에
대해서는 밝혀진 바 없으나 대체로 선비의 후예로 거란족과 같은 계통
의 주민들이었다. 지두우 사람들은 소, 말, 양 등의 방목을 생업으로 삼
고 농사는 짓지 않았다. 고구려가 연연(유연이라고도 한다. 대략 4세기 중엽부
터 6세기 중엽까지 몽골 고원을 중심으로 존재한 투르크계 나라), 실위와 경계를
접하게 된 것은 대체로 지두우 지역을 제압했던 5세기 말~6세기경이다.

고구려는 479년 지두우를 쳐서 차지했다. 이는 『위서』 권 100, 거란전
에 나오는데, 그에 따르면 태화 3년(479년)에 고구려가 은밀히 연연과 공
모해 지두우를 분할해 가졌다. 이때 고구려의 침공을 두려워한 거란 추
장 막불하물우는 자기 소속 부락의 수레 3,000대, 1만여 명의 사람들과

짐승들을 이끌고 북위 땅에 들어가 백랑수 동쪽에 살게 됐다.

고구려의 지두우 통합을 입증해줄 수 있는 고고학적 유적 유물들이 최근 발굴됐다. '시사저널' 1995년 8월 11일 기사에 따르면, 1994~1996년 몽골 수도 울란바트르 동남 700km 지점인 수헤바따르 달리강가 솜에서 5~6세기 고구려의 것으로 인정되는 성터와 벽화무덤 2기, 치레거리, 무기, 건축부재류가 발견 조사됐다. 성터에서는 성벽지반을 다진 흔적, 주춧돌, 주춧자리돌, 붉은색 벽돌, 기와류 들이 나왔다고 한다. 그중 암기와 막새, 괴면무늬 기와 막새는 고구려 본토에서도 특별히 중요한 의의를 부여하는 건축물에만 사용됐던 것이다. 이 고구려 유적 유물의 발견은 고구려가 서북쪽으로 가장 멀리 나갔을 때의 경계가 몽골의 동부, 동남부 - 내몽골 시링커르맹 서부 계선이었다는 것을 보여준다.

연연이 동쪽으로 조선(고구려)과 이웃해 있었다는 역사기록은 위와 같은 역사적 사실이 있음으로서만 가능하다. 또 『북사』 권 94, 고구려전에 고구려의 서쪽 경계가 요수(요하)를 건너 2,000리에 이르렀다는 기록도 이로써 설명될 수 있다.

몽골 달리강가 유적의 발견은 고구려의 서북 영역이 훨씬 앞으로 나가 있었다는 것을 잘 보여준다. 470년대 이후 지두우, 연연, 실위, 오락후의 경계지대에 있었던 것으로 보이는 도아하 상류, 귀류하 일대에는 고구려 성으로 전해오는 유적들이 많다. 이것은 고구려가 대흥안령을 넘어 쭉 서진했다는 것을 반증해주는 자료들이다. 내몽골 돌천현에도 고구려 성이 있고 우란호터 부근에도 몇 개의 고구려 성이 있으며, 고구려의 유물도 나왔다. 이것은 고구려가 5세기 말엽~6세기 전반기에 서북변경을 지키기 위해 축조한 방어시설들이었다고 볼 수 있다.

동부여의 통합(494년)

동부여의 통합은 장수왕 때의 일은 아니나, 장수왕 시기 영역 확대에 포함시켜 서술한다. 5세기 중엽 고구려의 동북방에는 물길(말갈)족의 세력이 점차 강화됐다. 물길족은 숙신의 후예로 398년 숙신 정벌 이후 고구려에 조공을 해왔다. 그러나 5세기 중엽 이후 조공을 하지 않았을 뿐 아니라 고구려의 북변을 침범, 10개 부락을 파괴 약탈하기도 했고, 470년대에는 고구려를 침공할 음모를 꾸미기조차 했다.

고구려가 남방진출 전략에 따라 남쪽에서 백제, 신라와 싸우느라 북방에 힘을 집중하지 못하는 틈을 타 고구려의 속국이었던 동부여 북변을 야금야금 침략해 들어왔다. 동부여 지배층은 물길족의 침입을 자기 힘만으로 막아낼 수 없다고 보고 안전을 담보하려면 고구려의 직접적인 관할 밑으로 들어가는 게 상책이라고 생각했다. 494년에 동부여 왕은 나라를 들어 고구려에 투항했다. 고구려는 동부여 옛 땅에 새로운 주, 군, 현을 두고 통치하게 됐다. 이로써 고구려의 동북방 직할지는 현저히 확대됐다.

4절
안장왕, 아산만 계선에 진출, 삼국통일의 결정적 국면을 열다

백제의 동성왕(479~501년)은 집권 초기에는 국내 통치질서를 회복하고, 경제와 군사에 힘을 쏟아 백제의 부흥을 이끌었다. 하지만 말년에 이르러 정사를 돌보지 않고 사치한 생활을 일삼으며 사냥놀이에만 몰두했다. 동성왕은 이에 불만을 품은 신하에게 501년 가을 살해당하고, 그의 아들 무녕왕이 왕위에 올랐다.

백제는 502년 11월 고구려의 영내로 침입해 들어갔다. 고구려는 백제의 국경 침범에 대한 보복으로 503년 9월에 일부 말갈인 부대를 보내 백제의 마수책(위치 불명)을 불사르고 고목성(위치 불명)을 공격했다. 백제는 그해 11월 달솔 우영이 지휘하는 5,000명의 군대를 출동시켜 반격을 가하고 내친김에 수곡성까지 진격했다. 수곡성을 뺏기지는 않았지만, 백제의 군대가 수곡성까지 진격했다는 것은 고구려로서는 심각한 문제가 아닐 수 없었다. 다 죽어가던 백제가 다시 살아나 고구려의 남쪽 지역을 위협하는 세력으로 부상했다는 뜻이었기 때문이다. 고구려는 동남쪽 지역을 신라에 양보함으로써 신라를 중립화시키고 백제와의 싸움에 힘을 집중할 수 있는 여건을 만들었다.

506년 7월, 고구려는 먼저 말갈인 부대를 보내 백제의 고목성을 공격해 함락시키고 600여 명을 살상하거나 포로로 잡아들였다. 11월에는 더 남진하려고 했으나 큰 눈으로 병사들 사이에 동상 환자들이 많이 생기자 전투를 중단했다.

백제는 507년 5월 고목성 남쪽에 울타리성 두 개를 설치하고 장성을 쌓아 고구려군의 진공로를 막았다. 같은 해 10월 고구려의 장군 고로는 말갈인 부대와 협력해서 한성을 치려고 횡악 아래까지 진출했다. 하지만 백제군의 강력한 반격으로 성과 없이 되돌아오고 말았다. 512년에 고구려는 새로운 방향(측면)에서 백제를 쳤다. 이 해 9월 고구려군은 가불성(정확한 위치는 알 수 없으나 충북 옥천군 일대로 추정됨)을 점령하고, 백제 땅 깊숙이 들어가 원산성(금산군 추부면 마전리 일대의 원산창)을 점령했다. 이러한 사태가 발생하자 백제의 무녕왕은 날랜 기병 3,000명을 데리고 위천의 북쪽으로 진출했다. 고구려군은 백제의 병력이 많지 않을 것으로 보고 진을 치지 않고 있다가 기습공격으로 큰 손실을 입고 패주했다.

이처럼 6세기 초 고구려 - 백제는 기선을 장악하기 위해 일진일퇴의 각축전을 전개했으나 커다란 국면의 변화는 없었다.

오곡벌 전투(529년)와 고구려군의 아산만 계선 진출

519년 고구려에서는 문자명왕(492~519년)이 죽고 안장왕(519~531년)이 왕위에 올랐다. 안장왕은 문자명왕의 장자로, 문자명왕 재위 7년에 태자가 되었고, 문자명왕이 죽은 후 왕위에 올랐다. 안장왕은 태자 시절부터 삼국통일을 위한 남진정책에 대단한 관심을 가지고 있어서 직접 백제 땅에 몰래 잠입해 적정을 탐색할 정도였다. 왕위에 오른 후 안장왕은 남진정책을 더욱 적극적으로 추진했다.

유리한 대외적 환경을 조성하기 위해 많은 노력을 기울였고, 국내 정세를 안정시키는 데도 심혈을 기울였다. 521~523년에 기근이 들었을 때는 국가 창고의 알곡을 대대적으로 풀어 신속하게 백성들을 구제하는 등 가난한 백성들을 안돈시키는 데도 신경을 썼다. 안장왕은 이처럼 민심 수습에 심혈을 기울였을 뿐 아니라 군사력 강화도 소홀히 하지 않았다. 그의 이러한 모든 노력들은 남진정책을 적극적으로 추진할 여건을 만들기 위함이었다. 안장왕은 이와 함께 백제의 내정을 탐지하기 위한 정찰활동도 강화했다. 이에 관해서는 『해상잡록』에 전해지는 유명한 이야기가 있다. 이른바 '안장왕의 사랑 이야기'다.

> 안장왕이 태자로 있던 시절, 장사꾼 행색을 하고 개백현(경기도 고양시 행주)에 가서 백성의 형편을 정찰하다 백제의 기찰군에 발각됐다. 그는 이때 그 지역의 부잣집인 한씨의 후원에 숨었는데, 그 집 딸 한주와 친밀한 관계가 돼 백년해로를 약속했다. 태자는 고구려로 돌아가 곧 왕이 됐다. 그 사이 그곳 고을 원이 한주의 미모를 탐내 청혼했으나 한주는 이미 약속한 사람이 있다고 거절했다. 고을 원은 자신의 청을 거절한 한주를 박해했다. 그 후 안장왕은 계책을 써서 개백현을 차지했다.

『삼국사기』 권 37, 지리지 4 고봉현 조에 "개백현이라고도 한다. 한씨 미인이 안장왕을 맞이한 곳이기에 (고을을) 왕봉이라고 이름 지었다"라고 한 것으로 봐 『해상잡록』의 기사는 어느 정도 사실일 것이다.

이러한 준비 끝에 안장왕은 523년 8월에 군대를 보내 백제를 쳤다. 하지만 백제도 놀고만 있지는 않았다. 백제의 좌장 진충은 고구려의 침략에 대비해 1만 명의 병력을 미리 준비해놓고 기다리고 있었다. 고구려군이 패수(예성강)에 이르렀을 때 갑자기 백제의 군사들이 튀어나와 기습을 가했다. 갑작스런 기습에 고구려군은 제대로 싸워보지도 못한 채 철수하고 말았다.

백제는 고구려의 공격이 계속될 것이라 예측하고 한강 이북의 쌍현성을 보축했으며, 웅진성을 보수하는 등 전쟁 대비에 만전을 기했다. 이와 함께 신라와의 관계도 다시 수습해 우호관계를 맺었다. 안장왕의 남진정책은 이처럼 백제의 강한 반발로 난관에 봉착했다. 하지만 안장왕은 난관에 주저앉지 않았다.

안장왕은 친정을 결심했다. 529년 10월, 왕은 직접 군대를 통솔해 백제로 진격해 들어갔다. 이때는 무턱대고 공격한 것이 아니라 입체적인 작전계획을 수립했다. 첫째, 기본 주력을 예성강 계선과 한강 하류 계선에 배치하고, 둘째로 오늘의 경기도 동남부와 충북 서부 계선에는 보조역량을 배치해놓고 총공격명령을 기다리도록 했다. 셋째로 수군을 혈구성(오늘의 강화도)으로 진출시켜 이 성을 함락시켰다. 이는 백제의 주의를 분산시키기 위한 전술적 조치였다.

백제군은 고구려군의 의도를 간파하고, 고구려의 기본전선을 강행 돌파하는 전략을 선택했다. 좌평 연모를 지휘자로 삼고 보병과 기병을 합해 3만 명의 주력부대로 고구려 종심 깊숙이 파고들어 기본전선을 돌파하고 오곡벌에 진출했다. 오곡벌은 오늘의 황해도 서흥지방 오곡군 안의 평야지대이다. 당시 고구려 남방 계선이 패수(예성강) - 개성 - 서울 동부 지역이었으니, 고구려 영내 아주 깊은 곳까지 들어온 셈이다. 고구려의 포위압박전략을 무력화시키기 위한 백제의 역공세였던 것으로 보인다. 대담한 작전을 통해 고구려를 격파하려 했던 것이다.

그런데 이것은 고구려의 유인전략에 말려든 셈이기도 했다. 고구려는 백제를 자기 영내로 일부러 유인해, 결전을 치르려 했던 것일지도 모른다. 어쨌든 오곡벌 전투는 고구려의 대승으로 끝났다. 고구려는 이 전투에서 백제군 2,000여 명을 살상하거나 포로로 잡는 대승을 거뒀다.

전투에서 패한 백제군은 총퇴각명령을 내릴 수밖에 없었다. 그런데 이때 경기도 동남부, 충북 서부 지역에 배치해놓았던 고구려의 보조역량이 경기도 서부지방을 몇 개 토막으로 잘라 백제군의 퇴로를 완전히 차단해버렸다. 백제군은 대혼란에 빠져 무질서하게 도망치다가 대부분은 포로로 붙잡히고 말았다. 충북 서부에서 경기도 남부로 진출한 고구려군은 백제군의 퇴로를 차단하기 위해 아산만 방향으로 진출했다. 이로써 아산만 이북에 있던 백제군은 붕괴되고, 아산만 이북 지역은 고구려가 장악하게 됐다.

529년 오곡벌 전투의 승리와 전격적인 진출로 고구려는 서남지방에서 일거에 수백 리를 진출함으로써 백제를 더욱 궁지에 몰아넣었다. 이로 인해 고구려와 백제 사이의 역량관계가 근본적으로 바뀌게 됐으며, 고구려는 아산만 일대까지 밀고 내려오게 됐다. 이때 충남 천안시 연기군 일부까지 고구려가 장악했다.

고구려가 아산만까지 진출했다는 사실은 『삼국사기』 고구려 본기나 백제 본기에는 나오지 않는다. 그럼에도 고구려가 이때 아산만 계선까지 진출했다는 것은 움직일 수 없는 사실이다. 그 근거는 우리나라 역대 지리지에 오늘의 경기도와 충남 북부, 충북 서부에 수많은 '고구려 군현'들이 있었다는 기록이 남아 있는 점이다. 오늘날 서울의 서부와 개성시 중심부, 한강 하류 이남인 경기도 광주와 용인, 안성 서쪽, 평택지역 등은 529년 이전에는 백제 땅이었다. 따라서 그 지역에 수많은 고

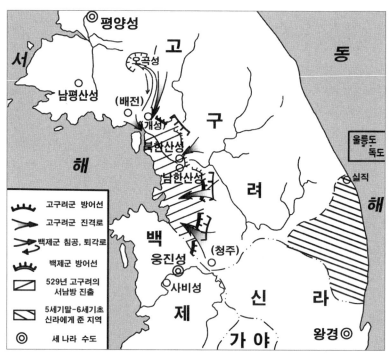

529년 고구려의 서남방 진출 약도

구려 군현들이 생겨날 수 있었던 것은 529년 전투의 결과라고밖에 생각할 수 없다.

　529년 고구려의 남진으로 당시 백제의 수도였던 웅진성(공주)은 전선에서 불과 60리~100리 안팎의 가까운 곳에 있게 됐다. 백제 지배층으로서는 불안한 상태를 타개할 필요가 있었고, 이 때문에 538년에 수도를 사비성(부여)으로 옮기지 않을 수 없었던 것이다. 이런 제반 사실들을 종합하면 529년 전투 결과 고구려가 아산만 계선까지 진출했다고 확정할 수 있다. 이로부터 고구려는 아산만 - 천안 - 연기군 -청원 - 괴산 - 중원 - 제천 - 단양 - 영월 등 소백산 줄기 이북 지역과 삼척 북쪽 지역을 차지했다. 이로써 고구려는 한반도의 3분의 2 이상, 중국 동북지방에 있던 영역까지 합하면 당시 삼국의 영역 전 지역의 10분의 9 이상을 차지한 큰 나라가 됐다.

안장왕의 남진정책의 역사적 의의

안장왕은 삼국통일정책을 정력적으로 추진한 왕이다. 안장왕의 남진정책으로 고구려는 동남 방면, 중남 방면, 서남 방면으로 영역을 크게 확장했고, 남쪽 방향으로는 최대 영토에 이르렀다. 이제 고구려의 삼국통일정책은 최종 완성을 위한 매우 유리한 고지를 점하게 됐다. 475년에 백제의 수도인 한성을 함락시킴으로써 백제에 결정적인 타격을 주었으며, 481년에는 신라 동북부 지역을 제압하고 490년 중엽 중부 산간지대에서 소백산 줄기 계선을 확보함으로써 신라에 대한 결정적 우세를 차지했다.

그러나 5세기 말에 이르러 백제가 다시 강화되고 고구려 남쪽을 넘보는 상황이 발생했다. 이러한 상황은 20여 년간 지속됐는데, 529년 전쟁을 통해 백제를 멀리 남쪽으로 밀어냄으로써 백제의 힘을 크게 약화시키고 삼국통일의 결정적 국면을 열어젖혔다. 이제 고구려가 새로 차지한 최전방 계선인 아산만 - 금강 계선에서 백제의 수도 웅진성까지는 약 60~100리밖에 되지 않아, 준비만 잘하면 임의의 시각에 백제의 수도를 포위하고 최종항복을 받아낼 수 있는 유리한 조건을 갖게 됐다.

고구려가 아산만 - 천안 - 연기군 - 청원 - 괴산 - 중원 - 제천 - 단양 - 영월 등 소백산 줄기 이북 지역과 삼척 북쪽 지역을 차지함으로써 백제와 신라, 가야는 한반도 남부 일부 지역으로 쪼그라들었다. 당시 고구려의 영역은 서쪽으로 내몽고 대흥안령 산줄기 더 나가서는 오늘날 몽골

공화국의 동남부 지역에 이르렀다. 북쪽은 눈강 하류, 동류 송화강 유역에 이르렀고, 동북쪽은 수분하를 넘어 우수리강 상류 유역까지 미쳤다. 남쪽으로는 한반도의 3분의 2 이상 지역을 차지했다. 이로써 백제, 신라, 가야 나라들을 다 합친 것보다 약 13배나 되는 큰 영역을 가진 강대국이 됐다. 이것은 고구려에 의한 겨레와 강토의 통일과업이 거의 완성단계에 이르렀다는 것을 웅변해준다.

또한 이 시기 고구려의 남진으로 수많은 백제, 신라 사람들이 고구려의 주권 밑에 살게 됐고, 이들을 통해 고구려의 선진적인 정치제도, 경제·문화적 성과들이 백제·신라·가야에 끊임없이 전달됐다. 그 결과 전반적으로 민족의 공통성이 크게 강화되었고, 전 민족적으로 경제와 문화가 크게 발전하게 됐다.

백제와 신라에서 고구려의 우수한 고로봉식 산성 축조방식을 널리 받아들이기 시작한 것이 대표적 사례의 하나다. 백제와 신라에서는 원래 산정식 성곽 축조방식을 썼으나 나중에는 고구려의 고로봉식 성곽 축조방식을 받아들였다. 웅진성(공산성), 건지산성(충남 서천군 한산면 건지리), 석성산성(부여군 석성면 현내리), 부소산성(부여), 청아산성(부여) 등 고로봉식 산성을 여러 곳에 쌓았으며, 신라에서도 삼년산성(충북 보은군 보은읍), 명활산성 등을 고로봉식으로 쌓거나 기존 산성을 고로봉식으로 개축했다.

무덤 축조방식도 고구려의 돌칸 흙무덤 축조법이 백제, 신라에 점차 보급됐고, 무덤에 벽화를 그리는 고구려의 풍습도 받아들였다. 백제의 능산리 벽화무덤의 사신그림과 천장의 연꽃무늬, 구름무늬는 고구려의 진파리 1호무덤, 내리 1호무덤, 강서 큰무덤의 것들과 매우 비슷하고, 공주 송산리 6호무덤의 사신도 역시 마찬가지다. 신라의 어숙지술간무덤(경북 영풍군 순흥면)의 여인상은 장천 2호무덤의 여인상과 비슷하고, 순흥리 벽화무덤의 장사그림도 고구려 벽화그림과 유사하다.

신라가 고구려의 군사제도와 관직제도를 받아들인 사실은 505년(지증왕 6년)에 주군현제를 실시하고 주의 장관으로 군주를 둔 데서 찾아볼 수 있다. 이 밖에 지방관으로 도사를 두는 당주제도를 받아들인 데서도 찾을 수 있다. 또, 신라에서 520년 율령제도를 실시하고 백관의 공복제도를 정비한 것도 고구려의 것을 본뜬 것이었다(『수서』 권 81, 신라전). 백제의 경우 기록에 남은 것이 별로 없으나 주군현제의 실시, 수도에서의 5부제도 실시, 지방관의 하나로 도사를 두는 제도 등은 고구려의 것을 받아들인 것이다.

5절
삼국통일의 완성을 향하여
(6세기 중엽~7세기 중엽)

550년대 초, 신라와 백제가 연합해 한강 이북까지 밀고 올라옴으로써 고구려의 삼국통일 실현에 중대한 난관이 발생했다. 하지만 고구려는 삼국통일의 꿈을 포기하지 않고 강하게 추진해 나갔다. 또한 동북방의 오락후국(대막로국의 서쪽에 있었던 부여 계통의 족속), 대막로국(두막루국이라고도 한다. 부여의 유민들이 니하를 건너가 세운 나라로 오늘의 흑룡강성 하얼빈시 부근에 있었다. 원래 346년 후부여가 망한 후 부여 사람들이 북쪽으로 니하를 건너가서 그곳에 있는 부여 사람들과 함께 북부여를 건설했는데, 두막루국은 이 북부여국의 후신이다) 등 부여 계통 주민들이 세운 나라들을 통합하고 동북방 말갈족을 복속시킴으로써 동서 6,000리, 남북 5,000리나 되는 광대한 영역을 차지했다. 또한 6세기 말 이후 수·당 전쟁을 승리로 이끌고 나라의 자주권을 지켰다.

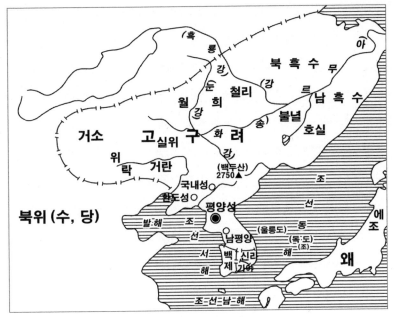

고구려의 최대 판도(6~7세기)

1. 6세기 중엽 고구려의 내부 정세와 백제·신라 관계의 변천

고구려는 삼국통일을 위해 529년 전쟁 승리로 확보한 지역에 통치체계를 세우고 이를 공고히 하는 데 힘을 썼다. 그런데 이러한 과제를 완수하고 삼국통일정책을 더욱 밀고 나가기 전에 국내외 정세에 일련의 변화가 발생했다.

우선 나라의 기초를 흔들 만한 극심한 자연재해가 발생했다. 535년 5월, 남쪽 지역에서 역사상 유례없는 홍수가 발생해 수많은 집들이 떠내려가고 수백 명의 사람이 죽는 대참사가 발생했다. 이때 부수도였던 남평양 지역 역시 대홍수 피해를 입었다는 것이 신원군 월당리 고구려 도시유적 발굴 결과 드러났다. 이 도시유적에는 250cm 이상의 흙과 모래가 쌓여 있고 재령강 동쪽 기슭이 많이 깎여 나갔는데, 이때의 홍수로 인한 것으로 판단된다. 당시 부수도 남평양성은 북한성(오늘의 서울 중심부)으로 옮겨갔는데, 그 후 도시 복구사업이 원활하게 이루어지지 않았던 것 같다. 엎친 데 덮친 격으로 그해 12월에는 전염병이 크게 돌았으며, 이듬해 봄·여름에는 왕가뭄이 들고 병충해 피해가 극심했다. 이로 인해 주민들은 극심한 생활고에 시달리고 민심이 이반했다. 당시 재위하고 있었던 안원왕(531~545년, 안장왕의 동생)은 자연재해 피해를 극복하는 데 집중할 수밖에 없었다. 흉년 구제가 537년까지 계속됐다는 것은 그때 발생한 자연재해가 얼마나 참혹했는지를 잘 웅변해준다. 설상가상으로, 지배층 사이에서 내분이 발생했다. 544년 12월, 안원왕의 자식들 사이에서 왕위계승권을 둘러싼 다툼이 벌어진 것이다.

고구려의 남하정책은 자연재해와 지배층의 내분 외에 서북방 정세 변화에도 영향을 받았다. 당시 고구려의 서북방 지역에서는 돌궐이 새롭게 강성해져 변경을 위협하고 있었다. 또한 부여 사람들이 세운 오락후국과 대막로국을 통합해야 할 필요성이 대두됐다. 오락후국은 북쪽 눈강 중류에 있었고, 대막로국은 동류 송화강 북쪽에 있었다.

백제는 고구려가 내부 사정으로 어려움을 겪고 있는 틈을 타 잃어버린 한강 유역 이남 땅을 되찾으려 군사행동을 자주 벌였다. 540년(고구려 안원왕 10년, 백제 성왕 18년) 9월, 장군 연희를 시켜 고구려의 우산성(오늘의 경기도 평택·안성 근처)을 포위 공격했는데, 고구려는 정예 기병 5,000명을 출동시켜 백제군을 격퇴했다. 백제는 또 고구려 남변 지역에 대한 공세를 강화해 일부 지역을 점령했다. 그것은 548년에 고구려가 예인(강원도 출신 병사)들을 위주로 하는 6,000명의 무력으로 백제의 한북(한수 이북) 독산성을 공격했다는 기록을 통해 확인된다. 여기에서 '한수 이북'이란 '한강 이북'이 아니라 경기도 안성현의 지류인 '한수'의 북쪽 옛 양성현 지역을 말한다.

한편 신라는 6세기 초 고구려가 점령했던 삼척까지의 땅을 되돌려 받았다. 이후 신라는 백제와의 우호적 관계를 유지하면서 가야 나라들을 하나씩 잡아먹었다. 신라는 522년 대가야 왕실과 혼인관계를 맺었는데, 이는 가야 나라들 사이의 연합을 가로막기 위한 교묘한 술책이었다. 신라는 이를 통해 야금야금 남쪽으로 영토를 넓혀 나갔다. 신라 법흥왕은 524년에 안라가야(경남 합천지방)를 통합해 가야 나라들의 중간 허리를 잘라버렸다. 고립무원에 빠진 금관가야는 신라의 압력을 견디지 못하고 532년에 자진 투항했다. 신라는 이어서 아라가야·비화가야까지 통합했다.

백제는 신라가 비화가야, 아라가야, 금관가야를 병합한 데 대해 커다란 불만을 가졌지만 고구려에 대한 공동대응의 필요를 저버릴 수 없어 541년 신라에 사신을 보내 화친을 제의했다. 백제의 화친 제의를 받아들인 신라는 548년 고구려와 백제의 한북 독산성 싸움에 구원병을 보내 백제를 도왔다. 이것은 백제 - 신라 사이의 동맹이 실제로 회복되었다는 것을 보여준다.

2. 신라가 한강 유역을 차지하다

6세기 중엽인 550년대에는 우리 역사에서 하나의 분수령을 이루는 사건이 발생했다. 삼국통일의 완성을 향해 거침없이 달리던 고구려의 전진을 가로막는 예기치 못한 사태였다. 백제 - 신라 동맹 세력의 북상이었다. 550년 정월, 백제 장군 달기는 1만 명의 군사로 고구려의 도살성(충북 괴산군 도안면으로 추정)을 공격해 함락시켰다. 고구려는 이에 대한 반격으로 백제의 금현성을 포위 공격해 함락시켰다. 신라는 고구려와 백제 두 나라 군사들이 피로한 틈을 타서 이사부로 하여금 두 성을 장악하게 하고 성을 증축한 다음 1,000명의 갑사를 둬 지키게 했다. 백제는 신라의 이러한 배신에도 불구하고 연합을 깰 수 없어 그냥 넘어갈 수밖에 없었다.

백제와 신라는 550년 말 고구려의 남부 지역으로 함께 밀고 올라갔다. 이때 백제는 한성(경기도 광주), 평양(오늘의 서울시 중심부) 등 6개 군 지역을 차지하면서 임진강 계선까지 밀고 올라갔으며, 신라는 죽령·계립령을 넘어 북으로 고현(강원도 철령)까지 10개 군 지역을 차지했다. 고구려는 이때 한강 유역을 빼앗겼을 뿐 아니라 동부 지역에서 수백 리나 밀려났다.

553년 7월, 신라는 불시에 백제가 차지하고 있던 한강 하류 지역을 점령하고 신주를 설치했다. 신라는 백제와의 동맹은 안중에도 없이 오로지 영토확장 욕망에만 빠져 있었다. 그러면서도 고구려에게는 고구려를 칠 의사가 없다고 통지했다. 백제와 신라에 의한 한강 유역의 점령, 신라에 의한 한강 하류 지역의 탈취로 고구려는 일시적으로 남부 지역 영토의 상당부분을 상실했다. 이것은 삼국 관계에서 중대한 변화를 초래하는 요인이 됐다.

3. 신라가 함경도 지역까지 북진하다

신라가 한강 하류 지역을 점령했을 뿐 아니라 고구려와도 내통했다는 사실이 알려지자 백제는 격분하지 않을 수 없었다. 554년 7월에 백제 군은 신라의 어진성(위치 불명)을 공격해 주민 3만 9,000명과 말 8,000필을 빼앗아 갔으며, 대가야와 연합해 관산성(충북 옥천)을 공격했다. 그러나 이때 백제의 성왕은 소수의 인원을 거느리고 출전하다가 밤중에 구천이라는 곳에서 신라의 신주 군주 김무력이 이끄는 증원군의 매복에 걸려 전사하고 말았다. 그 후 백제는 관산성 전투에서 좌평 4명을 비롯해 2만 9,600명의 군사를 잃었다. 이 사건으로 백제와 신라는 완전한 적대관계로 돌아섰다.

고구려는 554년 10월, 신라는 고구려를 공격할 의사가 없으며 고구려가 백제를 치더라도 상관하지 않겠다는 신라의 밀약을 확인하기 위해 일부 무력을 내보내 백제의 북방 중심인 웅천성(공산성)을 공격했으나 실패로 끝났다. 신라는 웅천성 공격에서 고구려가 패하자 고구려를 얕보고 고구려의 동남부 지역으로 밀고 올라갔다. 당시 고구려는 남북 두 전선에 군사력을 분산시키고 있었고, 평양성 건설에 국력을 집중시키고 있었기 때문에 신라의 북진에 대해 효과적인 대응을 하지 못한 채 밀려났다. 신라는 고구려의 역량이 분산된 틈을 이용해 556년에는 비렬홀(안변)로 나와 비렬홀주를 두었고, 557년에는 신주를 북한산주로 개편했다. 또 562년에는 대가야를 쳐서 멸망시키고 그 영토를 차지했다.

그 후 계속 북쪽으로 진격한 신라는 568년까지 마운령(함경남도 리원군)과 황초령(함경남도 영광군) 계선까지 진출해 진흥왕순수비를 세웠다. 이처럼 신라는 동해안 지역에서 훌쩍 북상했는데, 이는 고구려에 대한 중대한 위협이 되었다. 고구려로서는 이를 방관할 수 없었으며, 신속히 대처해야 했다.

4. 고구려, 삼국통일의 완성을 향해 남진정책을 계속 밀어붙이다

6세기 중엽에 조성된 새로운 정세는 고구려의 삼국통일정책에 커다란 장애가 됐다. 백제는 성왕을 시해한 신라를 원수로 대했지만, 고구려에 대한 적대적 태도 역시 포기하지 않았다. 신라는 한강 유역을 차지한 데 이어 동해안 쪽으로 멀리 북진함으로써 고구려에 매우 위협적인 세력으로 부상했다. 고구려는 이러한 불리한 정세에도 삼국통일정책을 고수했다. 6세기 중엽 이후 고구려는 삼국통일을 완성하기 위해 598년, 607년 백제에 대한 공격을 포함해 8차에 걸쳐 대대적인 공세를 펼쳤다.

신라의 북진에 곧바로 대대적인 반격작전을 펼치다(1차 남진, 568년)

고구려는 550~568년 기간에 빼앗긴 동해안 지역을 되찾기 위한 비상 작전을 펼쳤다. 신라 진흥왕이 황초령·마운령 일대까지 새로 점령한 지역을 순시하면서 순수비를 세운 것이 568년 8월인데, 그 직후인 568년 가을에 대대적인 반격전을 펼친 것이다. 안타깝게도 이 전투에 관한 기록은 『삼국사기』나 『삼국유사』에 나와 있지 않다. 하지만 568년 가을에 고구려의 대대적인 반격이 있었던 것은 사실이다.

『삼국사기』에는 568년 10월 신라가 북한산주를 폐지하고 남천주(경기도 이천)를 두었으며, 비렬홀주(안변)를 폐지하고 달홀주(강원도 고성지방)를 두었다고 기록돼 있다. 이러한 변동은 고구려의 반격으로 땅을 빼앗긴 이외의 가능성은 없다. 안변(비렬홀)에서 고성(달홀), 서울(북한산)에서 이천(남천)까지는 꽤 먼 거리다. 신라가 주 소재지들을 그만큼 후퇴시켰다

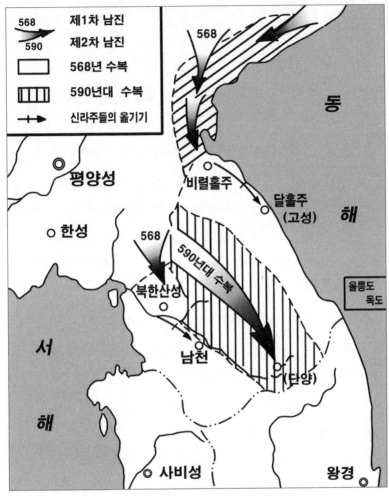

6세기 말엽 고구려의 1, 2차 남진 약도

는 것은 고구려가 북한산과 비렬홀 가까운 곳까지 진출했다는 것을 증명해준다. 또 신라는 572년에 전사한 군사들을 위해 7일간이나 위령제를 지냈다고 기록돼 있다. 이 위령제의 의미는 무엇일까? 572년 이전 몇해 동안 고구려와 대규모 전쟁이 있었고, 그 전쟁에서 수많은 군사가 죽었다는 뜻이다(당시 백제와는 10년 동안 전쟁이 없었다). 이러한 제반 사실들로 볼 때 신라가 마운령·황초령까지 진출했지만 그 땅을 채 차지하기도 전에 곧바로 반격을 당해 강원도 북부 계선까지 다시 쫓겨났다는 것을 알 수 있다. 그럼에도 진흥왕순수비로 인해 신라가 오랫동안 이 지역을 차지하고 있었던 것처럼 오해하는 착시현상이 사라지지 않고 있다.

온달장군, 소백산 줄기 계선까지 진격하다(2차 남진, 590년대)

고구려는 568년 1차 남진 이후 새 평양성 건설공사, 수나라 등장으로 인한 서북방 방어 강화, 말갈족 정벌 등에 힘을 써야 했으므로 남방 진출은 한동안 중단하지 않을 수 없었다. 그러다 590년 영양왕(590~618년) 즉위 직후 신라가 점령한 남부 지역을 회복하기 위한 일대 진공작전을 펼쳤다. 『삼국사기』 권 45, 온달전에 의하면 온달장군은 양강왕(영양왕)이 즉위하자 "신라가 우리의 한강 이북 땅을 저들의 군현으로 삼고 있으니 백성들이 통절하게 한탄하고 있으며 부모의 나라를 잊은 적이 없다"라고 하면서 자기에게 군사를 맡겨주면 나가서 꼭 우리 땅을 되찾겠다고 했다. 왕이 허락하자 온달은 떠나기에 앞서 "계립령, 죽령 이서 땅을 되찾지 못한다면 돌아오지 않겠다"라고 맹세했다.

그는 신라군과 아단성(충북 단양군 영천면)에서 싸우다가 날아오는 화살에 맞아 전사했다. 단양군 영춘면 소재지에 온달산성이 있는데, 이 산성은 온달장군의 지휘 아래 쌓은 성이라고 한다(발굴 결과 이 산성은 신라가 쌓은 것으로 밝혀졌다. 이 때문에 온달장군이 서울 아차산성에서 싸우다 죽었다는 설이 있다. 어떤 설이 맞는가는 더 검증이 필요하다. 하지만 당시의 제반 정세로 볼 때 온달산성에서 싸우다 죽었다는 설이 더욱 합리적이다). 단양군 영춘면은 죽령에서 멀지 않은 곳이다. 따라서 이때 고구려군이 다시 소백산 줄기 계선까지 밀고 내려갔음을 알 수 있다.

고구려, 백제와 신라에 대한 타격전을 펼치다(3차 남진, 603~608년)

7세기에 접어들어서도 백제와 신라는 여전히 고구려에 맞섰다. 그러자 고구려는 양국을 동시에 타격하는 전략으로 나왔다. 603년 고구려의 장군 고승은 서남 방면으로 다시 진출하기 위해 신라의 북한산성을 공격했으나, 신라 진평왕이 1만 명의 병력을 이끌고 지원하러 오자 역량상 타산이 없다고 보고 포위를 풀고 물러났다. 또 수나라의 고구려 침략이 노골화되자 607년에는 후방의 안전을 보장하기 위해 해상기동작전을 벌여 백제의 송산성을 쳤다. 송산성이 함락되지 않자 이웃에 있는 석두성을 쳐 3,000여 명의 주민들을 붙잡아왔다. 608년 신라의 지배층은 수양제에게 고구려를 쳐 달라고 청원하는 글을 보냈다. 고구려는 이 소식을 듣고 곧바로 608년 2월 출병해 신라의 북변을 치고 8,000명을 포로로 잡아왔으며, 4월에는 신라의 우명산성을 함락시켰다.

고구려 – 수 전쟁 때 신라에 빼앗긴 땅을 되찾다(4차 남진, 620년대)

고구려가 수나라와 전쟁을 벌이고 있는 틈을 이용해 신라는 다시 죽령·계립령 이북 500리 땅을 공격해 550년대 북상시기와 거의 같은 지역을 차지했다. 하지만 고구려는 613년, 614년에도 수나라의 침공이 있었기 때문에 남방에 힘을 돌리지 못했다. 수나라가 망하고 당나라가 들어서면서 한숨을 돌린 고구려는 620년 초엽부터 신라가 빼앗아간 땅을 되찾기 위해 전투를 벌였다. 이러한 사실은 신라가 625년 당나라에 사신을 보내 고구려 – 신라, 백제 – 신라 사이에 싸움이 계속되고 있으며 고구려가 당나라로 가는 길을 막고 있으니 이를 풀어달라고 당나라에 요청한 사실을 통해 드러났다. 당나라가 사신을 보내 신라와 싸우지 말도록 권고하자 고구려의 영류왕은 그렇게 하겠다고 양보했지만, 싸움을 멈추지 않았으며 중부 산간지대의 옛 영토를 거의 다 회복했다. 이러한 사실은 629년 신라군이 고구려의 낭비성(충북 청원군 북이면 부연리)을 공격해 함락시켰다는 것을 통해 입증된다. 당시 전투 지역이 충북 청원군 지역이었다는 것은 고구려가 620년대에 남방진출을 강력히 벌여 소백산 계선까지 진출했다는 것을 말해준다.

고구려, 다시 신라를 공격하다(5차 남진, 638년)

신라는 고구려와 백제의 공격을 받으면서도 한강 하류 지역만은 기어코 고수하면서 당나라와 연계를 맺고 고구려에 대한 새로운 공세를 준비했다. 신라는 637년 북한산주의 무력을 동쪽으로 진출시켜 고구려의 우수주 소재지(춘천)를 점령하고 군주(주장관)를 두었다. 이것은 고구려 남부 지역의 허리를 자르려는 전략의 일환이었다. 고구려는 신라의 계략을 꿰뚫어보고 638년 새로운 반격을 펼쳤다.

고구려는 우수주에 주둔해 있던 신라군을 내몰고, 그해 10월에는 신라의 북변인 칠중성(경기도 파주군 적성면)을 공격했다. 그러나 신라가 대장군 알천이 거느리는 대군을 보내자 고구려군은 철수했다. 이 해에 고구려는 동해안 지역에서도 신라를 공격해 비렬홀(안변)을 탈환했다. 639년에 신라가 하실라주에 북소경을 설치한 것은 동해안 지역에 대한 통치를 강화하는 동시에 고구려의 남진을 막으려는 조치이기도 했다.

연개소문, 백제와 연합작전으로 신라 서북부 수십 개 성을 함락시키다
(6차 남진, 643~644년)

642년 10월 연개소문 정변 이후 고구려는 대당 강경정책으로 전환했다. 이를 위해서는 후방의 안전이 필요했다. 고구려는 백제와의 오랜 적대관계를 극복하고 신라에 대항하는 공동보조를 취했다. 642년 겨울 백제의 공격으로 대야성(경남 합천), 미후성 등 40여 개 성을 빼앗긴 신라는 급한 나머지 김춘추를 고구려에 보내 후원을 요청했다. 하지만 연개소문은 계립령과 죽령 이북의 땅을 다 내놓지 않으면 도와줄 수 없다고 잘라 말했다. 김춘추는 그렇게 하겠다고 거짓말을 하고 귀국했다. 이를 간파한 고구려군은 김춘추를 추격했다. 이때 그를 마중 나온 김유신의 신라군과 싸움이 벌어졌다. 또한 백제와 연합해 서해안 방면 신라의 중요 항구인 당항성(경기도 화성시 남양면)을 치려 했다.

643년 연개소문은 직접 군사를 거느리고 오늘의 금강 계선까지 진출했다. 충북 청원군 부용면에 개소문성이 있고 충남 연기군 금남면에 소문성이 있는데, 이것은 이 시기에 연개소문이 이 일대까지 진출했다는 것을 말해준다. 643~644년 사이 연개소문의 총지휘 아래 진행된 남방 진출 작전 결과, 중부 산간지대와 강원도 영서 지역, 충청북도 대부분 지역을 되찾았다. 이것은 645년 고구려 - 당 전쟁을 앞두고 후방을 공고히 하는 데 매우 중요한 의의를 갖는다.

백제와 연합으로 신라 북쪽 지역 33개 성을 함락시키다

(7차 남진, 654년)

645년 당나라가 고구려에 대한 대규모 침공을 개시하자 신라는 좋은 기회라 생각하고 3만 명의 군대를 보내 중부 산간지대를 다시 점령했다. 648년, 김춘추는 당나라를 찾아가 공동으로 백제와 고구려를 치고 대동강 이남 지역은 신라가 차지하고 이북 땅은 당나라가 차지한다는 비밀 협약을 맺고 돌아왔다. 이를 안 고구려와 백제는 654년 신라의 북쪽 지역에 있는 성 33개를 함락시켰다. 33개 성이 구체적으로 어느 지역의 성들인지는 잘 알려져 있지 않으나 제반 사정을 종합해볼 때 강원도 영서, 충청북도 중부 산악지대였다고 볼 수 있다. 이는 고구려가 다시 충북 동북부 지역까지 내려왔으며, 백제가 충북 서부, 청원 괴산 지방까지 진출했다는 것을 의미한다.

또 이때 고구려는 동해안 쪽으로도 고성군·양양군 일대까지 밀고 내려왔다. 이는 신라가 658년 3월에 하실라(강릉)는 말갈과 가까우므로 사람들이 편치 않다면서 경(북소경)을 폐지하고 다시 주(도독)를 두었으며, 그 남쪽 실직(삼척)을 북진으로 삼은 것을 통해 알 수 있다. 이에 따라 고구려는 5세기 말 6세기 초 남부 영토를 거의 되찾았다고 볼 수 있다. 이처럼 고구려는 삼국통일 실현을 위한 남진정책을 변함없이 강력하게 밀고 나갔다.

고구려군이 칠중성을 공격해 함락시키다 (8차 남진, 660~661년)

660년 7월 나 - 당 연합군의 공격으로 백제가 망한 다음에도 고구려는 남진정책을 포기하지 않고 지속적으로 추진했다. 660년 11월 1일, 고구려군은 신라의 북변인 칠중성을 공격해 함락시켰다. 칠중성 공격은 20여 일간 격렬하게 진행됐다. 고구려군은 때마침 불어오는 바람을 이용, 화공전술로 성을 함락시켰다. 이듬해인 661년 5월, 고구려 장군 뇌음신은 말갈인 부대의 장군 생애와 함께 술천성(경기도 여주)을 공격했으며 성이 함락되지 않자 북한산성을 공격했다. 20여 일 동안 북한산성을 공격했으나 함락되지 않고, 때마침 우레가 울면서 비가 쏟아지고 별똥별이 떨어지자 미신에 사로잡힌 뇌음신은 불길한 징조라고 하면서 포위를 풀고 되돌아가고 말았다.

고구려의 강력한 삼국통일 전략은 신라가 외세를 끌어들이는 바람에 완성을 보지 못하고 실패로 끝나고 말았다. 실패의 주된 요인은 신라의 매국 배족적 행동에 있지만 다른 한편으로는 고구려 지배세력 내부의 문제 또한 적지 않았다. 고구려 지배층은 대당 정책에서 일관성을 지키지 못하고 양보를 거듭했으며, 국방력을 강화하기 위한 노력을 다하지 못했다. 아울러 지배계급 내부의 분열로 통일적인 대응을 펼치지 못했다. 지배층의 내부 분열로 국가의 통수체계와 방위체계가 마비되지 않았다면 고구려는 나당 연합군의 침공을 성공적으로 물리치고 나라를 보존할 수 있었을 뿐만 아니라 삼국통일의 대업도 성취할 수 있었을 것이다.

비록 실패로 끝났지만 삼국통일을 실현하기 위한 고구려의 싸움은 헛된 것이 아니었다. 6세기 초 고구려가 국토의 대부분을 차지함으로써 삼국 사이의 민족적 공통성을 강화할 수 있었으며, 7세기 말엽 이후에도 고구려의 옛 강토를 수복하려는 우리 겨레의 지향을 더욱 강하게 만들었다. 이는 고구려를 계승한 나라들이 계속 들어서고, 10세기에 이르러 고려에 의한 국토통일이 이루어지는 밑거름이 됐다.

5. 웅장 화려한 새로운 평양성(장안성)을 건설하다

고구려는 550~580년대에 오늘의 평양시 중심부에 새로운 수도성을 건설했다. 중국의 역사책들(『수서』, 『북사』, 『신당서』)에서는 이 성의 이름을 '장안성'이라고도 한다고 돼 있다. 『삼국사기』에 따르면 새 평양성은 552년에 착공해 586년까지 35년이 걸려 완공됐다. 성벽의 총연장만 해도 23km(조선의 한성은 총연장 18.1km)에 달할 정도로 방대했다. 여기에다 수많은 궁궐을 새로 지어야 했으니, 공사 규모는 상상할 수 없을 정도로 방대했다.

이 시기에 이처럼 방대한 공사를 벌여야 했을까? 일부 역사가들은 장안성 건설이 고구려 패망을 촉진시킨 중요한 요인이 되었다는 견해를 나타내기도 한다. 부분적인 타당성은 없지 않지만, 올바른 분석이라고는 할 수 없다. 550년대에 신라가 북진정책을 펼쳐 한강 유역을 점령하고, 동해안을 따라 함경도 지역까지 치고 올라왔을 때 효과적인 대응을 하지 못했던 데에는 장안성 건설공사도 한몫을 했다. 이런 점에 비춰 고구려 패망의 한 요인으로 작용했음을 완전히 부인할 수는 없다. 그러나 장안성 건설이 고구려 패망의 중요한 요인이 됐다고 볼 만한 구체적 근거는 없다. 당시 정세의 측면에서나 고구려 국력의 정도에 비추어 국가 방위전략상 장안성 건설은 불가피했다.

고구려 수도성의 기본 형태는 평지성과 산성을 결합한 형태였다. 고구려의 시조왕 주몽이 창안했던 방식으로, 위나암성 방어전투와 좌원 전투의 승리를 통해 그 우월성을 자랑했다. 하지만 이러한 수도성 체제는 변화하는 현실에 비춰볼 때 중대한 문제점이 나타났다.

수도 평양은 경제발전에 힘입어 비약적으로 성장했다. 전성기 수도 평양의 호수는 21만 5,000호였다. 1호당 평균 5명이 산다고 봤을 때 100만 명 이상의 사람들이 수도 평양에 살고 있었다는 것이다. 물론 외곽 지역을 포함한 숫자겠지만 수도 중심지만 해도 수십만 명이 거주했을 것이다. 또한 수도 내에 왕궁을 비롯한 수많은 건축물이 즐비하게 들어섰으며, 수많은 재물이 축적되어 있었다.

이러한 조건에서는 과거처럼 전시에 평지성을 비워 놓고 모든 시설물과 재산들을 산성으로 옮기기란 불가능했다. 또한 수도의 사람들을 모두 좁은 산성 안에 수용할 수도 없었다. 이러한 조건에서 과거에는 장점이었던 평지성 + 산성 결합체제와 청야수성전술은 더는 사용하기 어려웠다. 전쟁이 발발할 경우 수많은 인명과 재산을 보호할 새로운 수단이 절실하게 필요해졌다. 이러한 문제는 사소한 문제점이 아니라 국가방위상 치명적 결함이 되었다. 결국 수도 중심부 전체를 방어할 수 있는 수도 외곽 방어성이 절실하게 필요해졌다. 수도 전체를 포괄하는 외곽 방어성이 없다면, 유사시에 왕궁을 비롯한 주요 관청 건물들과 수도에 살고 있는 사람들의 생명과 재산을 지킬 수단이 없어지게 된다.

기존 수도성의 결정적 약점을 극복하려면 산성의 장점과 평지성의 장점을 다 갖춘 평산성을 건설해야 했다. 대성산성 - 안학궁전의 결합으로 된 종전의 수도성은 앞에 넓은 벌판과 구릉이 있었지만 그것을 다 둘러막는 외성을 쌓기에는 너무도 지역이 넓었다. 게다가 대동강의 범람으로 청호동·임흥동의 일부가 침수돼 주택지구로 복구하기도 어려웠다. 또 대동강 남쪽 지역은 물이 부족한 곳이 많았으며, 수로도 편리하지 못했다. 이 때문에 기존의 대성산성 + 안학궁 체제를 보완하는 외성을 쌓는 대신 아예 수도성을 옮기는 선택을 한 것이다.

새로운 수도의 대상지로 선정된 곳이 오늘날의 평양 중심부다. 이곳은 모란봉을 끼고 있으며, 대동강과 보통강을 자연의 큰 해자로 삼아 평산성을 건설하기에 딱 좋은 입지를 갖추고 있었다. 또한 교통 운수상으로도 매우 편리한 지역이었다.

새 수도성 건설은 이처럼 당시 조성된 정세의 요구에 맞게 수도성 방위를 강화하는 게 주 목적이었다. 물론 이것만은 아니었을 것이다. 방위목적과 함께 더욱 살기 좋은 곳, 수륙교통이 편리한 곳을 택해 수도의 외관을 더욱 장엄하고 화려하게 꾸밈으로써 전제군주의 위용을 과시하자는 목적도 있었을 것이다.

새론쓰는
고구려역사

제4장

고구려
– 수·당과의
전쟁

고구려는 천자의 나라로서 자주권을 소중히 여기고 외래 침략세력들을 용서하지 않았다. 강인한 의지로 자주권을 수호하고 국토를 넓혀갔다. 때문에 건국 이후부터 자기 존재를 마칠 때까지 외래 침략세력들과 헤아릴 수 없을 정도로 많은 전쟁을 치렀다. 또한 영토 수호라는 소극적 태도에 머무르지 않고, 겨레와 국토의 통합이라는 민족사적 대의를 적극 추진했다. 강점당한 고조선의 옛 땅을 모두 되찾았을 뿐 아니라, 동서 6,000리, 남북 5,000리에 달하는 광대한 영역을 지배하는 동아시아 최대 강국으로 부상했다. 고구려의 활약에 힘입어, 우리 민족은 겨레의 삶터를 지켜내고 민족적 발전을 이룰 수 있었다.

1절
고구려 – 수나라 전쟁

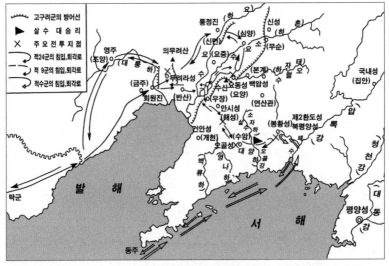

612년 고구려 - 수 전쟁 약도

　우리 민족사에서 영웅적 투쟁과 위대한 승리의 기록은 수없이 많다. 그중에서 첫손에 꼽을 수 있는 것은 살수대첩으로 표상되는 수나라와의 전쟁이다. 이 전쟁에서 보여준 고구려 사람들의 영웅적 투쟁과 승리는 감동적인 드라마 그 자체다. 고구려 사람들은 일상적으로 말타기와 활쏘기 등의 무술을 익히고 단련했으며, 높은 민족적 긍지와 씩씩한 기상을 자랑했다. 고구려 사람들의 드높은 민족 자존심과 상무적 기풍은 외세의 침략에 맞서 싸워 나라의 자주권을 튼튼히 지키고, 빼앗긴 겨레의 강토를 되찾아 강대한 나라로 만드는 원동력이 되었다. 6세기 말~7세기 초에 중국을 통일한 수나라가 수십, 수백만 대군을 앞세워 수차례 침공해 왔으나, 침략자들에게 만회할 수 없는 커다란 타격을 주고 위대한 승리를 쟁취했다. 특히 612년 수나라의 300만 대군을 격파한 고구려 군민의 투쟁은 고대·중세의 세계 전쟁사에서 유례를 찾아볼 수 없는 위대한 승리로 기록돼 있다.

1. 1차 고구려 – 수 전쟁(598년)

양건(수나라 문제)은 581년에 북주의 정권을 차지하고 수나라를 세웠다. 수나라는 초기에는 고구려에 우호적인 태도를 보였다. 내부 통합과 돌궐 문제가 더욱 시급했기 때문이다. 하지만 중국 대륙을 완전히 통일한 이후 고구려에 대한 태도가 달라졌다.

고구려는 597년 수나라의 동태를 살피기 위해 사절단을 보냈다. 수나라 문제는 이 사절단에게 국서를 보냈는데, 사실상의 선전포고문과 같았다. 고구려 왕을 내쫓고 다른 관리를 보내겠다는 망발을 하는가 하면, 수나라 장군 한 명만 보내도 고구려를 능히 멸망시킬 수 있다고 조롱했다. 또 요수의 너비가 장강에 비하면 어떠하다고 생각하느냐, 고구려의 인구가 진나라(陳: 중국 위진남북조시대 때 남조의 맨 마지막 왕조로 수나라에 의해 멸망되었다)의 인구와 비하면 어느 쪽이 많다고 생각하느냐 등 진나라를 멸망시킨 수나라의 강대성을 내세워 고구려의 굴복을 강압했다.

오만하기 짝이 없는 선전포고문(국서)을 받은 고구려의 영양왕(590~618년)은 598년 초에 직접 고구려 부대와 말갈인 부대 등 1만여 명의 기병을 이끌고 영주(요서 지역의 중심지로 대략 오늘날의 조양 근처)를 들이쳐 커다란 타격을 가했다. 수나라가 먼저 선전포고를 한 상황에서 시행한 선제적 예방 타격작전이었다.

패전 소식(『수서』 고려전에는 이때 영주총관이 고구려군을 격퇴시켰다고 써 있으나 엉터리없는 기사다)을 들은 수문제는 한왕 량(수문제의 다섯째 아들)과 왕세적을 행군원수로 임명하고 수륙군 100만 명을 출동시켜 고구려를 치러 떠나게 했다. 침략군은 598년 4~5월 수나라 수도(장안. 현재의 산서성 시안시)를 출발해 고구려 원정에 나섰다. 6월에 임유관(산해관 부근)을 넘어 유성(오늘의 조양 서쪽)으로 진출했다. 수군은 수백 척의 함선으로 묶인 함대를 편성해 고구려의 북평양성을 향해 떠났다.

화려하게 출발한 100만 대군이 어떻게 전쟁을 치렀는가에 대해서는 구체적으로 밝혀진 게 없다. 『수서』 고려전이나 『자치통감』에 따르면, 육군은 장마로 후방공급이 끊어진 데다 전염병까지 창궐해 숱한 군사들이 죽고 겨우 요수(요하)에 이르렀으나, 더 진출하지 못했다. 또한 수군은 폭풍을 만나 많은 함선이 침몰했는데, 고구려가 정전을 요구했기 때문에 9월 기축일(11일)에 되돌아왔다. 이때 죽은 자가 열에 여덟, 아홉이었다.

그런데, 과연 자연재해 탓에 열에 여덟, 아홉이 죽었을까? 전투는 전혀 없었을까? 장마나 풍랑 같은 자연재해는 양쪽 모두에게 똑같이 불리한 조건일 뿐이다. 물론 침략한 쪽에 조금 더 불리할 수는 있지만, 그 이상도 이하도 아닐 것이다. 자연재해 때문에 열에 아홉이 죽은 일은 없다. 이것은 패전을 감추기 위한 전형적인 수법이다. 중국의 역사가들은 자신들의 패전은 축소하거나 숨기는 것을 어길 수 없는 필법으로 삼고 있었다. 이 경우도 마찬가지다.

진실은 다르다. 침략군은 요서지방과 요하 계선에서 고구려군의 맹렬한 반격을 받아 숱한 사상자를 내고 패주했으며, 수군은 고구려 수군의 반격을 받아 숱한 배를 잃고 장성 계선까지 쫓겨 갔다고 보는 게 옳다. 100만 대군이 출전해서 열에 여덟 아홉을 잃어버렸다는 것은 매우 큰 전쟁에서 대패했다는 것을 뜻한다. 598년 수나라의 침공을 저지하기 위한 고구려 군민들의 투쟁은 고구려의 거대한 승리로 끝났다.

2. 2차 고구려 – 수 전쟁(612년)

612년 수양제는 직접 300만 대군을 통솔해 고구려를 침공했다. 수나라의 네 차례에 걸친 고구려 침략전쟁 중 가장 격렬하고 치열한 전쟁이었으며, 우리 민족사에 가장 영웅적이고 빛나는 승리를 쟁취한 전쟁이었다. 이 전쟁의 승리로 우리 민족은 동아시아를 넘어 전 세계에 우리 민족의 위대함을 널리 시위함으로써 민족사를 뜨겁게 빛냈다. 그 전쟁의 갈피 갈피를 여기에 상세히 기록한다.

1) 수양제의 침공 준비와 전쟁 개시

수양제의 보복전 준비 정황
수양제는 598년 1차 고구려 침공의 패배에서 심각한 교훈을 찾는 대신 패배의 수치를 씻기 위한 새로운 침략전쟁 준비에 몰두했다. 하지만 1차 전쟁 직후에는 수나라 내부 사정으로 곧바로 보복전을 벌일 수 없었다. 600년에는 태자 폐립사건이 일어나 둘째아들 양광이 태자가 되는 사건이 일어났고, 600~602년에는 북방에서 돌궐의 침략이 계속돼 이 싸움에 역량을 쏟을 수밖에 없었다. 또한 이 시기 남방에서는 요족의 폭동이 일어났다. 600년에 온갖 음모를 꾸미며 억지 태자가 된 양광은 급기야 자기 아버지를 독살한 다음 아우인 한왕 량의 반란을 진압하고 스스로 왕위에 올랐다. 이러한 사건 사고들 때문에 고구려를 침공할 여력이 없었던 것이다.

수양제는 605년 농업과 교통운수를 발전시킨다는 명목으로 장안에서 강도(양주)까지 대운하 건설을 밀어붙였다. 이것은 사실 고구려를 침략하기 위한 전쟁준비의 일환이었다. 605년에 수양제는 불시에 거란족을 공격해 남녀 4만 명을 포로로 잡아갔다. 이것도 거란족이 고구려와 가까워지지 못하게 하려는 전쟁준비의 일환이었다. 또한 고구려와 전쟁 중에 북방에서 돌궐족이 침입해 올 수 있다고 보고, 이를 방비하기 위한 예비조치로 100만 명의 백성을 강제동원해 유림(섬서성 동북부)에서 자하(내몽고 화림격이현)에 이르는 지역에 장성을 쌓았다.

수양제는 608년에 이르러 고구려와의 전쟁준비를 더욱 노골적으로 벌여 나갔고, 610년에는 절정에 달했다. 수양제는 전국의 부자들에게 재산의 많고 적음에 따라 군마를 사서 바치게 했고, 병장기를 마련하게 했다. 이때 병장기가 정교하게 만든 것이 아니면 그 자리에서 참형에 처하도록 했다. 그리고 산동지방에는 따로 말을 키우는 전문기구를 설치했고, 유주총관 원홍사를 동래(산동반도)로 보내 300척의 배를 건조케 했다. 원홍사는 기술자들과 주민들을 강제로 내몰아 밤낮없이 배 건조 사업을 밀어붙였다.

수양제가 침공 준비를 착착 진행시키는 동안 고구려 역시 그냥 있지 않았다. 후방의 안전보장을 위해 백제와 신라에 대한 징벌작전을 벌였다. 백제와 신라는 지난 1차 침공을 전후해 수나라에 고구려를 쳐달라고 요청하는 청원문을 보내는 등 반고구려 외교를 서슴지 않았다. 이러한 배신행위에 대해 고구려는 어김없이 징벌을 가했다. 598년에는 수군을 동원해 백제의 국경지대를 공격했고, 607년 5월에는 백제의 송산성과 석두성을 공격해 석두성을 함락시켰다. 신라에 대해서는 603년 8월 북한산성을 공격하였고, 608년에는 우명산성을 함락시켰다.

　　이처럼 수나라와의 전쟁을 대비해 후방 안전을 담보하기 위한 군사적 행동과 동시에 수나라에 대항하는 적극적인 외교활동도 전개했다. 고구려는 특히 돌궐의 계민극한과 연합을 실현하기 위해 다양한 노력을 기울였다. 607년 8월 고구려 사신은 계민극한이 있는 곳까지 찾아가 교섭을 진행했는데, 때마침 그곳을 방문한 수양제는 고구려 사신이 와 있다는 것을 알고 고구려 왕이 수나라로 와서 자기를 만나지 않으면 내년에는 계민극한을 거느리고 고구려를 치겠다고 협박했다.

　　611년이 되었다. 수양제는 이 해에 전국의 군사를 탁군에 모이게 했다. 그리고 군량을 탁군으로 보낸 다음 노하진, 회원진(수나라 때 새로 설치한 요서군의 소속 현들이다. 위치는 조양 부근으로 알려져 있다)으로 운반케 했고, 자신은 탁군의 임삭궁으로 나와 군사를 총지휘했다. 또한 강회(장강·회수사이) 이남의 뱃사공 1만 명, 노수 3만 명, 영남(오늘의 호남, 광동, 광서) 지방의 배찬수(작은 창으로 무장한 군사) 3만 명을 징발했다. 하남, 회남, 강남 지방에서는 융차(군사용 수레) 5만 대를 만들어 고양(베이징 남방)으로 보내게 했다. 이밖에도 녹차(사슴 한 마리를 실을 수 있는 작은 수레) 30만 대를 만들어 두 사람당 양곡 3섬씩 싣고 회원진, 노하진까지 운반케 했다.

하지만 길이 멀고 험해 운반 도중에 양곡을 다 소비했는데, 목적지에 도착한다 해도 목이 잘릴 것이 뻔해 모두 도망쳐버렸다. 게다가 관리들의 토색질이 말도 못 하게 심해 살길이 막막해진 백성들은 군도(도적떼)로 변해버렸다. 그 결과 수나라 동북 각지에서는 대규모 농민폭동이 연달아 일어났으며 수나라 조정은 벌집 쑤셔 놓은 듯 소란스러웠다. 이런 와중에 수양제는 612년 2월에 고구려와의 전쟁을 시작하겠다고 선포하고, 612년 1월까지 수백만 대군을 탁군에 집결시키도록 지시했다.

수양제의 고구려 침공 개시

612년 1월 2일 수양제는 얼토당토않은 내용으로 가득 찬 선전포고문(조서)을 발표하고, 2차 고구려 침공을 개시했다. 수양제는 탁군에 집결시킨 113만 8,000명의 전투부대를 좌우 각각 12개 군(군단), 합계 24개 군으로 편성해 여러 길로 고구려를 침공하도록 했다. 612년 1월 3일부터 매일 1개 군단씩 출발해 서로 40리 사이를 두고 행군을 했는데, 이 때문에 군대의 깃발이 960리에 걸쳐 늘어져 있었다. 여기에다 수양제 직속 6개 군단의 대열도 그 길이가 80리나 되었다. 결국 30개 군단의 총길이는 1,040리에 달했다.

침략군의 총수는 전투부대와 후방부대까지 도합 300만 명을 훨씬 넘었다. 이러한 대규모 병력은 일찍이 있어본 적이 없는 큰 규모였다. 이밖에 수군은 우익위대장군 내호아, 주법상의 지휘 아래 수백 척의 함선에 갈라 타고 서로 꼬리를 문 채 수백 리나 늘어서서 항해했다. 그 병력도 10만 명 이상이었다.

이렇게 대규모 병력을 동원해 전쟁을 치르려 할 때 가장 큰 문제는 당연히 후방 수송이다. 당시 사회발전 단계에서 볼 때 수백만 명의 병력을 몇 달씩 먹일 수 있는 수송능력은 불가능했다. 따라서 이런 대규모 병력으로 전쟁에서 승리할 수 있는 유일한 방법은 속전속결이었다. 수양제도 당연히 이것을 알았을 것이다. 그의 머릿속에서는 수적 우세를 이용해 고구려를 일거에 굴복시키려는 속전속결 전략이 자리 잡고 있었다. 하지만 수양제는 상대를 잘못 만났다. 고구려의 전통적인 기본 방어전략은 청야수성전술이라는 점을 간과한 것이다. 아니, 간과했다기보다는 수적 우세를 절대적으로 확신했다고 할까! 상대를 골라도 정말 잘못 골랐다.

2) 고구려 – 수 전쟁 전개 양상

수양제는 300만에 이르는 대병력을 동원한 속전속결 전략과 수륙병진 작전으로 일거에 고구려를 제압할 수 있다고 봤다. 하지만 고구려에 이런 전략을 구사했다는 것이 수양제의 비극이었다. 고구려 사람들은 어릴 때부터 무예로 단련되었으며, 나라를 사랑하고 외래 침략자들을 증오했다. 또한 오래전부터 외래 침략자들과 싸워 승리를 이어온 자랑스러운 전통과 불굴의 기상을 가지고 있었다.

612년 수나라 300만 대군의 침공에도 고구려 사람들은 전혀 동요하지 않았다. 우선 전선 사령부를 환도성(북평양성)으로 옮기고 주도면밀한 방어작전 계획을 세웠다. 당시 고구려의 영양왕은 강경한 투쟁원칙을 견지했으며, 을지문덕과 같은 뛰어난 명장들이 준비돼 있었다.

수양제의 대병력에 의한 수륙병진 작전은 병사들의 훈련 부족과 전투능력 부족, 지휘의 통일성과 민활성 부족, 식량을 비롯한 후방 수송물자 조달의 어려움 등 심각한 약점을 갖고 있었다. 고구려군 지휘부는 수나라 군대의 이러한 약점을 정확하게 포착하고 있었다. 고구려는 전선,

전방 방어를 강화해 시간을 벌고, 그 사이 요하 동쪽에 촘촘히 배치된 성곽들을 보수해 방어력을 강화함으로써 적의 진격을 좌절시키고 전쟁을 장기전으로 끌고갔다. 즉 속전속결 전략에 지공 전략으로 맞받은 것이다. 고구려군 지휘부는 전쟁이 장기화되면 강제로 침략전쟁에 끌려온 수나라 군대 내에서 동요가 발생해 싸우지 않아도 스스로 붕괴될 것이라고 예상했다. 바로 그때 총반격으로 나가면 적을 쉽게 격멸하고 전쟁을 승리로 이끌 수 있다고 봤다.

고구려군은 처음 요서 서쪽에 나가 있었으나, 대규모 부대가 밀어닥치자 2월 초경 대릉하 동쪽 계선으로 전략적 후퇴를 단행해, 3월 초 무려라성을 비롯한 대릉하 동쪽 계선에서 전투를 준비했다.

본격적인 대규모 첫 전투는 무려라성을 비롯한 대릉하 동쪽 계선에서 벌어졌다. 이경이 지휘하는 적의 선봉대는 무려라성을 함락시키는 데만도 10여 일이 걸렸다. 이처럼 수나라 침략군은 의무려산 계선에서 고구려군의 방어에 부딪혀 10여 일이나 묶여 있다가 3월 초순경에야 요하 서쪽 신민 부근에 도착했고, 3월 중순경에 이르러 기본 부대들이 요하 서쪽에 집결했다. 그 사이 고구려군은 요하 동쪽 기슭 일대의 방어진을 강화했다.

요동성 전투 승리

3월 19일 수나라 군대는 세 개의 배다리를 만들어 요하를 건너기 시작했다. 하지만 길이가 짧아 반대쪽 기슭까지는 한 길 남짓 부족했다. 적장 우둔위 대장군 맥철장은 물속에 뛰어내려 기슭으로 올라갔으나, 고구려군의 맹렬한 반격으로 그 자리에서 거꾸러지고 뒤따르던 자들도 모두 전멸했다. 황황히 배다리를 회수한 적군은 이틀 동안 길이를 늘린 다음 다시 공격을 개시했다. 하지만 요하 동쪽 기슭에서 튼튼한 방어진을 구축하고 있던 고구려군의 격렬한 반격에 부딪혔다.

고구려군은 언덕 위에 올라가 활과 쇠뇌로 강을 건너려는 수나라 군대를 격살했다. 또 상륙을 시도하는 적군들과 격렬한 창격전과 육박전을 벌여 타격을 가했다. 고구려군의 격렬한 저항으로 수나라 군대의 요하 도하는 한 달가량이나 소요됐다. 수나라 군대는 천신만고 끝에 4월 16일에야 비로소 요하를 건널 수 있었다.

그런데 중국 역사책들에서는 이를 다르게 써 놓았다. 『자치통감』에는 3월 21일 이후 곧바로 요하를 건너 요동성을 포위한 것처럼 써 놓았고, 『수서』 본기에는 수양제가 '갑오일'(3월 16일)에 요수의 다리까지 도착해서 '4월 갑오일'에 요수를 건넌 것처럼 써 놓았다. 이러한 기록들은 사실과 다르다. 수양제는 4월 27일까지도 요서군 유성현 임해돈(산해관 부근)에 머물러 있었으며(『수서』 권 76, 우작전), 4월에는 갑오일이 없다. 3월 15일 갑오일 이후 처음 갑오일은 5월 16일이었다.

실제로 고구려군은 한 달 가까이 요하 동쪽 계선을 사수하면서 도하하려는 수나라 군대에게 심대한 타격을 가하고 4월 16일에 철수했다. 그리고 신성, 개모성, 백암성, 요동성, 건안성 등 견고한 방어요새로 들어갔다. 수나라 군대는 4월 16일에야 요하를 건넜다. 이것은 수양제가 612년 5월 17일에 내린 대사령 조서(『문관사림』 권 669, 사유 제5기사)에서 4월 16일 새벽을 기준으로 삼았다는 것을 통해 입증된다. 요하 도하가 전쟁의 중요한 전환적 계기가 되었기 때문에 이날을 기준으로 사면령을 내렸다고 봐야 할 것이다.

수나라의 요동성 포위 공격은 대략 4월 말에서 5월 초에 시작됐다. 적군은 여러 가지 공성무기를 동원해 밤낮없이 공격했지만 고구려 군민들은 불굴의 의지로 완강하게 성을 지켰다. 당시 요동성은 평지성이었지만 성벽을 높이 쌓고, 성의 서쪽과 남쪽에 큰 해자를 파고 태자하를 끌어들여 흐르게 했다. 또 가까운 곳에 2개 이상의 보조성이 배치돼 있어서 난공불락의 요새로 꾸며져 있었다.

완강한 공격에도 요동성이 끄덕하지 않자 수양제는 초조해졌다. 수양제는 6월 11일에 직접 요동성 남쪽에 가서 여러 장수를 모아놓고 "내가 수도에 있을 때 공들이 내가 직접 오는 것을 반대했는데, 그것은 공들이 전투에서 패하는 것을 보여주지 않기 위해서였던 것 같다. 내가 이곳에 온 것은 바로 공들이 하는 짓을 보아 참형에 처하기 위함이다. 지금 공들은 죽음이 두려워 힘을 다해 싸우지 않고 있으니, 내가 공들을 죽이지 않을 거라고 생각해서인가?"라고 으름장을 놓았다. 여러 장수들은 무서워서 사시나무 떨 듯했다. 수양제는 요동성 서쪽 5~6리 되는 곳에 육합성을 쌓고 여기에서 전투를 지휘했다.

전투는 요동성에서만 있었던 것이 아니다. 요하 계선 전투 이후 고구려군은 요동성 외에도 요하 동쪽 산간지대의 서쪽에 건설된 **최진보산성**(철령시에서 남쪽으로 20km 정도 떨어진 최진보향 범하 북안의 골짜기에 자리 잡고 있다), **청룡산산성**(철령현 최진보향 장루자 마을에서 서남쪽으로 1.5km 떨어진 위치의 범하강 남쪽 기슭에 자리한 고구려 옛 성), **석태자산성**(심양시 동릉구 만당향 석대자촌에 위치한 고구려 산성), **신성**(요녕성 무순시에 있는 고구려 산성으로 현재 고이산성으로 불려지고 있다), **개모성**(요녕성 심양시 소가둔구에 위치한 고구려 산성으로 현재 탑산산성으로도 불린다), **영안대고성**(무순), **마충둔산성**(요녕성 심양시 소재), **백암성**(요양시 등탑현 동남쪽 대요향 소재, 현재 연주산성으로 불림), **석성**(요양 동쪽에 위치), **고려채**(요녕성 안산시 소재), **안시성**(요녕성 해성현 영성자촌 소재, 현재 영성자산성), **건안성**(개주에서 동북방으로 7.5km 지점에 있는 요녕성 청석령향 고려성산촌에 위치) 등 견고한 방어성으로 철수해 장기전 태세를 갖추고 있었다.

풍부한 무력을 갖추고 있었던 수나라 침략군은 이러한 여러 성을 요동성과 같이 공격했다. 하지만 고구려군은 용감히 싸워 각 성을 사수했다. 요동성의 군민들은 몇 달 동안 수십만 대군과 격전을 거듭했으며, 이 과정에서 수나라 군대는 떼죽음을 당했다. 수나라 군대는 요동성 군민들의 영웅적 저항에 의기소침해졌을 뿐 아니라 겁을 먹고 허둥거렸다. 수양제는 자신도 언제 고구려군의 기습을 당할지 몰라 육합성을 해체하고 요동성에서 멀리 떨어진 후방으로 철수하는 추태를 연출했다. 요동성 군민들의 저항은 6월 중순 이후에도 계속됐다. 전반적 상황은 고구려에 매우 유리하게 전개됐다. 요동성 방어전의 승리로 수양제의 속전속결 전략은 파탄이 났다. 요동성 방어전투는 612년 전쟁의 승리에 결정적으로 기여했다.

평양성(북평양성) 전투 승리

요동성에 막혀 전진을 하지 못하자 조바심이 난 수양제는 특단의 대책을 세웠다. 그것은 별동대를 꾸려 요동성을 우회해 곧바로 평양성을 공격하는 전략이었다. 이를 위해 수양제는 9개 군단을 따로 편성해 요동 남쪽으로 나가 수군과 함께 평양성을 공격하도록 했다.

지금까지 우리는 당시의 평양성을 아무런 의심 없이 오늘의 평양으로 봤다. 하지만 당시 전쟁 지휘부는 수도 평양이 아니라 부수도 북평양에 있었다. 앞에서 살펴본 것처럼 부수도 북평양성은 처음 요동성(『요사지리지』에서는 요양성을 평양성이라고 써 놓았다)에 설치됐다가, 고구려가 유주에서 철수한 이후 서쪽 국경에 너무 가까워서 4세기 말 5세기 초에 봉황산성으로 옮겼다.

평양성(북평양성)을 공격하기 위해 수양제가 채택한 수륙협공 전략은 고조선 - 한나라 전쟁 당시 한무제에 의해 처음 채택됐던 전략으로 당시 한나라군의 참패로 끝났다. 수륙협공 전략의 가장 큰 약점은 당시의 조건에서 효율적인 협공을 전개할 수 없었다는 점이다. 그럼에도 수양제는 협공 전략을 고수했다.

그는 수군 대장 내호아에게 수군 10만 명을 먼저 평양성(북평양성) 부근에 진출시켜 교두보를 만들고 있다가 육군이 도착하면 연합해서 총공격을 가하도록 지시했다. 내호아가 거느린 수군은 6월 초쯤 북평양성에서 60리 떨어진 패수(압록강) 어귀에 도착했다. 내호아는 고구려의 기본 무력이 모두 전선으로 나갔기 때문에 후방에는 병력이 얼마 없을 것이라고 오판을 했다. 그래서 과거 고조선 - 한 전쟁 때처럼 수군 단독의 힘으로 성을 함락시킬 수 있다는 망상에 빠져들었다. 단독 공격으로 평양성(북평양성)을 함락시켜 공을 가로채자는 욕심이 생긴 내호아는 10만 명의 수군 중에 4만 명을 선발해 평양성(북평양성) 단독 공격을 개시했다.

당시 평양성(북평양성)에는 왕의 아우인 고건무(훗날의 영류왕)가 지휘하는 소수의 무력밖에 없었다. 고건무는 유인전술로 적의 공격을 무너뜨리는 계책을 사용했다. 그는 북평양성의 외성을 일부러 비워놓고 내성(봉황성)으로 후퇴하면서 빈 절간에 수백 명의 군대를 매복시켜 놓았다. 수나라 수군은 매복이 있다고는 꿈에도 생각하지 못하고 외성 안으로 들어와 노략질에 여념이 없었다. 적군은 산산이 흩어져 서로 좋은 물건을 차지하기 위해 날뛰었다. 바로 그때 매복해 있던 고구려 군사들이 일제히 나타나 적군을 들이쳤다. 그와 동시에 내성에 있던 군사들도 문을 열고 나와 합세했다. 노략질에 여념이 없던 적군들은 고구려군에 의해 완전히 섬멸되고, 소수의 병력만이 황망히 도망쳤다. 고구려군은 도망자들을 추격해 선창가에 이르렀다. 그곳에는 적의 부총관 주법상이 대오를 정비하고 진을 치고 있었다. 고구려군은 추격을 중단하고 되돌아왔다.

평양성 전투에 직접 참가했던 적의 수군 4만 명 중에서 살아 돌아간 자는 1,000여 명에 불과했으니, 하나의 전투치고는 어마어마한 대승이었다. 적 수군은 고구려군에 대한 두려움에 떨었으며, 고구려의 수군이 공격해 올까 두려워 멀리 요동반도 남단 쪽으로 달아나고 말았다.

그런데 『수서』권 24, 내호아전에서는 수군이 퇴각한 것은 우문술 등의 9군 패전 소식을 들은 다음인 듯이 기술돼 있다. 물론 이것은 사실과 다르다. 9군이 평양성 가까이 왔을 때 "당신들이 기다리는 식량을 실은 수군 함선들은 패전해 달아나고 없다"라며 고구려군이 야유했던 것을 봐도 명백하다. 또 『자치통감』에 지적된 바와 같이 내호아의 수군이 먼저 패전해 퇴각하지 않았더라면 우문술 등의 9군과 서로 돕기도 하고 연합하기도 하면서 살수대패를 당하지 않았을 것이다.

평양성 전투의 승리는 요동성 승리, 살수대첩과 함께 612년 수나라 양제의 침략에 대한 고구려의 3대첩의 하나로 기록되고 있는데, 고구려군의 기묘한 전술과 대담성, 용감성을 남김없이 보여주었다.

살수대첩

수양제의 지시에 따라 9군 30만 5,000명으로 별동대가 구성됐다. 9군의 주요 지휘관은 좌익위 대장군 우문술과 우익위 대장군 우중문, 그밖에 형원항, 설세웅, 신세웅, 장근, 조효재, 최홍승, 위문승, 유사룡이었다. 9군은 회원진과 노하진에 가서 식량 100일분과 갑옷, 방패, 창삭, 옷가지, 천막 등을 각자 가지고 떠나도록 명령을 하달받았다. 그런데 그 짐이 쌀 3석 무게로, 한 사람이 도저히 지고 갈 수 없을 정도로 무거웠다. 군량을 버리는 자는 사형에 처한다는 군령이 있었으므로, 병사들은 숙영지 천막 안에 몰래 땅을 파고 식량부터 묻어버렸다.

이런 상황에서 6월 말 7월 초, 노하진·회원진을 출발한 수나라 별동대는 요하 하류를 건너 오렬수(오늘의 태자하)로 나왔다. 하지만 오렬수에 도착한 9군은 벌써 식량 부족으로 굶주리기 시작했다.

『삼국사기』를 비롯한 역사책에서는 수나라 9군이 회원진을 떠나 집결한 오렬수(오늘의 태자하)를 압록수로 잘못 기재하고, 압록수를 오늘의 압록강으로 해석했다. 그 결과 9군의 목표를 고구려의 수도 평양으로 보고, 압록수(압록강) - 살수(청천강) - 평양 경로로 진격했다고 결론을 내렸다.

그런데 살수가 청천강이라면 심각한 모순이 발생한다. 『삼국사기』, 『수서』 양제기, 『자치통감』 등에 따르면 수나라 대군이 살수에서 대패한 것이 7월 임인일(24일)인데, 요동성 부근에 있던 수양제가 패보를 받고 너무 급한 나머지 총퇴각명령을 내린 것은 그 이튿날인 계묘일(25일)이었다. 만일 살수가 청천강이라면, 거기에서 패배한 수나라 군대가 정신없이 하룻밤 하루 낮 동안 450리를 뛰어 압록강에 도착했다 하더라도 압록강에서 요동성까지는 다시 600리 이상이나 남게 된다. 극도로 피로한 수나라 패잔병들이 다시 죽음을 무릅쓰고 뛰어갔다 하더라도 그 이튿날까지 수양제가 있던 요동성 서쪽까지 도착할 수는 없다. 청천강에서 요동성까지는 적어도 2~3일은 족히 걸릴 수밖에 없다.

수양제가 살수에서 고구려군에 대패한 바로 이튿날 전투결과를 보고받고 총퇴각명령을 내렸다는 것은 여러 역사책에서 확인되는 움직일 수 없는 사실이다. 그렇다면 이것은 무엇을 의미할까? 그것은 살수에서 죽자사자 뛰어서 도착했던 압록수가 요동성에서 600리 이상 떨어진 압록강이 아니라는 말이다. 따라서 압록수는 수양제가 머물던 요동성 서쪽에서 몇 시간이면 갈 수 있는 강일 수밖에 없다. 그런 강으로는 오렬수(태자하)밖에 없다. 즉 오렬수를 압록수로 잘못 기재했던 것이다. 청천강은 요동성으로부터 천리나 떨어져 있으므로 살수일 수가 없다.

임인(24일) - 계묘(25일) 기사가 너무 촉박해 현실에서는 그런 일이 발생할 수 없다는 것을 알아챈 『책부원귀』(중국 북송시대인 1013년에 편찬된 유서의 하나. 유서란 내용을 사항별로 분류, 편집한 책을 말한다)의 편찬자들은 살수 싸움 날짜를 임인일(24일)이 아닌 임오일(7월 4일)로 고쳐놓았다. 그런데, 이렇게 되니까 또 다른 모순이 발생했다. 수나라 9군이 늦어도 6월 20~25일에는 평양성까지 가 있어야 하는데, 그들이 회원진·노하진에서 떠난 것은 아무리 서둘러도 6월 말 7월 초였으니, 앞뒤가 전혀 맞지 않는다.

『자치통감』의 저자 사마광은 날짜와 간지를 따져보고 불합리한 것은 빼버리거나 바로 잡는 사람이다. 그런 사람이 살수 싸움 날짜와 수나라 군의 총퇴각 날짜를 빼지도 바꾸지도 주석도 달지 않았다는 것은 무엇을 의미하는 걸까? 그것은 살수 싸움과 귀환 보고 날짜가 임인(24일), 계묘(25일)일이 틀림없기 때문이었을 것이다. 즉, 살수는 청천강이 아니었고, 압록수도 압록강이 아니었다는 것은 움직일 수 없는 사실이 된다.

따라서 수나라 별동대 9군이 집결한 압록수 서쪽은 오늘의 우장 지역으로 비정된다. 그렇다면 살수는 그곳으로부터 450리 떨어진 곳에 있는 강일 수밖에 없고, 그런 강은 오늘의 수암 근처에 있는 소자하(초자하, 哨子河)이다. 살수는 청천강이 아니라 요동반도 동남부를 흐르는 대양하의 큰 지류인 소자하다. 소자하의 사리채 부근에서 수암 해성을 거쳐 요하 동쪽 우장까지의 거리는 수나라 리수로 450리다. 또 소자하라는 강

이름과 살수라는 강 이름은 발음상 서로 통하며, 소자하는 남쪽으로 흐르는 강이므로 수나라 군대가 살수를 동쪽으로 건넜다는 역사서의 기록에도 부합된다.

그렇다면 살수가 청천강이라는 주장은 어떻게 나왔을까? 김부식도 『삼국사기』에서 살수의 위치를 알 수 없다고 했다. 삼국시대에 살수가 어떻게 불렸는지에 대한 자료는 없다. 현재까지 확인된 것으로는 고려 초기인 10세기경에 청수강으로 불렸다는 기록이 있을 뿐이다.

살수를 청천강으로 보기 시작한 것은 대체로 12세기 말경이었다. 12세기 말 시인 김극기가 안주 청천강에 대해 읊은 시에서 "만고에 처음으로 수많은 사람이 혼난 곳이거니 푸른 물결은 정자를 감돌아 흐르네"라고 쓴 게 최초다. 고려말 조선 초의 학자 조준은 "넘쳐 흐르는 살수는 그지없이 푸른데 수나라 백만대군은 물고기밥이 되었구나"라고 썼으며, 『고려사』의 저자들도 "청천강은 옛날에는 살수라고 불렸는데 곧 고구려의 을지문덕이 수나라 군사 100만 명을 패전케 한 곳이다"라고 규정해 놓았다. 그리고 후세에 이에 관한 전설들이 탄생되었다. 그중 하나가 안주 백상루에서 을지문덕 장군이 전투를 지휘했고 전투 총평을 진행한 것으로 전해지고 있는데, 고고학적 발굴에 의하면 안주 백상루는 고려 때 와서 처음 지은 건물이다.

살수의 위치 문제에서 이러한 혼란이 발생한 까닭은 무엇인가? 그것은 수나라 군대의 행동경로로 압록수 - 살수 - 평양의 큰 경로만 보았지, 고구려 - 수 전쟁을 기록해놓은 역사서들에 나오는 오골성, 백석산, 환도성 등에 대해서는 도외시했기 때문이다. 또 수나라 군대가 살수에서 언제 싸웠고 언제 되돌아갔는지에 대해 엄밀하게 따져보지 않았다. 즉 오골성이 오늘날 수암 지역에 있었고, 백석산이 수암 - 해성 사이에 있었으며, 평양성이 환도성으로 묘사된 기록(『수서』권 4, 대업 10년 2월 신묘)이 있다는 것을 몰랐기 때문에 오골성을 봉황성으로 잘못 비정했고, 그 결과 수나라 군대의 행동 경로를 잘못 보았던 것이다.

우중문이 지휘하는 수나라 별동대 30만이 오렬수에 도착했을 때는 이미 식량이 바닥나 병사들이 굶주리고 있었다. 새로운 방면으로 수나라 대군이 밀려온다는 정보를 접한 고구려군 지휘부는 강화 교섭 명목으로 을지문덕 장군을 적진에 보냈다. 을지문덕 장군은 적진에 들어가 우중문·우문술과 담판을 벌였다. 고구려 측의 실제 의도는 적진에 직접 들어가 적의 허실을 파악하기 위한 것이었다.

9군 지휘권을 가진 우중문은 수양제로부터 을지문덕이나 고구려 왕이 나타나면 사로잡으라는 밀명을 받은 터라 을지문덕 장군을 구금하려 했다. 그때 위무사 유사룡이 그렇게 하면 고구려 측의 항복을 받을 수 없다며 만류했다. 우중문은 우사룡의 만류로 을지문덕 장군을 구금하지 않고 놓아주었다. 대담하게 적진으로 들어가 수나라 군대가 굶주리고 있다는 것을 파악한 을지문덕 장군은 되돌아서 강을 건넜다. 그때 우중문은 수양제의 비밀지시를 집행하지 못한 것을 후회했다. 그는 급히 사람을 강가로 보내 더 할 말이 있으니 다시 돌아오라고 전했으나, 을지문덕 장군은 돌아보지도 않고 강을 건넜다.

식량이 바닥나고 병사들이 굶주리자 수나라 진영에서는 동요가 발생하기 시작했다. 우문술은 식량이 다 떨어졌으니 돌아가자고 했으나, 우중문은 정예군을 내보내 을지문덕을 추격하면 공을 세울 수 있을 것이라 생각하고 "10만의 군사를 이끌고 얼마 안 되는 적군을 격파하지 못한다면 무슨 면목으로 황제를 만나겠는가. 나는 이번 걸음에 전공이 없으리라는 것을 이미 알고 있었다. 왜냐하면 옛날 우수한 장군이 전공을 세운 것은 한 사람의 결심에 따라 움직였기 때문이다. 지금 사람마다 딴 마음을 품고 있으니 무엇으로 적을 이겨 내겠는가"라고 하면서 계속 공격을 주장했다. 우중문에게 총 지휘권이 있었기 때문에 우문술은 울며 겨자 먹기로 우중문을 따라 강을 건너 을지문덕 장군 부대를 추격했다.

을지문덕 장군은 적군이 굶주리고 있다는 것을 간파하고 있었기 때문에 적을 피로하게 만드는 전략을 썼다. 그리하여 하루에 일곱 번 싸워 그때마다 패하는 척하면서 후퇴했다. 그러자 적군은 고구려군이 약해서 패하는 줄로 착각하고 의기양양해 동쪽으로 진군을 계속했다. 고구려군은 전략적 후퇴를 하면서 철저한 청야전술로 적군이 식량 한 톨도 구할 수 없도록 마을과 들판을 텅텅 비웠다.

적이 오골성을 지날 때 고구려군이 갑자기 나타나 후방 치중부대를 급습해 식량과 군수기자재를 못 쓰게 만들어놓았다. 우중문이 군대를 돌려 반격하니, 고구려군은 또 지는 척하고 물러났다. 적군은 드디어 살수(소자하)를 건너 7월 17일경에는 평양성(북평양성) 서쪽 30리 지점까지 들어왔다. 당시 우중문의 30만 대군은 오렬수 - 오골성 - 살수 - 평양성의 경로로 을지문덕 군대를 추격해왔다.

여기에서 오골성의 위치가 어디인가를 정확히 하는 것은 살수의 위치를 아는 데 매우 중요하다. 많은 역사학자들은 오골성을 오늘의 봉황성으로 비정하고 있다. 하지만 이러한 비정은 틀렸다. 612년 전쟁 당시 봉황성은 고구려의 제2환도성으로, 북평양성으로도 불렸으며 고구려의 전선사령부가 자리 잡고 있었다. 그러므로 봉황성은 오골성이 될 수 없다. 오골성은 고구려 오골성주 소재지로서 오늘의 수암 부근에 있었다.

우중문의 군대가 평양성(북평양성) 서쪽 30리 지점에 도착했을 때 고구려 전선사령부에서는 적을 더욱 굶주리게 할 요량으로 휴전을 제의했다. 그러고는 닷새가 지나도록 아무런 소식도 주지 않았다. 닷새가 지난 뒤 을지문덕 장군은 적장 우중문에게 그만하면 전공을 세웠으니, 되돌아가는 게 좋겠다고 야유하는 시 한 수를 보내고, 당신들은 수군을 기다리는 것 같은데 수군은 이미 평양성 싸움에서 참패하고 달아난 지 오래니 공연히 기다리지 말라고 조롱했다. 우중문은 그제야 속았다는 것을 알고 도망치기 시작했다. 도망가면서도 손실을 적게 내려고 방진대형을 지었으나 각지에 매복해 있던 고구려 군사들이 사방에서 수나라 군대를 공격했다.

7월 24일(임인일)에 적군은 살수에 이르러 강을 건너기 시작했다. 적군이 살수를 반쯤 건넜을 때 뒤에서 추격해오던 고구려군과 살수 서쪽에서 대기하고 있던 고구려군이 일제히 총공격을 개시했다. 살수의 동쪽에서는 적군이 도하를 준비하느라고 무질서하게 분주했고, 살수의 서쪽에서는 막 강을 건넌 적군이 미처 대오를 갖추지 못하고 있었다. 바로 이때 매복해 있던 고구려군이 총공격을 개시하니, 적군은 대항할 엄두도 내지 못하고 떼죽음을 당했다. 강 동쪽에서는 수나라 9군의 우둔위 장군 신세웅이 맞아 죽었다.

당황한 적군은 대혼란상태에 빠져들어 도저히 수습할 수 없는 지경에 이르렀다. 또 강 서쪽에서는 고구려군의 대부대가 돌격하니, 완전히 와해된 적군은 뿔뿔이 흩어져 도망치기에 여념이 없었다. 그중에서 적장 설세웅의 부대는 백석산까지 갔으나 고구려군의 포위에 빠져들어 거의 다 섬멸됐고, 설세웅은 겨우 200여 명의 기병만을 데리고 포위진을 뚫고 달아날 수 있었다. 7월 24일 살수 전투에서 적 9군 30만 5,000명 가운데 압록수(오렬수, 태자하)까지 하루 사이에 450리를 뛰어 달아난 사람은 겨우 2,000여 명에 불과했다. 적군 가운데 10만 명은 죽고, 20만 명은 포로로 잡혔다.

　겨우 살아 돌아온 자들을 통해 패전 보고를 받은 수양제는 대경실색하여 살수 싸움 다음 날인 7월 25일(계묘일)에 총퇴각명령을 내리고 황급히 철수했다. 요동성 부근에 있던 수나라 군대는 가지고 갔던 군수기자재들을 모두 버리고 황황히 퇴각했다. 요동성 근처에서 싸우던 고구려군은 퇴각하는 수나라 군대를 쫓아가 수많은 적군을 무찔렀다. 황급히 퇴각한 수양제는 9군 장수들에게 살수전투 대참패의 책임을 물었다. 우문술은 사돈벌이 되므로 죽이지는 못하고 평민으로 내치고, 위무사 유사홍은 참형에 처했다. 우중문은 감옥에 갇혀 있다가 죽었다.

　살수대첩은 전 세계적으로 중세 역사에서 보기 드문 대승이었다. 특히 한 개의 전투 지역에서, 그것도 넓지 않은 좁은 지역에서 하루 사이에 30만 명의 대군을 살상하거나 포로로 잡았다는 것은 그야말로 희한한 일이 아닐 수 없었다. 이러한 대승리는 고구려 군사들이 얼마나 용감했으며, 고구려군 지휘부가 얼마나 신출귀몰한 전략전술을 구사했는가를 잘 웅변해주고 있다.

3. 3·4차 고구려 – 수나라 전쟁(613~614년)

1) 613년 3차 수나라 침공 격퇴

　612년 7월 25일 살수 싸움에서 대패했다는 통보를 받자마자 총퇴각명령을 내리고 도망쳤던 수양제는 못내 분을 삭이지 못하고, 새로운 침략전쟁의 불길을 당겼다. 당시 수나라 국내 정세는 침략전쟁을 치를 분위기가 아니었다. 각지에서 수양제의 폭정에 반대하는 백성들이 들고 일어나 폭동을 일으켰다. 산동지방에서는 왕박, 유패도, 두건덕, 손안조, 고사달 등이 요동에 가서 헛되이 죽지 말라는 노래인 '무향요동랑사가'를 퍼뜨리며 폭동을 일으켰고, 612~613년에는 북방의 백유사 등이 수십만 명의 폭동군을 거느리고 군현을 들이치는 등 전국이 어수선했다. 그럼에도 수양제는 바닥에 떨어진 '위신'을 세우려고 또 한 번의 침략을 준비했다. 아마 전쟁의 승리만이 정권을 유지할 수 있는 유일한 활로라고 생각한 듯하다.

수양제는 612년 전쟁을 통해 수백만 명을 동원한 대규모 공격은 후방 공급 문제가 패전의 결정적 요인으로 작용할 수 있다는 교훈을 얻었다. 그래서 정예무력을 동원해 고구려를 치는 새로운 전략을 고안해냈다. 어찌 보면 612년 전쟁처럼 수백만 명을 동원할 수 없는 상황에서 나온 불가피한 선택이기도 했다.

613년 정월 2일, 수양제는 전국에서 날쌘 사람들을 긁어모아 '효과'(날쌔고 과단성이 있다는 의미)라는 이름을 붙여주고, 정월 10일에는 절충, 과의, 무용, 웅무랑장 등을 지휘관으로 임명했다. 그리고 패전 책임을 물어 서인으로 강등됐던 우문술을 다시 지휘관으로 등용했다. 이와 함께 군량 문제를 해결하기 위해 관중(섬서성) 지방의 부자들에게 재산의 다소에 따라 당나귀를 내게 해 멀리 수천 리나 떨어진 이오하원 저말지경(오늘날 신강 위구르 자치주 동남쪽에 있는 저말현 등지를 말한다)에 가서 양곡을 실어오게 했다. 그때 수백 마리의 당나귀를 낸 자도 있을 정도여서, 당나귀 한 마리 값이 1만여 전으로 뛰었다고 한다. 또 여러 주의 장정들을 동원해 요서군 유성군에 가서 둔전을 경작케 했는데, 오가는 길이 너무 멀어 자기 농사일을 할 수 없게 됐다. 이에 불만을 품고 사방에서 농민폭동이 일어났으며 오가는 길이 폭동으로 막히는 등 나라 안이 엉망 진창으로 되어버렸다.

이런 와중에도 수양제는 다시 수십만 명의 병력을 긁어모아 요동으로 내보냈으며, 자신도 3월 초에 요동을 향해 떠나 4월 27일에 요수를 건넜다. 이 해의 요서 지역 전투는 기록에 남아있지 않다. 하지만 짐작컨대 612년 전쟁과 비슷한 양상으로 전개됐을 것이다.

요하를 건넌 적군은 왕인공의 지휘 하에 신성을 공격했다. 신성을 지키던 고구려군 수만 명은 처음에는 성 밖에 나와 진을 치고 싸우다 적이 계속 밀려오자 신성 안으로 철수해서 성 방어전으로 돌입했다. 신성을 함락하기 위해 적들은 온갖 수단을 다 동원했다. 100여만 개의 포대에 흙을 채워 넣어 너비 80보(약 90m)나 되는 '어량대도'(물고기잡이에 쓰는 그물처럼 생긴 큰 길)를 성벽 높이가 될 때까지 쌓아 올리게 한 다음 그 길을 통해 군사들이 성벽 꼭대기에 올라가 싸우도록 했다. 또 8개의 바퀴가 달린 다락수레를 만들어 어량대도 좌우에서 성을 내려다보면서 엄호사격을 하도록 했다. 한편 땅 밑으로 굴을 파서 침입을 시도했다. 이와 더불어 우문술, 양의신, 설세웅 등으로 하여금 전과 같은 길로 평양성(북평양성)을 치라고 지시했으며, 내호아 주법상의 지휘 아래 많은 함선을 동원해 이번에도 수륙병진 전략을 사용하도록 조처했다. 그러나 고구려군은 적의 기도를 제때 간파하고 임기응변으로 20여 일이 지나도록 끄떡없이 성을 고수했다.

이때 수나라의 양현감(수나라 건국공신인 양소의 아들. 당시 예부상서로 613년 전쟁의 군량운반 책임자였다)이 정변을 일으켰다는 급보가 날아왔다. 양현감은 임유관을 점령해 수양제의 퇴로를 막아야 한다는 이밀의 계책을 따르지 않고 낙양을 공격했으나 성공하지 못했다. 양현감의 정변은 성공하지 못했으나, 요동에 나와 있던 수나라 고관들의 자녀 40여 명이 양현감에게 투항했다. 이것은 수양제와 여러 장수, 관료들의 뒤통수를 치는 큰 사변이었다.

6월 24일에는 양현감과 친밀한 관계를 갖고 있던 병부시랑 곡사정이 처단될까 두려워 고구려의 백애성(백암성)으로 망명했다. 양현감의 반란 소식을 들은 수양제는 6월 28일 여러 장수들을 모아놓고 총퇴각명령을 내렸다. 하지만 고구려군은 수나라군의 퇴각에 무슨 간계가 있을지 모른다고 생각해 강력한 추격전을 펼치지 못했다. 이 덕분에 수나라군은 큰 피해 없이 도망갈 수 있었다.

2) 614년 제4차 침략 격퇴

두 차례의 직접 침공에 실패한 수양제는 나라 안이 벌집을 쑤셔 놓은 듯했으나 아랑곳하지 않고 세 번째 침공을 서둘렀다. 614년 2월 초 고위 관료들을 모아 고구려 침공을 논의했으나 며칠이 지나도록 감히 입을 여는 자가 없었다. 고위관료들의 냉랭한 분위기에도 불구하고 수양제는 기어이 2월 8일 고구려 침략 조서를 내렸다. 그 내용은 대략 다음과 같다.

옛날 황제는 52회나 싸웠고 성탕은 27회나 싸워 천하를 평정했다. 그런데 양제가 황제가 된 후 천하가 다 복속했지만 유독 자그마한 고구려가 공손치 못하게 수나라의 변방을 쳤으니 이번에는 기어코 요수에서 관병식을 하고 환도에서 말을 먹이겠다고 호언장담했다(『수서』 권4, 대업 10년 2월 무자). 여기에서 주목할 점은 바로 환도에서 말을 먹이겠다고 한 것이다. 이것은 당시 수나라의 공격 목표가 환도였다는 것을 뜻한다. 환도란 당시 부수도 북평양성, 역사서들에서 평양이라고 기록된 곳을 말한다.

당시 수나라는 각지에서 농민폭동이 치열하게 일어나고 있었으나 수양제는 막무가내로 군대를 내몰았다. 3월 10일에는 양제가 직접 탁군으로 나갔고, 21일에는 임유궁(임유관 근처에 있는 궁)으로 옮겼다. 간난신고를 견디지 못해 도망가는 병사가 부지기수였는데, 수양제는 도망병을 가차 없이 죽이라고 명했으나, 소용이 없었다. 출정 병사들이 달아나고, 식량 공급도 제대로 이뤄지지 않아 전선에 도착하는 병사들이 거의 없었다. 수양제는 7월 17일 회원진에 도착했으나 자멸 직전의 진퇴양난에 빠져들었다.

고구려는 이러한 치명적 약점을 간파하고 한편으로는 적군을 치고 다른 한편으로는 수나라 반역자 곡사정을 돌려보내면서 물러갈 것을 종용했다. 궁지에 빠져 있던 수양제는 곡사정의 송환으로 퇴각할 구실이 생겨나자 8월 4일 총퇴각을 개시했다.

4. 고구려 – 수 전쟁 승리의 요인과 역사적 의미

먼저 고구려 - 수 전쟁의 기본 성격을 명확히 해야 한다. 고구려 - 수 전쟁은 기본적으로 외세(수나라)의 침략을 맞아 나라와 민족의 자주권을 수호하기 위한 조국 방위 전쟁이며 정의의 전쟁이었다. 한 나라가 다른 주권국가를 근거 없이 공격하는 것은 부정의의 침략전쟁이고, 침략에 대항하여 자주권을 고수하기 위한 전쟁은 정의의 반침략 전쟁이다. 이것을 구분하지 않는다면 역사상 정의와 부정의의 전쟁의 구별이 없어져, 재산을 강탈하고 인명을 살육하는 침략전쟁을 용인하는 결과를 초래할 것이다. 반면에 정의의 전쟁과 부정의의 전쟁을 구별하지 않고 모든 전쟁을 비판한다면 결국 침략자와 강자에게 면죄부를 주고, 나라와 민족의 자주권을 수호하려는 투쟁의지를 약화시키는 결과를 초래할 것이다.

고구려 - 수 전쟁은 수나라의 부정의한 침략전쟁이자, 고구려로서는 외세의 침략에 맞서 나라와 민족의 자주권을 수호하기 위한 정의의 전쟁이다. 일부에서는 '침략'과 '반침략'의 성격을 명확히 해명하지 않은 채, 동아시아 패권을 차지하기 위한 패권 장악 전쟁으로 묘사하고 있다. 이러한 견해 역시 수나라의 침략적 성격에 면죄부를 주는 데 악용될 수 있다.

6세기 말 7세기 초 수나라의 침공에 맞선 고구려의 항쟁은 우리 민족사의 대표적인 방어 전쟁으로, 반만년 투쟁의 역사에서 빛나는 자리를 차지한다. 고구려가 이 전쟁에서 승리를 쟁취할 수 있었던 근본요인은 고구려 사람들이 평소 나라를 사랑하는 정신으로 무술을 잘 연마했으며, 국왕에서부터 일반 백성에 이르기까지 모두가 단결해서 항쟁에 나섰고, 높은 적개심으로 불굴의 투쟁정신을 발휘한 데 있다. 이와 반대로 수나라는 양제의 폭정으로 상하가 단결되지 못하고 있었을 뿐 아니라 군사들은 명분 없는 침략전쟁에 아무런 관심이 없었다. 억지로 끌려나온 그들은 전투의지도 없었다. 이러한 군대로 단결된 고구려를 이길 수 없었던 것은 당연하다.

고구려가 승리할 수 있었던 또 다른 요인은 수적 우세를 앞세워 야차처럼 달려드는 적에게 능수능란한 작전과 전술로 잘 대응했다는 점이다. 수양제는 전선과의 거리가 멀고 후방 보급이 어려운 조건에서 수백만의 병력과 수륙병진 전략으로 일거에 고구려 종심 깊숙이 침공하여 고구려왕의 항복을 받아내고 승리로 이끌려 했다. 그러나 적의 전략·전술에 치명적인 약점이 있다는 것을 간파한 을지문덕 장군 등 고구려군 최고 지휘부는 장기전을 계획하고 진지 - 성곽 방위전과 청야수성전술, 장거리 유인전술, 대규모 포위전술을 적절히 배합하고 적용했다. 적의 주력에 대해서는 전방 계선에 오랫동안 묶어두도록 작전을 펼쳤고, 적의 별동대인 9군 30만 대군에 대해서는 유인술로 적을 극도로 피로하게 만든 후 대규모 포위전으로 섬멸하는 전법을 활용했다.

신성, 개모성, 백암성, 요동성, 고려채, 안시성, 건안성 등 요하 동쪽 계선의 중요한 성들을 철벽처럼 강화해 어느 한 성도 함락되는 일이 없도록 함으로써 고구려 깊이 뚫고 들어가려던 수양제의 작전 기도를 물거품으로 만들어버렸다. 또한 적 9군이 멀리 우회해 침공하려고 하자 적군을 종심으로 깊숙이 유인한 다음 연도의 매개 성들의 방위를 강화하는 한편 철저한 청야전술로 적군이 한 톨의 쌀도 구할 수 없게 만들어 전투력을 상실하도록 했다. 그리고 마침내 때를 기다려 살수 계선에서 일대 반격을 가함으로써 빛나는 대승을 거두었다.

이에 앞서 적의 수군 4만 명이 전선사령부가 있는 북평양성을 공격했을 때는 적을 외성 안으로 유인해 엄청난 타격을 줌으로써 수륙병진 전술을 무력화시켰다.

고구려군 승리의 또 다른 요인은 고구려의 강력한 경제·군사적 역량을 들 수 있다. 고구려는 일찍부터 경제와 기술, 문화를 발전시켰다. 무기·무장 제작 수공업에서도 당시 최고의 수준에 있었기 때문에 수나라 군대와 맞먹거나 더 우수한 쇠뇌, 활, 창, 칼 등의 무기와 무장, 견고한 수군 함선들을 갖고 있었다. 요동성 전투가 몇 달이나 계속되는 동안 고구려군이 사용한 화살만 해도 수십만 개에 달했을 것이다. 또한 농업·목축업이 발달되어 있었기 때문에 주요 성에 수만, 수십만 석의 군량을 비축할 수 있었다. 뿐만 아니라 뛰어난 축성기술로 모든 성을 난공불락의 요새로 만들어놓을 수 있었다.

고구려 - 수 전쟁의 승리는 중대한 역사적 의미를 갖는다. 먼저 우리 민족의 반외세·반침략 투쟁사에 빛나는 모범을 보여주었고, 승리의 전통을 세워주었다. 수십 수백만의 침략군을 무찌른 고구려의 승리는 그 어떠한 강적도 자주권과 민족의 존엄을 지키기 위한 정의의 전쟁에 떨쳐 일어난 민중을 정복할 수 없으며, 쓰디쓴 참패만을 당할 뿐이라는 것을 엄연한 역사적 사실로서 보여주었다. 살수대첩 이후 오늘에 이르기까지 우리 민족은 외적이 침입할 때마다 고구려 - 수 전쟁 때의 요동성 전투, 평양성 전투, 살수 전투의 대승리를 뇌리에 깊이 새기고, 하나같이 떨쳐 일어나 침략자들에게 패배를 안겨 주었으며 나라의 자주권과 민족의 존엄을 영예롭게 지켜냈다.

2절
고구려 - 당나라
전쟁

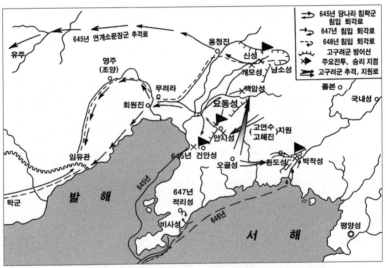

640년대 고구려 - 당 전쟁 약도

　고구려는 수나라의 300만 대군을 물리치는 큰 전쟁을 치른 지 얼마
되지 않아 또다시 당태종이 일으킨 새로운 침략전쟁에 휘말렸다. 618년 수
나라가 망한 후 중국 대륙의 새로운 지배자로 등장한 이연과 이세민 부
자는 당나라를 세웠다. 당나라는 건국 직후에는 국내 질서를 안정시키

고 북방정세를 관리하느라 고구려에 대해 유화적 태도를 취했다. 그러나 10여 년이 지나자 태도가 돌변해 고구려에 대한 침략전쟁을 준비하기 시작했다.

1. 연개소문의 정변

618년, 중국에서 당나라가 들어설 때 고구려에서는 수나라에 대해 강경책을 펼쳤던 영양왕(590~618년)이 죽고, 그 아우인 고건무(영류왕, 618~642년)가 왕위에 올랐다. 영류왕은 영양왕과 달리 당나라의 힘이 강대해지는 것을 보고 당나라의 '책봉조서'를 받아들이는 등 타협적 태도로 일관했다.

자기 아버지를 죽이고 스스로 황제가 된 당태종(이세민)은 내외 정세가 자신들에게 유리하게 돌아가자, 고구려 침략의 야욕을 슬슬 드러내기 시작했다. 이세민은 신라가 지원을 요청하자, 626년에 주자사에게 신기시랑 직책을 부여해 고구려에 파견했다. 주자사의 임무는 고구려와 신라, 백제의 화해 중재였다. 말이 중재였지, 노골적인 내정간섭이었다. 외교적 강압을 통해 고구려를 굴복시키자는 심보였다. 그런데 문제는 고구려였다. 영류왕을 비롯한 귀족관료들은 새로 중국을 통일한 당나라에 겁을 먹고 있었다. 그들은 당나라의 '부당한 중재'를 수용했다.

당나라는 고구려가 타협적인 태도를 취하자, 쾌재를 부르며 계속 압박하는 자세로 나아갔다. 628년에는 당나라의 요구에 따라 고구려의 지형도를 보냈다. 나라의 지도는 일급비밀에 해당되는 군사자료인데, 그걸 덥석 넘겨준 것이다. 고구려의 나약성과 타협성을 간파한 당나라는

631년에는 광주도독부 사마 장손사를 고구려에 보내 수나라 침략군 전사자들의 해골을 모아서 묻고 제사를 지내게 했으며, 전승기념물인 경관(적군의 시체를 산더미처럼 쌓아 흙으로 덮어놓은 것)을 헐도록 강요했다. 양보에 양보를 거듭하던 영류왕은 이마저 응함으로써 고구려인의 애국적 기세에 찬물을 끼얹었다.

계속된 양보에도 당나라의 침략적 야욕이 더욱 노골화되자 결국 영류왕도 침략에 대처하기 위한 방어시설을 꾸리고 강화하는 대책을 세우지 않을 수 없었다. 631년부터 646년까지 16년에 걸쳐 부여성(농안)부터 서남으로 바다에 이르기까지 1,000여 리 구간에 장성을 쌓았다. 고구려 민중들은 나라를 지키기 위한 축성공사에 힘을 다 바쳤으나 영류왕을 비롯한 집권세력은 계속 나약한 입장을 버리지 않았고, 이것은 역으로 당 태종의 침략 야욕만을 키워줄 뿐이었다. 640년 영류왕은 세자 환권을 당나라에 보냈으며, 고구려 귀족 자제들을 당나라의 국학에 입학시켜줄 것을 요청했다.

고구려 침략을 결심한 당 태종은 641년 직방랑중 진대덕을 '사신'으로 분장시켜 고구려의 성곽 방어시설을 탐지해오도록 했다. 직방랑중은 병부의 벼슬로 천하의 지도, 성곽, 진수(방어요충지)의 숫자와 군, 국까지의 거리 그리고 사방의 이민족들의 귀화사무를 맡고 있었으므로, 고구려의 군사기밀을 탐지하는 데 가장 적합한 인물이었다. 그는 산수 구경이라는 이름 하에 관리들에게 뇌물을 퍼부어 주면서 전국 각지를 세세히 관찰하고 다양한 군사기밀들을 탐지해갔다. 그는 정탐 임무를 훌륭히 수행했다고 당태종에게 칭찬을 받았다.

당시 고구려 민중들은 영류왕을 비롯한 집권세력의 투항적이고 타협적인 정책에 분개했다. 귀족 내부에서도 당나라에 대한 평화정책, 투항

정책에 불만이 높았다. 서부대인이었던 연개소문은 그중 대표적 인물이었다. 그는 집권층의 투항주의를 바로잡기 위해 뜻을 같이하는 귀족들을 은밀히 모아 나갔다. 642년 초, 국왕과 측근들은 연개소문의 이러한 행동을 간파하고 그를 중앙정계에서 멀리 떼놓기 위해 천리장성 축조 감역관으로 임명, 지방으로 내쫓았다. 연개소문은 평양에서 멀리 떨어진 곳으로 간 이후에도 계속 자파 세력을 규합해 나갔다.

642년 10월 연개소문은 평양으로 돌아왔다. 영류왕을 비롯한 대당 타협 세력은 그를 살해할 음모를 꾸몄다. 그들이 자신을 죽이려 한다는 정보를 입수한 연개소문은 먼저 선수를 쳐 부병(자신의 관할 부대 병사들)의 열병식을 개최하고, 귀족관료들을 모두 초청했다. 열병식 행사 이후 술판을 크게 벌여서 거나하게 취한 귀족들이 집으로 돌아갈 때 정변을 단행했다. 그는 영류왕을 비롯한 귀족 관료 100여 명을 그 자리에서 처단해 버리고, 영류왕의 조카를 왕으로 내세웠다. 고구려의 마지막 왕 보장왕이다. 그리고 자신은 막리지가 돼 국가의 주요 실권을 장악했다.

연개소문의 정변을 어떻게 평가할 것인가는 여러 가지 논의가 가능하다. 권력 쟁탈전이라는 점은 부인할 수 없지만 단순히 권력을 쥐기 위한 역모로만 봐서는 안 된다. 당시 내외 정세를 둘러싸고 두 개의 대립되는 흐름이 존재했다. 당나라가 발톱을 드러내고 있는 상황에서 대당 강경노선과 대당 타협노선이 충돌하고 있었다. 당시 연개소문은 대당 강경투쟁을 대표하는 귀족관료로, 대당 타협노선을 일소하고 자주권을 고수하기 위해 정변을 일으켰다. 그러므로 단순한 권력 쟁탈전이 아니라 민족의 자주권을 지키려는 진보적 정변으로 봐야 한다.

실제로 연개소문이 정권을 장악한 이후 고구려는 당나라에 당당하게 맞섰으며, 고구려 - 수나라 전쟁 시기 신라가 점령했던 죽령 이북 500리 땅을 대부분 되찾는 성과를 거뒀다. 아울러 백제와의 해묵은 적대관계를 해소하고 협력관계를 구축해 신라 - 당 연합세력에 맞섰다. 그 결과 645년, 647년, 648년 당나라의 연이은 침략전쟁에서 승리해 고구려의 힘과 기개를 널리 떨쳤다. 또한 650년대 당나라의 침입도 제때 격퇴했다. 이 모든 것들은 연개소문이 정세를 안정시키고 군사력을 강화했기 때문에 가능했다. 연개소문이 살아 있었던 661년 말~662년 초 당나라 소정방이 이끄는 대군이 평양성 근처까지 침략했을 때도 침략군을 여지없이 깨부수고 승리했다.

2. 645년 고구려 – 당 전쟁

전쟁준비

당나라의 고구려 침략전쟁은 이미 620년대 말부터 치밀하게 추진됐다. 644년에 태상경 위정을 궤운사로 임명하고 하북지방의 절도권(총지휘권)을 줘 군량을 유주로 운반토록 했다. 또한 소경 소예를 시켜 하남지방의 곡식을 산동반도 인근 바다 가운데 있는 '옛 대인성'(사마의가 238년 산동성 등주에 인접한 섬에 성을 쌓고 물자를 저장한 다음 요동 지역으로 운반했는데, 이 성을 대인성이라고 한다)으로 운반토록 했다. 또 7월에는 장작대감 염립덕 등을 홍주(오늘의 강소성 남창), 요주(파양), 강주(구강)로 보내 400척의 배를 만들어 군량을 운반토록 했는데, 이는 수군의 함선 건조를 겸한 것이었다. 또 영주도독 장검 등에게 유주 영주 산하의 군대들과 거란족, 해족, 말갈족 군사들로 하여금 요동에 대한 위력정찰을 하도록 해서 고구려의 반응을 떠보았다.

대당 강경노선을 취하고 있던 고구려는 당나라의 전쟁준비 과정을 면밀히 주시하고 전쟁이 임박했다는 것을 간파했다. 고구려 지도부는 전쟁이 불가피하다는 것을 인정하면서도 전쟁을 막으려는 노력을 포기하지 않았다. 전쟁 명분을 주지 않기 위해 당나라 군대의 위력정찰에 대한 군사적 대응을 삼갔으며, 9월에는 백금 선물 보따리를 든 50명의 사신단을 당나라에 파견했다.

당나라는 부당한 구실을 내세워 사신단 50명을 모두 대리시(형벌을 담당하는 관청) 감옥에 구금해버렸다. 고구려는 고구려에 왔던 당나라 사신 장엄을 토굴 속에 감금하는 것으로 맞대응했다. 고구려 사신 구금은 고구려 침공 확정의 신호였다. 고구려는 침공에 대비해 당나라의 북방에 있던 설연타의 추장 진주극한과 비밀리에 접촉하고, 당나라가 전쟁을 일으키면 그 후방을 치겠다는 약속을 받아냈다.

당나라의 침공은 이제 막을 수 없는 현실로 됐다. 당태종은 그해 11월 낙양에 도착했다. 그는 수나라 침략전쟁에 직접 참가했던 정원숙을 만나 고구려 침공에 대한 의견을 물었다. 그는 "요동은 길이 멀어 군량 운반이 힘들며, 동이(고구려 사람)는 성을 잘 지키기 때문에 공격해도 쉽게 함락시킬 수 없다"라고 답했다. 당태종은 그의 말을 무시하고 승리에 대한 자신감을 드러냈다. 이 무렵 선봉장 장검이 돌아오자 당태종은 고구려 침략군의 대오 편성을 최종적으로 마쳤다.

당태종의 편성표에 따르면 수륙군은 도합 10만 명이라고 나와 있으나, 이는 실제 병력을 크게 축소한 것이다. 『책부원귀』에 따르면, 토번왕이 당태종에게 보낸 글에는 100만 대군으로 나와 있다고 한다. 당태종이 편성한 수륙군 구성 도표를 보면 수로군, 육로군의 행군총관이 14명이었다. 이것은 14개 군단이 고구려 침략전쟁에 동원됐다는 것을 뜻하는데, 한 개 군단에 편성된 전투원의 수가 통상 5만 명이라고 할 때 전투

부대만 70만 명이 동원된 것으로 봐야 한다. 이밖에도 24군 등이 더 있었으니 그 총수를 100만으로 보는 게 옳을 것이다. 그럼에도 당태종이 10만 명이라고 병력을 크게 축소 발표한 것은 수나라 때와는 달리 적은 병력으로도 능히 고구려를 쳐서 승리할 수 있다고 자랑하려는 것이었다.

당태종은 11월 30일 전군을 유주에 집결시키고 행군총관 강행본 등을 시켜 사닥다리와 충차를 만들게 했다. 출정에 앞서 당태종은 조서를 작성했는데, 여기에서 그는 연개소문의 정변을 핑계로 삼아 침략을 정당화했다. 12월 14일 선전포고문을 발표하고, 당나라군에 출정 명령을 하달했다. 그리고 백제와 신라에게도 고구려를 공격하도록 요구했다. 이로써 당나라의 고구려 침략전쟁의 막이 올랐다.

전쟁의 초기 양상

645년 정초부터 당나라 군대는 바다와 육지로 고구려를 향해 물밀듯이 쏟아져 들어왔다. 당태종은 2월 초, 백제에는 신라로 가는 당나라 사신을 보호해줄 것을 요구했고, 신라에는 정예병을 뽑아 출전토록 독촉했다. 2월 12일, 당태종은 친위군 6군을 거느리고 낙양을 떠나면서 요동도행군대총관 이세적에게는 2월 안에 낙양에서 1,600리 떨어진 유주(베이징)에 도착하도록 명했다.

이세적은 3월에 영주를 떠나 고구려의 국경을 넘어 회원진으로 가는 척하다가 갑자기 북쪽으로 방향을 바꿔 통정진(신민부근)으로 나왔다. 그는 4월 초 통정진에서 요하를 건너 현도성에 이르렀는데, 현도성의 고구려군은 성문을 굳게 닫고 성을 수호했다.

4월 5일에는 부총관 이도종이 수천 명의 군사를 거느리고 신성에 도착했으나 신성 역시 성문을 굳게 닫고 싸움에 응하지 않았다. 4월 15일,

이세적과 이도종은 신성 서남에 있는 개모성을 공격했다. 이 성은 2만여 명의 군민과 10만여 석의 양곡이 비축돼 있는 20리 남짓한 평지성이었다. 개모성의 군민들은 당나라 군대 수만 명의 공격에 맞서 당나라 행군총관 강행본을 사살하는 등 많은 손실을 안겼다. 하지만 역량의 절대적 열세를 극복하지 못하고 4월 26일에 함락됐다.

개모성 함락 이후 당나라 강하군왕 이도종과 행군총관 장군예 부대는 신성 부근에 진을 치고 있었는데, 부대 앞에 새로운 고구려 부대가 난데없이 나타났다. 당나라군은 급히 참호를 파고 방어태세를 갖추려 했으나 고구려군의 진격을 막기에는 역부족이었다. 당나라의 행군총관 장군예는 패하고 도망쳤으며, 당나라군은 대혼란에 빠졌다. 이때 조금 높은 곳에 올라가 정황을 살피던 이도종은 고구려의 일부 부대가 채 대오를 정비하지 못하고 있는 모습을 포착하고 수하 부대를 급파해 공격했다. 이 공격으로 고구려군 1,000여 명이 살상당했다.

당나라 역사가들은 이도종이 고구려군 1,000여 명을 살상한 것을 645년 고구려 - 당 전쟁의 3대전투로 내세우면서 당나라군의 대승으로 묘사하고 있다. 하지만 이 전투의 승자는 당나라가 아니라 고구려였다. 고구려군은 1,000여 명이 살상당했지만, 당나라군은 수천 명이 살상당했을 뿐 아니라, 이 전투의 지휘자였던 당나라 행군총관 장군예는 도망쳐서 겨우 살아남았다. 이 전투의 승자가 누구인가는 장군예가 패전의 책임을 지고 처형당했다는 사실로도 충분히 입증된다. 이후에도 신성 일대에서는 양자 간의 전투가 끊임없이 계속됐다(신성전투).

영주도독 장검은 요하를 건너 건안성으로 갔다. 건안성을 지키고 있던 고구려군은 용맹스럽게 싸워 당나라군 수천 명을 살상했다. 한편 장량의 수로군은 3월 말경 산동반도를 떠나 요동반도 끝에 있는 비사성(요녕

새롭쓰는 고구려역사

성 대련시 금주구에 있는 고구려 성)을 공격했다. 행군총관 정명진의 부대 수만 명이 공격에 가담했으나 난공불락의 요새라 공격하기 매우 까다로웠다. 성 안에는 군대와 백성을 합쳐 불과 8,000명밖에 없었지만 30여 일이나 성을 방어해 당나라 침략군에 커다란 손실을 끼쳤다. 하지만 역량의 차가 너무 심해 5월 2일에 성을 내주고 말았다.

비록 비사성을 내주었지만 비사성 북쪽에 조밀하게 포진돼 있었던 고구려의 임고산성, 위패산성(현 오고산성, 요녕성 신금현 동쪽 성태향), 고려성자(현 고려성산성, 요녕성 신금현 서쪽 묵반향), 노백산성(요녕성 신금현 서쪽 원태향) 등 많은 성은 당나라군이 더 이상 진격하는 것을 허용하지 않았다. 장량의 수로군은 다시 요하 하구를 통해 건안성 서쪽에 상륙했다.

장량의 군대가 성을 공격할 진지를 꾸리고 있을 때 고구려군의 기습을 받았다. 장검의 군대를 쳐서 크게 승리한 건안성의 고구려군은 기세등등해서 새로 나타난 장량의 수로군에 불시에 기습공격을 가했다. 본래 비겁한 자였던 장량은 너무도 당황한 나머지 얼이 빠져 그저 호상(휴대용 접이의자)에 앉아 멍하니 앞을 바라보기만 했다. 멀리서 그를 바라보던 그의 부하들은 그가 대담해서 태연자약하게 앉아 있는 줄로 착각하고 부총관 장금수의 지휘를 받아 겨우 대오를 수습했다고 한다.

장량의 수로군은 수천 명의 손실을 내고 가까스로 퇴각해 도로 배를 타고 꽁무니를 빼고 말았다. 장량은 후에 이 전투 패전 책임을 지고 처벌을 받았다. 그럼에도 당나라 역사가들은 건안성 전투를 3대 전투의 하나로 규정하고 마치 자신들이 승리한 것처럼 내세웠지만 전투에 대한 상세한 기술은 할 수 없었다(건안성 전투).

4월 26일 개모성을 함락시킨 이세적은 5월 2일에 요동성을 포위했다. 한편 당태종은 4월 10일 유주를 떠나 10일 후에는 북평(우북평군)에 도착했고, 5월 3일에는 요하 하구 200리 진펄지대에 들어섰으며, 사흘 만에 그곳을 지나 5월 10일에는 요하를 건넜다. 요하를 건넌 당태종은 다리들을 철거하고 배수진을 침으로써 자기 군사들이 도망가지 못하게 막았다. 그리고 요동성 서남쪽에 있는 마수산에서 요동성 공격을 지휘했다.

요동성이 포위됐다는 소식을 접한 고구려 총지휘부는 5월 8일에 국내성과 신성 방면에 있던 보병과 기병 4만 명을 보내 요동성을 지원하도록 조치했다. 그러나 고구려군의 요동성 지원은 수많은 적군이 중간에서 가로막고 있어 별 성과를 거두지 못했다. 그럼에도 요동성 군민들은 수나라 침공 때의 기세를 잃지 않고 결사 항전했다.

요동성 포위전은 맹렬하게 진행됐다. 당태종은 5월 12일 중무장한 기병을 데리고 직접 전투를 지휘했다. 적군은 요동성을 수십 겹으로 포위했다. 제1군 총관 장사귀는 성 서쪽에서 공격하고 그 일부는 흙을 퍼다가 요동성 주위의 해자를 메꾸었으며, 포차로 300근짜리 돌을 날려 성벽을 파괴했다. 이에 맞서 고구려군은 성 위에 나무로 성벽을 만들어 공격을 막았다. 그러자 당나라군은 당차(충차)로 성벽 위에 있는 다락집들을 파괴했다. 이와 함께 지하로 굴을 파서 성벽을 허물려고 시도했으나 고구려군에 발각돼 실패했다. 공방전은 보름 이상 계속됐다.

5월 17일에 당나라군은 세차게 불어오는 남풍을 이용해 여러 대의 불화살을 날려 요동성 서남쪽 각루에 불을 붙이는 데 성공했다. 마침 바람이 세차게 불어 불길이 급속히 번졌으며, 주위는 온통 불바다로 변했다. 이 기회를 이용해 침략군은 성벽을 타고 넘어갔다. 성 안으로 침략군이 물밀 듯이 밀려 들어왔고 곳곳에서 육박전이 벌어졌다. 요동성 군민들은 용감히 싸웠다. 하지만 수십만 명의 당나라군을 막기에는 역부족이었다. 요동성은 마침내 함락되고 말았다.

그러나 17일 동안 버틴 것은 헛된 것이 아니었다. 그 시간은 주변 일대 고구려 성에 방어력을 강화할 수 있는 시간적 여유를 만들어줬다. 요동성 전투가 끝난 후 당태종은 그곳에 요주를 둔다고 선포했으며, 고구려 군민 중 일부를 당나라로 끌고 가려고 했다. 이것은 침략의 목적이 고구려 땅을 빼앗아 당나라 영토로 만들고 고구려 백성들을 노예화하려는 데 있었다는 것을 보여주는 것이었다(요동성 전투).

당나라 침략군은 요동성을 공략한 이후 5월 28일에는 백암성(연주성)을 공격했다. 백암성은 둘레가 2,600m 정도인 그리 크지 않은 성이지만, 태자하를 자연 해자로 삼고 북쪽에 있는 험준한 산세를 이용해 쌓은 견고한 요새로 공격할 만한 곳은 서남쪽 50보밖에 되지 않았다. 당나라군은 포차와 충차를 동원해 백암성을 공격했다. 당시 성내에는 2,000여 명 남짓의 군민만 있었으나 용감하게 싸웠다. 이때 오골성(수암)에 있던 고구려군 1만여 명이 백암성을 지원하려고 달려왔다.

이에 고무받은 백암성의 군사들은 기세를 올려 성 밖으로 나가 당나라군을 포위 공격했다. 이 전투에서 고구려의 용사 고돌발은 용장으로 이름났던 당나라 행군총관 설필하력의 허리를 짧은 창으로 찔러 중상을 입혔다. 또한 적의 우위대장군 이사마는 고구려군의 화살에 맞아 부상을 당했다. 이러한 성과에도 불구하고, 지원병들은 당나라군의 포위망을 뚫고 백암성으로 진입하는 데 실패하고 말았다. 그러자 백암성주 손벌음은 비겁하게도 적군에게 투항하고 말았다. 당태종은 백암성을 암주로 고치고 손벌음을 자사로 임명했다(백암성 전투).

안시성 전투의 빛나는 승리

당나라 침략군은 백암성을 함락한 이후 곧바로 남쪽으로 나가려고 했다. 그런데 그쪽으로는 길이 험한 데다 고구려의 크고 견고한 성이 여러 개 있고, 고구려 지휘부에서 많은 군사를 보내 방어를 강화하고 있었다. 당나라군은 방향을 바꿔 요동성으로 해서 안시성, 건안성 쪽으로 나왔다. 이때 당태종은 안시성이 험준하고 그 군사가 용감하며 성주 또한 용장이라 하니 건안성을 먼저 치자고 주장했다. 건안성은 지형이 험악하고 식량도 많지만 지키는 군사가 적으므로 건안성을 먼저 함락시키면 안시성은 치지 않아도 먹은 것이나 같다는 주장이었다. 그런데 이세적이 이를 반대했다. 식량은 요동성에 있는데 서쪽으로 건안성을 친다면 고구려군이 우리가 돌아가는 길을 막을 수 있으니 안시성을 먼저 치는 것만 못하다고 주장했다. 논란 끝에 당나라군은 결국 안시성을 먼저 공격하기로 결정했다.

당나라 침략군의 주력이 안시성을 주요 공격목표로 정하자, 그리 크지 않은 이 성(둘레 2,472m)이 역사의 중심 무대에 등장했다. 고구려가 이 성을 지켜내느냐, 못 지켜내느냐 하는 것이 전쟁의 운명을 좌우하게 된 것이다. 안시성은 신성, 요동성, 건안성과 함께 요하 하류 동쪽에 있는 기본 방어선상의 기둥 성 중의 하나로, 이 성을 빼앗기면 적이 천산산 줄기를 넘어 오골성(수암), 환도성(봉황성)을 거쳐 압록강으로 진출할 수 있었다. 반면에 신성, 건안성에 고구려군 10만여 명이 건재해 있는 상황에서 안시성을 잘 지켜내면 적의 침공은 파탄을 면치 못하게 되어 있었다. 따라서 연개소문을 비롯한 고구려군 지휘부는 안시성 방어에 커다란 전략적 의의를 두고 있었다.

6월 11일에 요동성을 떠난 당태종은 선발대를 보내 안시성을 포위케 하고 6월 19일 안시성에 도착했다. 당태종의 도착과 함께 안시성에 대한 총공격이 시작됐다. 고구려에서는 북부녹살 고연수와 남부녹살 고혜진을 지휘관으로 하는 고구려인 부대 14만 6,000명과 말갈인 부대 약 5,000명을 지원부대로 파견했다. 당나라 침략군은 안시성을 공격하기에 앞서 지원부대와 먼저 싸우지 않으면 안 됐다. 이때 고구려군 부대 안에는 나이도 많고 지략도 있는 고정의가 참모로 참전하고 있었다. 그는 고연수에게 "진왕(당태종의 즉위 전 관직)은 안으로 뭇 영웅을 평정하고 밖으로는 북방과 서방의 오랑캐들을 복종시키고 황제가 된 '세상에 이름난 인재'인데, 제 나라의 군대를 다 이끌고 왔으니 상대해서 싸우는 것은 좋지 못하다. 우리는 군사를 정비해 싸우지 말고 오래 끌면서 별동대를 내보내 적의 양곡 운반로를 끊어놓으면 적들이 싸우려 해도 싸울 수 없고 돌아가려 해도 돌아갈 수 없으니 그때야말로 우리가 이길 수 있다"라고 건의했다.

고정의의 제안은 당시 상황에서 가장 합리적인 전술이었다. 당태종도 이 점을 가장 걱정하고 있었다. 당태종은 "고연수가 군사를 이끌고 곧바로 전진해 와서 높고 험한 산에 의거해 안시성과 연결된 보루를 쌓고 말갈인 부대를 시켜 우리의 마소들을 약탈하면 공격해도 성을 곧바로 함락시킬 수 없고 돌아가려 해도 진펄이 막고 있어 우리 군사들이 앉은 자리에서 곤경에 빠질 것이다"라고 하면서 당황해했다고 한다. 하지만 젊은 고연수는 공명심에 사로잡혀 고정의의 제안을 묵살하고 무모하게 전진해 안시성 40리 밖에까지 왔다.

당태종은 고구려군을 유인할 목적으로 좌위 대장군 아사나사이(당나라에 투항한 돌궐의 장수)로 하여금 돌궐 기병 1,000명을 이끌고 나가 싸우는 척하게 했다. 그는 앞장서서 싸우다 고구려군의 화살을 맞았으나 개의치 않고 전진했다. 하지만 유인전술이었기 때문에 싸우는 척하다 마지못해 지는 것처럼 퇴각명령을 내렸다. 고구려군은 원래 돌궐 군대가 강하다고 알고 있었는데 별 게 아니라고 생각하고 자만심에 빠져 안시성 동남쪽 8리 지점까지 추격해 진을 쳤다.

당태종은 시중 장손무기 등과 함께 높은 산에 올라 주위를 살펴보고 매복할 장소들을 정했다. 그런데 고구려군과 말갈부대가 진을 친 것이 40리나 뻗어 있는 것을 보고 두려운 나머지 얼굴이 새까맣게 됐다. 그러나 돌궐과의 수차례 전투에서 속임수를 잘 쓴 것으로 정평이 나 있는 당태종은 사람을 고연수의 진영에 보내 거짓말을 하기를 "나는 너희 나라 강신이 왕을 죽였기에 그 죄를 물으려고 왔다. 그러니 싸우는 것은 나의 본심이 아니다. 너희 나라에 들어와 몇 개 성을 함락한 것은 식량과 마초를 해결하기 위해서였을 뿐이다. 너희 나라가 신하의 예절을 갖추면 잃은 것을 곧 돌려주겠다"라고 했다. 고연수는 본래 연개소문을 좋지 않게 생각하고 있었기 때문에 당태종의 말을 곧이곧대로 믿고 싸울 준비를 전혀 하지 않았다.

당태종은 밤중에 여러 신하를 모아놓고 전략을 토의한 끝에, 이세적에게 보병·기병 1만 5,000을 거느리고 서쪽 산 위에 진을 치게 하고, 장손무기는 정예병 1만 1,000명을 별동대로 삼아 산의 북쪽에서 협곡으로 나와 고구려군의 뒤를 치게 했다. 그런 다음 당태종은 직접 4,000명의 보병·기병을 데리고 북소리·나팔소리를 내지 않고 깃발들을 눕힌 채 북산에 올라가기로 했다. 그리고 북소리·나팔소리가 울리면 동시에 공격하기로 했다.

6월 22일 고연수가 바라보니 이세적이 진을 치고 있는 것만 보였다. 그래서 그와 싸우려고 준비를 하고 있는데 장손무기의 군대가 먼지를 일으키면서 배후에서 나타났다. 바로 이때 나팔소리·북소리가 울리면서 적군이 여러 방향에서 불시에 들이닥쳤다.

고연수는 그제야 계략에 속았다는 것을 알고 군사들을 갈라서 방어하려 했으나 이미 때가 늦어 고구려군은 여지없이 무너져 내리기 시작했다.

통일적인 지휘를 받지 못하게 된 고구려군은 크게 싸워보지도 못하고 흩어졌으며, 많은 사상자를 냈다. 고연수는 남은 병력으로 산에 의지해 싸워보려고 했으나 적은 그를 둘러싸고 공격해왔다. 또한 적들이 부근 일대의 다리들을 다 허물어버려 고구려군이 되돌아갈 길을 막았고 새 지원부대가 오는 길도 차단해버렸다. 이때 고연수, 고혜진은 마땅히 진을 굳게 치고 안시성 안의 고구려군과 서로 호응하면서 반격으로 나가야 했다. 그러나 젊은 나이에 경험도 부족해 군사에 어둡던 고연수는 형세가 불리해지자 비겁하게도 남은 군사를 데리고 투항하고 말았다.

고연수, 고혜진 부대의 패배와 투항으로 안시성 전투는 일시적으로 흔들렸다. 하지만 안시성 안의 군민들은 다시 결연한 투쟁 태세를 구축하고 장기항전의 길에 들어섰다. 당나라 침략군은 며칠 동안 대오를 수습하고 성 밖 전투 뒤처리를 한 후 안시성에 대한 포위망을 좁히고 대규모 공세를 시작했다. 포차를 늘어놓고 마구 쏘아댔으며, 당차로 성벽을 부수려고 했다.

그러나 고구려군은 그때마다 적절한 반격을 가해 당나라 침략군들을 물리쳤다. 7월 14일에는 당태종이 직접 안시성 동쪽 산 능선에 올라가 전투를 지휘했으나 아무런 효과도 거두지 못했다. 당나라 침략군은 초조해졌다. 이때 반역자 고연수, 고혜진은 오골성 녹살은 늙은 것만큼 굳건히 지키지 못할 것이니 당나라 군사를 거기로 보내 아침에 공격을 시작하면 저녁에는 함락시킬 수 있다고 조언했다. 오골성을 함락시키면 그밖의 작은 성쯤은 문제 될 게 없으니 평양성도 능히 함락시킬 수 있다고 떠벌렸다.

　여러 당나라 관료들과 장수들도 장량의 수로군이 사성(비사성)에 있으니 힘을 합쳐 오골성을 함락시키고 압록수(살수의 오기)를 건너가면 곧바로 평양을 점령할 것이라고 했다. 당태종이 그 말을 따르려 하는데 장손무기만은 "황제가 직접 나선 싸움은 여느 장수들과 달리 위험한 고비를 타고 요행을 바라서는 안 됩니다. 지금 건안성과 신성의 고구려군이 10만 명이나 되는데, 우리가 만일 오골성으로 향하면 그들이 우리 뒤를 따라올 것이니 먼저 안시성을 함락시켜야 합니다. 이것이 만전을 기하는 방책입니다"라고 하면서 반대했다. 그리하여 당나라 침략군은 다시 안시성 함락에 사활을 걸고 매달렸다.

　7월 15일부터 강하군왕 이도종은 안시성 동남 모서리에 흙산을 쌓기 시작했다. 적군이 흙산을 쌓아 올리면 고구려군도 성벽을 더욱 높이 쌓아 올렸다. 안시성 성주 양만춘 장군은 당태종이 친위병까지 동원해 하루 6~7차례씩 집중 공격해왔으나 그때마다 활 쇠뇌로 대응사격을 해 물리쳤다. 적군이 돌을 날려 다락과 성가퀴(몸을 숨겨 적을 공격할 수 있도록 성 위에 낮게 덧쌓은 담)를 부수면 곧 나무 울타리를 만들어 막아버리고, 때로는 야간 습격전을 벌여 적을 혼란에 빠뜨리기도 했다. 이 때문에 당태종은 성 안에서 닭이나 돼지 우는 소리가 나면 이것은 필시 병사들을 잘 먹여 싸우러 나가게 하려는 것이니 오늘 밤은 야습이 있을 것이다 하면서 방어대책을 세우도록 지시했다고 한다.

　8월 10일, 당태종은 다시 안시성 남쪽으로 공격 방향을 옮기고 부하들에게 빨리 성을 치라고 독촉했다. 고구려군은 당태종의 깃발이 나타나면 모두 성벽 위에 올라가 북을 치면서 욕을 퍼부었다. 당태종이 화가 머리끝까지 치밀어 올라 노발대발하니 이세적은 성이 함락되면 성 안의 사람들을 모두 생매장해 죽이자고 했다. 사로잡은 적병들로부터 이 사실을 전해 들은 안시성 사람들은 더욱 분발해 적군과 싸웠다.

침략군은 온갖 공성무기를 다 동원해 갖은 방법으로 매일 여러 차례 공격해왔으나 고구려군은 완강하게 맞서 싸워 매번 물리쳤다. 침략군은 엄청난 인원수로 밤낮을 가리지 않고 60일 동안이나 흙산을 쌓아 올렸다. 그리하여 9월 14일에는 흙산 꼭대기에서 성 안을 내려다보며 공격하게 됐다. 강하군왕 도종은 부하인 과위도위 부복애에게 흙산을 지키게 했는데, 흙산이 무너지면서 성벽의 일부가 파괴되었다. 공교롭게도 적장 부복예가 자리를 비웠을 때 흙산이 무너지니 곧바로 대응조치를 취할 수 없었다. 마침 그때 고구려 군사 수백 명이 성이 터진 틈으로 나와서 흙산의 적군을 공격해 그곳을 장악해버렸다. 흙산을 점령한 고구려군은 흙산을 깎아 절벽이 되게 만들어 당나라군이 기어오르지 못하게 만들어놓았다. 당태종은 노발대발해 부복예를 참형에 처하고 그 머리를 군부대로 돌렸다.

강하군왕 도종이 맨발로 태종 앞에 가서 죄를 청했다. 태종은 그가 자기의 6촌 동생이고 신성 전투에서 공로가 있다 해서 사형을 면제해주었다. 당태종은 흙산을 다시 점령하도록 공격명령을 내렸으나 고구려군의 결사적인 방어로 끝내 점령할 수 없었다.

당태종의 총퇴각과 고구려의 전쟁 승리요인

안시성 전투가 교착상태에 빠진 채 세월을 보내고 보니 벌써 때는 9월 18일이라, 찬바람이 불면서 요동반도의 풀들이 다 말라버리고 물이 얼어붙기 시작했으며 식량도 거의 떨어져 갔다. 당태종은 울며 겨자 먹기로 총퇴각 명령을 내렸다. 당태종이 총퇴각 명령을 내려 줄행랑을 놓자, 연개소문은 그 틈을 놓치지 않고 즉시 추격전을 펼쳐 만리장성을 넘어 유주까지 진출했다. 지금도 베이징 북방 30리 지점인 베이징시 순의현에는 연개소문과 당태종이 서로 대치하고 있을 때 만들어졌다는 군영 자리가 남아 있다.

9월 18일 당태종의 총퇴각 명령으로 90일간의 안시성 전투는 고구려의 빛나는 승리로 마무리됐다. 안시성 전투는 살수대첩 이후 고구려가 거둔 역사적인 대승리로 기록된다. 안시성 군민들은 고연수, 고혜진의 지원부대가 패한 어려운 조건에서도 불굴의 투지와 기개를 잃지 않고 일치단결해서 적의 대병력과 맞서 용감히 싸워 승리를 거머쥐었다.

안시성 전투의 승리에서 반드시 짚고 넘어가야 할 것은 양만춘 장군의 역할이다. 90일 동안 엄청난 병력의 열세에도 불구하고 수십만 대군과 맞서 싸워 승리를 쟁취할 수 있었던 것은 뛰어난 지도자가 있었기 때문에 가능했다. 양만춘은 뛰어난 군사적 지략과 임기응변의 전술을 능란하게 구사해 승리를 쟁취하는 데 결정적 역할을 했다.

또한 안시성 승리에서 놓치지 말아야 할 점은 고구려 수군의 역할이다. 당나라 침략군이 퇴각하게 된 것은 고구려 수군의 적극적인 후방 교란활동으로 식량 공급이 막혔기 때문이기도 했던 것이다. 고구려 수군은 산동반도 부근의 옛 대인성에 저축해두었던 식량을 나르는 적의 식량수송선과 함선을 수없이 파괴하고 불살라 적의 보급로를 끊어버렸다.

644년 당나라는 전함 400척을 건조해 장량에게 소속시키고 645년에는 500척을 출동시켰으며 647년에 다시 350척을 새로 건조했다. 648년에 당나라 군대는 350척의 배에 3만 명을 싣고 왔는데, 이러한 점으로 볼 때 645년에 수로군 7만 명을 싣고 오려면 적어도 600~700척의 함선이 있어야 했다. 그런데 이 배들이 다 어디로 가고 다시 350척을 건조했는가? 그것은 645년 전쟁에서 고구려 수군에 의해 수백 척의 당나라 함선들이 격파됐기 때문이라고밖에 볼 수 없다. 당나라는 645년 전쟁에서 수로군 7만 명 가운데 죽은 자가 수백 명이라고 기록해놓았으나 이는 허구다.

당태종이 9월 18일 총퇴각을 결심하지 않을 수 없었던 데에는 식량 공급 문제 외에도 퇴로 차단에 대한 심각한 우려도 작용했다. 당시 고구려군은 연개소문 장군의 지휘 밑에 이세적이 처음 침공한 통정진 - 현도성 간의 길과 통정진에서 대릉하로 통하는 길을 모두 봉쇄하고 있었다. 당태종은 시간이 갈수록 고구려의 포위진이 좁혀지고 있어 자칫 퇴로가 막힐까 봐 두려움에 빠져들었다.

당태종이 총퇴각을 결심하게 된 데는 또 다른 이유도 있었다. 고구려는 적극적인 외교활동으로 당나라 북방에 있던 설연타의 우두머리 진주극한과 비밀협약을 맺어 당나라가 고구려를 공격해올 때 당나라를 공격하기로 약속했다. 진주극한은 당나라가 두려워 감히 공격하지 못하고 있었는데, 9월 초 진주극한이 죽고 그 아들 다미극한이 왕이 되자 고구려와의 약속을 지키려고 당태종이 없는 틈을 타서 하남(황하이남)으로 쳐들어갔다. 이것 역시 당태종에게는 새로운 근심이 됐다.

기본전선인 안시성 전투에서 곤경에 빠져있던 당나라 침략군은 고구려 수군의 활동과 연개소문 장군의 외교·군사 활동으로 더 지체했다가는 전멸을 당할지 모른다고 생각하고 서둘러 총퇴각 명령을 내린 것이다. 이리하여 645년 당나라의 고구려 침공은 실패로 돌아가고, 고구려는 당나라와의 대규모 전쟁에서 빛나는 승리를 쟁취했다.

이 전쟁에서 당나라는 그야말로 참패를 당했다. 그들은 전과를 과장해 자신들의 참패상을 감추려고 했다. 현도, 황산, 개모, 마미, 요동, 백암, 비사, 맥곡, 은산, 후황의 10개 성을 함락시켰다고 했으나, 그중에서 실제로 함락시킨 것은 개모, 요동, 백암, 비사 4개 성뿐이고 은성, 후황성, 현도성, 마미성은 고구려 측에서 한때 스스로 철수했던 성이며, 횡산성, 맥곡성은 전투 기록에도 없는 성으로 주민들이 피난을 가서 비어 있었다.

한편 당나라는 신성, 건안성, 안시성에서의 전투를 3대 전투로 내세우면서 4만여 명의 고구려군을 살상했다고 했으나 패배를 감추기 위해 과장해서 부풀린 숫자에 불과하다. 안시성 전투에서 1만 명을 죽였다고 주장했는데, 실제 노획했다는 갑옷과 투구는 5,000여 벌에 불과했고, 그것도 투항한 자들에게서 걷어 들인 것일 뿐이었다.

당나라 측의 손실을 따져보면 건안성 전투에서 수천 명, 신성 전투에서도 행군총관 도종예가 도망하는 처지였으니 못해도 수천 명은 죽었을 것이다. 장기간에 걸친 신성 방어전에서 고구려군에게 죽은 자는 또 얼마나 많았겠는가? 당나라 군대가 퇴각할 때 죽은 숫자만 해도 수천, 수만에 달했을 것이다. 또 당나라 함선이 수백 척 없어졌으니 수로군의 손실도 수만 명에 달했을 것이 명백하다. 이처럼 645년 전쟁에서 당나라 군사 100만 명 가운데 못해도 10분의 1은 이러저러한 이유로 살상당했을 것이다.

당나라 측의 손실이 너무 컸기 때문에 당태종은 원정의 잘못을 뉘우치면서 하늘을 쳐다보고 장탄식을 하지 않을 수 없었던 것이다. 645년 고구려 - 당 전쟁은 당태종의 오랜 준비와 소위 신통한 전략·전술에도 불구하고, 고구려 군민들의 결사항전 앞에 당나라의 참패로 막을 내렸다.

3. 647~648년 고구려 – 당 전쟁

647년 고구려 – 당 전쟁

645년 고구려 – 당 전쟁에서 참패한 당태종은 분통이 터져 고구려를 다시 침략할 궁리만을 하고 있었다. 하지만 646년에는 설연타 세력을 견제하느라 고구려 재침 전쟁을 일으킬 수 없었다. 647년 2월 당태종은 문무백관을 모아놓고 고구려 재침 문제를 제기했다. 관료들은 "고구려는 산에 의지해 성을 쌓고 있으므로 공격해도 쉽게 함락시킬 수 없다"라고 하면서 소규모 병력으로 들락날락하면서 자주 공격하면 성에 들어가 지키느라고 농사를 지을 수 없게 될 것이며, 이렇게 몇 해 동안 계속하면 민심이 이탈해 싸우지 않고도 압록강 이북을 차지할 수 있을 것이라는 의견을 제기했다. 당태종은 이 의견을 좇아 상대적으로 적은 군사를 내보내기로 했다.

647년 3월 당태종은 좌우위 대장군 우진달을 청구도독행군대총관으로, 우무후장군 이해안을 부대총관으로 삼아 1만여 명의 병력을 거느리고 바닷길로 침략하도록 했다. 한편 태자첨사 이세적을 요동도행군대총관으로, 우무위장군 손이랑을 부대총관으로 삼고 3,000명의 군사를 영주도독 산하로 해서 신성으로 가는 길을 따라 침공하도록 했다. 이세적은 실제로는 수만 명의 군사를 거느리고 출정해서 신성, 남소성으로 나아갔다.

고구려군은 성에서 나와 그들을 물리쳤다. 적은 성 주변의 낟가리에 불을 지르고 달아났다. 7월에 우진달의 수군은 요동반도로 침공해 100여 번이나 고구려군과 싸웠으며, 적리성(요동반도 남단에 위치한 성) 밑에 이르러 고구려군 1만 명과 싸웠다. 그들은 싸움마다 이겼다고 했지만,

실제로는 작은 성을 하나 파괴했을 뿐이다. 게다가 전과에 대해 한 마디도 하지 않은 것을 보면 숱한 손실을 낸 것이 분명하다.

647년 침공에 동원된 무력도 결코 적지 않았다. 그러나 고구려 군민들은 적이 별의별 방법으로 침공해 와도 싸워 이겼다. 결국 647년 침략 전쟁도 당나라군의 패배로 막을 내렸다.

648년 고구려 – 당 전쟁

648년 1월 25일, 당태종은 우무위대장군 설만철을 청구도행군대총관으로, 우위장군 배행방을 부대총관으로 임명하고 3만 명의 침략군을 수백 척의 누선과 전함에 태워 산동반도에서 출발해 압록강 하구 방면으로 고구려를 치게 했다. 한편 그들이 떠나기에 앞서 4월 14일에는 오호진 진장 고신감에게 바다 건너 요동반도로 침공하도록 했다. 고구려는 보병, 기병 5,000을 내보내 역산에서 싸워 적군을 격파했다. 그날 밤 1만 명으로 증강된 고구려군은 바다로 달아나려고 배에 타고 있던 적을 향해 야간 습격을 단행했다.

6월 초경에 설만철이 지휘하는 당나라군은 압록강 하구로 침입해 먼저 대행성(667~668년 전쟁 당시에 나오는 성으로, 압록강 하구 북쪽에 있었던 장성 형태의 성)을 공격했다. 박작성을 지키고 있던 고구려 장수 소부손은 보병·기병 1만을 거느리고 대행성의 적에 맞섰으나 적군의 수가 너무 많아 힘든 전투를 벌였다. 대행성 전투가 불리하다고 판단한 소부손은 퇴각해서 박작성을 지키는 전술로 선회했다. 박작성은 압록강을 자연 해자로 삼고, 험한 산세를 이용해 쌓은 성으로 방어력이 매우 강했다.

박작성을 사이에 두고 고구려군과 침략군 사이에 치열한 공방전이 펼쳐지고 있을 때 고구려 장군 고문이 오골성(수암), 안지성(봉황성)의 군

사 3만여 명을 이끌고 와 두 방면에 진을 치고 당나라 군대를 포위 공격
했다. 당나라군은 진퇴양난에 빠졌다. 설만철은 형세가 다급해지자 원
군을 보내주지 않는다고 당태종을 원망하면서도 끝까지 버티려고 발버
둥쳤다. 하지만 고구려군의 드센 공격 앞에 도저히 더는 버틸 수 없
어, 8월에 숱한 주검을 남긴 채 도망가지 않을 수 없었다. 9월 5일 귀국한
설만철은 전쟁 패배의 책임에다 당태종에 대한 원망죄까지 덧씌워 삭탈
관직당하고 상주지방으로 귀양을 갔다. 이로써 이 전쟁의 승패를 명확
히 알 수 있다.

4. 661~662년 고구려 – 당 전쟁

당태종은 648년 6월부터 649년에 걸쳐 고구려에 대한 대규모 침략전
쟁을 준비했다. 그는 30만 대군으로 일거에 고구려를 멸망시키겠다고 허
세를 부리면서 수많은 함선을 건조하도록 지시했다. 그는 645년 때보다
몇 배나 많은 무력을 동원해 고구려를 침략하려고 광분했다. 그러다가
649년 4월 그만 병을 얻어 죽고 말았다. 그는 죽으면서 '요동의 역을 그
만두라'는 유언을 남겼다. 하지만 당태종의 뒤를 이은 당고종 역시 고구
려에 대한 침략야욕을 포기하지 않았다.

650년대는 당나라의 침략으로 크고 작은 전투들이 계속됐다. 하지
만 당나라의 침략 기도는 번번이 고구려에 막혀 별다른 활로를 찾지 못
했다. 당고종을 비롯한 당나라 지배층은 단독 공격으로는 승산이 없다
는 것을 인정하지 않을 수 없었다. 그래서 새로운 전략으로 고안해낸 것
이 나당 연합군에 의한 침략이었다. 당고종은 이러한 전략에 따라 신라

와 합동으로 먼저 손쉬운 백제부터 친 다음 남북 두 방면으로 고구려를 침공하기로 했다.

신라와의 연합으로 손쉽게 백제를 강점한 당고종은 전승에 도취돼 즉시 고구려 침공을 시도했다. 660년 12월 16일, 당고종은 좌효위대장군 설필하력을 패강도행군대총관으로, 좌무위대장군 소정방을 요동도행군대총관으로, 좌효위장군 유백영을 평양도행군대총관으로, 포주자사 정명진을 누방도행군대총관으로 임명하고 각기 제정된 길을 따라 고구려를 공격하도록 명을 내렸다. 이때 고구려에 대한 침략부대는 백제를 침략할 때보다 몇 배나 큰 규모로 편성했다.

당나라는 661년 정월 19일 하남, 하북, 회남 지방의 67개 주에서 4만 4,646명의 군사를 모집해 유백영 부대에 편입시켰다. 또 며칠 후에는 홍여경 소사업을 부여도행군총관으로 삼아 위구르 등지의 군대들을 이끌고 평양으로 진공하게 했다. 이 밖에 좌효위장군 방효대를 옥저도행군총관으로 임명했다.

4월 16일에는 부대 편성을 바꿔 해전 경험이 있는 소정방을 평양도행군총관으로, 설필하력을 요동도행군총관으로, 병부상서 임아상을 패강도행군총관으로 각각 임명해 총 35개 군단을 이끌고 바다와 육지로 고구려를 침공하도록 했다. 612년 고구려 - 수나라 전쟁 때는 수양제의 친위부대까지 합해 30개 군단이었다. 이 점을 생각하면 661년 당나라가 보낸 무력이 얼마나 대규모인지 충분히 짐작된다. 심지어 당고종 자신도 6개 군을 이끌고 출전하겠다고 하다 신하들이 말려 도중에 그만둘 정도였으니, 당나라는 모든 군사적 역량을 총동원해서 고구려를 침략한 것이었다.

당나라 침략군의 주력은 요동지방으로 침략했다. 수백만 대군을 맞은 고구려군은 요동지방에서 적들의 침공을 수개월 동안 저지시켰다. 그러나 적들은 지난날의 패배를 교훈 삼아 평양으로 가는 도중에 있는 고구려 성들을 함락시키는 데 시간과 병력을 소모시키지 않고 직접 고구려의 수도를 향해 나가는 전법을 쓰려고 했다. 그리하여 적들은 압록강 가까이까지 침입했다. 고구려는 연남생이 거느리는 정예군 수만 명을 압록강 계선에 배치하고 그쪽으로 쳐들어오는 당나라 침략군을 막기 위한 방어를 강화했다. 당나라군은 고구려군의 강한 반격에 부딪혀 압록강 계선에서 더 이상 전진하지 못했다.

한편 소정방, 임아상, 방효태 등은 수백 척의 함선을 타고 산동을 떠나 평양 서북에 있는 위도(청천강 대령강 하구에 있던 섬으로 지금은 육지가 되어 평북 박천군 단산리의 한 부분이 되었다)에서 고구려군과 격전을 치르고 계속 남하해 8월에는 패강(대동강) 하구에 이르렀다. 평양성 근처까지 들어온 적군은 마운산을 점령하고 평양성을 포위하려 했다.

원래 작전계획은 신라와 남북 합동작전으로 고구려를 붕괴시키는 것이었다. 하지만 신라군은 백제 유민들의 항전을 제압하느라 북으로 진출하지 못하고 있었다. 이미 660년 10~11월에 백제 유민들을 지원하기 위해 신라의 칠중성을 공격한 적이 있었던 고구려군은 661년 5월 9일 장군 뇌음신, 말갈인 부대 장군 생해의 지휘 밑에 신라의 술천성(경기도 여주)을 치고, 이어 북한산성을 공격했다. 고구려군은 포차를 늘여 놓고 돌을 날려 신라의 방어시설들을 파괴하면서 연속 공격을 퍼부었으나 신라군의 완강한 방어로 함락시키지 못했다. 북한산성을 함락시키는 데는 실패했지만, 술천성 북한산성 공격 전투는 당나라와 신라의 남북 합동작전을 저지시키는 데 크게 기여했다.

12월에 들어서자 날씨가 몹시 추워지면서 압록강이 완전히 얼어붙었다. 적들은 이 기회를 이용해 얼음을 타고 물밀 듯이 밀려와 고구려군의 진지를 공격했다. 고구려군은 압록강 남쪽의 방어진에 의거해 적의 공격을 막아냈고, 심대한 타격을 입혔다. 고구려군이 압록강 계선을 완강히 고수한 덕분에 적들은 수많은 인명 피해를 내고 결국 쫓겨 가고 말았다.

중국 측 기록들(신·구『당서』,『자치통감』)에는 당시 설필하력의 군대가 고구려군을 격파하고 수십 리를 추격해 3만여 명을 죽였으며, 연남생은 겨우 도망을 쳤고 당나라군은 당고종의 명에 의해 자진 철수한 듯 써 놓았다. 하지만 완전한 날조다. 자신들의 역사책인『구당서』고려전에는 임아상, 소정방, 설필하력 등이 고구려를 쳤으나 모두 큰 공을 세우지 못하고 왔다고 밝혀져 있다. 만일 3만 명이 아니라 3천 명만 죽였어도 그들은 대서특필해 크게 이겼다고 써 놓았을 것이다. 실제로는 그들이 침입할 때에도 퇴각할 때에도 요동지방 각지에 있었던 고구려 성 군사들의 반격을 받아 막대한 손실만을 냈을 뿐이다.

고구려는 남쪽과 북쪽 전선을 일정하게 수습한 다음 많은 병력을 수도에 집결시켰다. 고구려군이 평양으로 집결하자 소정방의 군대는 도리어 포위를 당하고 말았다. 군량마저 다 떨어져 굶어 죽을 지경에 이른 소정방은 신라에 급히 사람을 보내 식량을 보내달라고 요구했다. 신라는 661년 12월 10일에 김유신, 김인문, 김진복, 김량도 등 9명의 장군을 시켜 2,000여 대의 수레에 쌀 4,000섬과 조 2만 2,250섬을 싣고 평양으로 가게 했다. 그들은 고구려군의 방어진을 겨우 뚫고 662년 2월 1일 장새성(수안)까지 도착했는데, 평양까지는 아직도 3만 6,000보(약 30km)가 남아 있었다. 김유신 등은 보기감 열기 등을 시켜 식량을 전달하기 위한 대책을 취하게 했으며, 2월 6일에 김량도 등은 양오에 이르러 소정방에게 식량과 은 3포, 우황 등을 전달했다. 소정방의 당나라 침략군은 신라의 도움으로 겨우 굶주림에서 벗어날 수 있게 됐다.

2월 18일 고구려군은 사수(보통강)벌에서 당나라 군영을 습격해 옥저 도총관 방효대를 포함한 많은 당나라 병사들을 살상했다. 방효대가 죽었다는 소식을 들은 소정방은 겁을 먹고 황급히 도망쳐 버렸다. 그리고 위에는 평양에 눈이 많이 와서 포위를 풀고 돌아왔다고 거짓말을 했다. 소정방은 남은 병력을 이끌고 해안에 정박해 있던 수군 함선으로 도망가서 겨우 목숨을 부지할 수 있었으나, 그를 따르던 당나라 군사들 대부분은 도중에 전멸당하다시피 했다.

고구려군은 또한 군량 전달을 마치고 돌아가던 신라군도 맹렬히 추격했다. 많은 손실을 내면서 퇴각하던 김유신은 임진강가에서 대기하고 있던 신라군의 도움으로 겨우 살아서 돌아갈 수 있었다. 이로써 나당 연합군에 의한 고구려 침략은 실패로 끝나고 말았다.

661~662년 수백만 대군으로 고구려를 일거에 강점하려 했던 당나라의 계획은 수포로 돌아갔다. 고구려군은 이번에도 나라의 자주권을 굳건히 지켜냈다. 661~662년 전쟁은 규모 면에서 612년 고구려 - 수 전쟁이나, 645년 고구려 - 당 전쟁보다 훨씬 컸다. 그리고 고구려로서도 대항하기 더욱 힘든 싸움이었다. 백제가 멸망하고, 신라와 당나라가 연합해 남북 양쪽에서 쳐들어온 전쟁이었기 때문에 매우 불리한 정황 속에서 전쟁을 치러야 했다. 그러나 명장 연개소문의 지휘 하에 고구려의 군민들은 결사항전을 펼쳐 적군을 물리쳤으며, 역사에 영원히 기록될 영웅적인 대승리를 거두었다.

새로쓰는
구려역사

제5장

고구려의 종말과
국권 회복 투쟁

1절
고구려의 종말

　고구려 - 당 전쟁의 승리를 이끌었던 명장 연개소문이 666년 사망했다. 연개소문은 죽기에 앞서 665년 맏아들 남생에게 군사와 국가의 중요 직무들을 다 맡겼다. 하지만 남생은 맏아들로서 풍파를 겪어보지 못했고 경험도 부족했다. 남생에게는 남건이라는 무술에 능한 동생이 있었다. 고구려 귀족들은 남건을 부추겨 정권을 잡기 위해 '남건파'를 형성했다. 남생과 남건 사이에서는 알력과 갈등이 생겨났다. 연개소문은 이를 염려해서 형제 사이에 화목할 것을 유언으로 남기고 죽었다. 아버지의 유언에도 불구하고 세 아들은 서로 반목, 대립했다. 주변 귀족들의 이간책이 큰 역할을 했다.

　남생이 지방을 순회하고 있을 때, 남건은 남생의 아들을 죽이고 왕명으로 수도로 돌아올 것을 명령했다. 수도로 가면 죽을 것이라고 판단한 남생은 반역의 길로 들어섰고, 급기야는 나라를 배신하고 당나라에 투항해버렸다.

　666년 남생의 아들 연현성이 당나라로 가서 고구려를 치는 길잡이로 나서겠다고 하자 당고종은 천재일우의 기회가 왔다고 쾌재를 부르며 우호위대장군 설필하력을 요동도 안무대사로 삼아 고구려를 침공하도록 했다. 666년 9월에는 연남생에게 '특진 평양도행군대총관 겸 사지절 안무대사'라는 벼슬을 줘 설필하력과 함께 고구려를 치도록 했다. 설필하력 밑의 행군총관으로서는 좌금오위장군 방도신, 영주도독 고간을 임명했고, 또 좌무위장군 설인귀와 좌감문위장군 이근행으로 하여금 그들에 대한 후원부대를 지휘하게 했다.

당나라군의 선봉장 방동선은 666년 9월에 고구려 땅에 이르러 전방 방어선을 돌파했다. 이것은 연남생의 투항으로 고구려군의 지휘체계가 마비됐고, 서북지방의 거란족과 말갈족 부대의 일부가 남생의 편에 서서 당나라 군대와 싸우지 않았기 때문이다. 그러나 요동지방에서는 고구려군의 강력한 방어로 더 깊이 전진하지 못했다. 이렇게 되자 당고종은 666년 12월에 고구려에 대한 본격적인 대규모 침공을 위해 군대를 재편성했다.

666년 12월 연개소문의 동생 연정토는 자기 관할 12개 성의 763호 주민 3,543명을 이끌고 신라에 투항했다. 연정토의 투항으로 고구려의 남동부 지방 방어력이 크게 약화됐다. 667년에 연남생은 당나라 본토로 갔다. 그때 당고종은 남생에게 '사지절 요동대도독상주국 현도군 개국공'이라는 벼슬을 추가로 달아주었다. 666~668년 당나라 침략군의 총수가 나와 있는 역사자료는 없다. 하지만 설필하력 휘하의 병력만 해도 50여만 명이었으니, 총 병력은 100만 명을 훨씬 넘었을 것이다. 이 기간에 신라가 보낸 병력은 20만이었다.

신성 전투

이세적이 거느린 당나라 침략군은 667년 2월 고구려의 서북방 요충지인 신성 공격을 개시했다. 이세적은 부하 장수들에게 "신성은 고구려 서쪽의 진성으로 으뜸가는 요새이니 이 성을 깨지 못한다면 다른 성을 쉽게 함락시킬 수 없다"라고 했다. 신성의 군사전략상 중요한 지위를 적들도 잘 알고 있었으며, 이세적 자신이 647년 전쟁 때 함락시키지 못한 경험이 있었기 때문에 신성부터 치자고 했던 것이다. 이세적은 처음부터 장기전을 각오하고 신성 서남쪽에 나무울타리 성을 만들었으며, 공격도 하고 방어도 하면서 오랫동안 싸움을 계속했다.

고구려군은 때때로 성문을 열고 나가서 야간습격전을 벌였다. 하지만 포위전이 오랫동안 이어지자 성 안에는 먹을 것이 떨어지고 외부와의 연계도 끊어졌다. 이 어려운 고비에 성 안에서 반역자가 나타났다. 9월 14일(신미일)에 사부구라는 놈이 불시에 성주를 결박한 다음 성문을 열고 적군에 투항해버린 것이다. 성을 지키던 고구려군은 그래도 용감히 싸웠으나 7개월 남짓한 기간 버텼던 신성은 드디어 함락되고 말았다.

연남건은 신성이 함락됐다는 보고를 받고 15만 명의 군대를 요수 방면으로 보내 신성을 탈환하고 척후를 교란하도록 했으나 성과를 거두지 못했다. 한편 남소성에는 말갈인 부대 3만 명을 보내 성을 차지하고 방어하도록 했다.

부여성 전투

적장 고간은 667년 10~11월경 금산(정확한 위치는 알 수 없으나, 『신당서』의 기록 순서로 볼 때 신성에서 남소성으로 가는 도중에 있었던 듯하다. 『중국고금 지명대 사전』에 따르면 요녕성 강평현에 있다고 함)을 공격했으나 고구려군의 강력한 반격으로 크게 패했다. 고구려군은 이 기세를 살려 북을 울리면서 진격했는데, 설인귀의 원군이 나타나 전세가 뒤바뀌고 고구려군이 후퇴했다.

668년 초에 설인귀는 부여성(길림성 사평시 일면성) 공격을 개시해, 2월 28일에 함락시켰다. 부여성 공격은 후방의 우환을 없애려 한 것이다. 고구려부 지휘부는 부여성이 함락되기 전에 5만 명의 지원병을 보냈는데, 668년 2월 8일 있었던 설하수(오늘의 개원 부근을 흐르는 청하로 비정됨) 전투에서 패배해 부여성을 구원할 수 없었다. 부여성 함락 이후 부여주 일대 30~40개 성이 당나라에 투항했다고 알려졌다. 그런데 부여주의 이 성들은 669년 초에는 당나라에 투항하지 않은 성으로 기록돼 있다. 왜 이렇게 됐을까를 추론하면 일시적으로 당나라 측으로 넘어갔다가 고구려군에 의해 다시 수복됐다고 봐야 할 것이다.

압록강 전투

부여성을 함락시켜 후방의 안전을 확보한 당나라군 주력은 압록강 쪽으로 밀려왔다. 그들은 도중에 있는 고구려 성들을 그냥 둔 채 곧바로 평양으로 밀고 들어왔다. 그러는 한편 후방의 안전을 위해 설인귀로 하여금 요동반도 해안지대로 돌아 나와 고구려군이 집결하지 못하게 견제 조치를 취했다. 당시 고구려군은 연남생의 반역으로 지휘체계가 와해되고 역량이 분산돼 금산 전투, 부여성 전투, 설하수 전투에서 잇달아 패배하는 등 곤란한 상황에 빠져있었다. 그럼에도 고구려군은 용감히 싸워 당나라 침략군에 지속적인 타격을 입혔다.

당나라의 부대총관 학처준이 안시성 밑에까지 와서 휴식을 취하고 있을 때 고구려군 3만 명이 불시에 기습을 가하니 당나라 군대는 일시에 혼란에 빠졌다가 겨우 위기를 수습했다. 적의 대군은 중간에 있던 고구려 성을 위협만 했지, 실제 싸워 함락시키지 못했다. 그것은 669년 2월 이세적, 연남생이 도독부, 주, 군을 둘 대상지를 당고종에게 보고한 서면에 함락된 성, 점령한 성이 불과 얼마 되지 않았다는 사실로도 잘 알 수 있다. 이때 안시성도 함락되지 않았다. 당나라군은 압록강 북쪽의 대행성을 함락시키고 압록강 북안에 총집결했다.

압록강 남쪽에는 고구려 군대가 튼튼한 방어진을 구축하고 당나라군의 도강을 저지하고 있었다. 당나라의 압록강 도강 작전 저지를 책임진 고구려군의 장수는 연남산이었다. 그는 압록강 이남의 나무울타리성을 보강하고 방어를 강화하며 압록강 도강을 오랫동안 저지했다. 그로 인해 당나라 군대는 수개월 동안 압록강을 건너지 못한 채 시간을 지체하고 있었다. 당나라 침략군은 7월 초순에 이르러서야 비로소 압록강 남쪽의 고구려 방어선을 뚫고 들어왔다. 그들은 얼마 후 욕이성(오늘의 평북 가산 부근)을 함락시키고 8월에는 평양성 인근 영류산(평양 북쪽 20리)에 이르러 진을 쳤다.

평양 함락

한편 667년 8월 수도 왕경을 출발한 신라군은 당나라 군대가 빨리 남하할 것을 기대하면서 한반도 중부 지역에서 기다리고 있었다. 당나라의 독촉을 받고 667년 11월 11일에 장새(수안)까지 갔으나 당나라군이 압록강을 건너지 못했다는 것을 알고 되돌아서고 말았다. 백제 땅에 있었던 당나라 장수 유인원이 보조를 맞춰 나와야 하는데 움직이지 않고 있었던 것도 하나의 이유였다. 신라 단독으로 고구려를 친다는 것은 상상할 수 없는 일이었다.

이처럼 큰 진전이 없자 668년 정월 당고종은 백제 싸움에서 경험이 많은 유인궤를 요동도행군부대총관으로 임명했다. 그의 임무는 고구려 남방에 있는 침략군을 총지휘하는 것이었다. 6월 12일, 당항진에 온 유인궤는 신라로 하여금 빨리 군대를 내보내라고 강하게 촉구했다. 이후 그는 천강으로 갔다. 우물거리면서 진격하지 않고 있던 웅진도독부의 장수 유인원을 강하게 압박하기 위해서였다. 유인궤의 재촉을 받은 신라는 김유신을 대총관으로 임명하고 20만의 대부대를 출동시켰다.

고구려군이 압록강 계선에서 당나라군과 혈전을 펼치고 있던 668년 6월 22일, 남쪽에서는 대곡성(황해도 평산), 한성(황해도 신원)의 12개 성이 당나라 장수 유인원에 투항했다. 이것은 신라군의 대규모 출동과 함께 고구려 남방 방어에 큰 위기가 도래했음을 의미했다. 6월 29일 대오를 정비하고 출발한 신라군은 평산 안변 계선까지 아무런 전투도 없이 북상했다. 이리하여 남부 계선에서도 신라 - 당 연합군이 평양성 가까이 침입했다.

7월 말~8월 초 신라의 비렬성주 김문영이 이끄는 선봉군은 평양성 밑에 도착해 사수벌(보통벌)에서 고구려군을 격파했다. 그리고 이세적 등이 이끄는 당나라 군대와 합세해 평양성을 포위했다. 평양성은 고립무원 상태에 놓였다. 평양성을 지키던 고구려 군민들은 신심을 잃지 않고 용감히 싸웠다. 그러나 포위가 한 달 이상 지속되자 국왕은 연남건의 반대를 묵살하고 투항을 해버렸다. 연남건은 성문을 굳게 닫고 평양성을 지키려 했으나, 가장 신임하는 신성(중)이 배신해 적들에게 성문을 열어주었다.

성문을 열자 평양성 대문, 북문, 평양소성 대문 등으로 신라군이 선봉이 돼 일시에 밀고 들어왔다. 고구려의 장수들은 결사적으로 맞섰다. 그러나 적이 성 안으로 물밀 듯이 밀고 들어오자 고구려군은 혼란에 빠져 오래 견디지 못하고 성은 함락됐다. 이리하여 근 1,000여 년 유구한 역사를 가지고 동방의 강국으로 서 있었던 대고구려는 종말을 고하고 말았다.

고구려 멸망의 교훈

1,000년 가까운 역사에서 수십 차례의 외래 침략세력을 격파하고 나라와 민족의 자주권을 굳건히 지켜오던 고구려가 이처럼 어이없이 무너지게 된 것은 심각한 역사적 교훈을 남겨주었다. 내부의 단결이 파괴되고 역량이 분산되면 승리할 수 없다는 것, 특히 내부에서 반역자가 나와 적들과 내통하게 되면 아무리 많은 병력이 있고, 금성철벽으로 꾸려놓은 요새와 성곽방위체계가 있어도 제구실을 할 수 없다는 것을 똑똑히 보여주었다.

일부 역사학자들은 계속되는 전쟁으로 국가적 역량이 고갈돼 더 이상 전쟁을 치를 수 없는 상황에 이르렀기 때문에 나당 연합군에 패할 수밖에 없었다고 평가함으로써 역사 허무주의적 관점을 광범하게 유포하고 있다. 하지만 이러한 평가는 과학적이지 못한 패배주의·허무주의 관점의 산물에 불과하다. 사실 전쟁으로 인한 인적·물적 자원의 고갈은 공격하는 측이나 수비하는 측이나 동일하다. 어쩌면 침략하는 쪽이 심하면 심했지 덜하지는 않을 것이다. 고구려는 수나라 당나라와 수십 년 동안 싸우며 승리를 구가해왔다. 따라서 인적·물적 손실은 고구려보다 수나라 당나라 쪽이 훨씬 심했을 것이다. 따라서 고구려가 나당 연합군에 의해 나라를 잃어버린 것은 인적·물적 자원의 고갈 때문이 아니라 내부의 분열과 신라의 민족 배신적 행위의 결과이다. 내부의 단결이 무너지고, 국가의 역량이 분산되면, 아무리 풍부한 인적 물적 역량을 갖고 있어도 전쟁에서 승리할 수 없다.

고구려가 장기간 전쟁으로 상당한 인적·물적 손실을 입었던 것은 사실이다. 하지만 661~662년 대규모 전쟁으로 인한 피해는 연개소문 장군 때인 663~665년 사이에 거의 다 수습되고 회복됐다. 그러므로 고구려가 내부 단결을 확고히 했더라면 그 어떤 강적이 덤벼들어도 능히 물리칠 수 있었을 것이다. 여기에서 우리는 우리나라 역사상 존재했던 거의 모든 나라의 마지막 비극은 예외 없이 내부의 분열, 단결의 파괴에 의해 초래됐다는 점을 반드시 교훈으로 삼고 넘어가야 한다.

2절
끝나지 않은 전쟁:
국권 회복을 위한
고구려 유민들의 투쟁

1. 당나라는 고구려 영토를 점령하는 데 실패했다

지배계급 내부의 분열로 고구려 왕조는 당나라의 침략에 굴복하고 종말을 맞이했다. 하지만 고구려 민중들은 당나라 침략세력의 강점과 지배에 맞서 굳센 투쟁을 계속했다.

당나라는 강점 첫날부터 고구려 땅을 당나라 영토의 한 부분으로 삼기 위해 갖은 술수를 썼다. 고구려와 백제 땅은 물론, 심지어 신라 땅마저 강점하고 지배하려 획책했다. 본래 당나라와 신라는 648년 비밀협약을 맺어 대동강 이남의 땅은 신라에게 주기로 했는데, 이 비밀협약마저 무시한 것이다. 그들은 고구려 땅 5부 176개 성을 모두 차지하려 했을 뿐 아니라 백제와 신라 땅마저 차지하려 했다.

당나라는 고구려의 수도 평양에 군사통치기구로서 안동도호부를 설치한 다음 설인귀를 '검교안동도호'로 임명하고 2만 명의 병력을 배치했다. 고구려 멸망 당시 당나라는 9개 도독부, 42개 주, 100개 현을 두고 고구려 사람(투항 변절자)들을 그 장관인 도독, 자사, 현령으로 임명한다고 했다. 그러나 실제로는 당나라 관리들을 '참리'(통치에 참가시키는 것)하게 했다. 결과적으로 당나라 관리들이 실권을 장악한 것이다. 이것은 고구려라는 나라 자체를 아예 없애고, 그 땅을 직할지로 만들려고 했다는 것을 보여준다.

하지만 고구려 민중의 격렬한 항쟁으로 당나라의 고구려 강점 계획은 실패로 끝나고 말았다. 그러자 677년 2월에 당나라 관리들을 철수시키고, 그 대신 보장왕(고구려의 마지막 왕)을 '요동주도독 조선군왕'으로 임명했다. 그리고 당나라에 연행되었던 일부 사람들을 같이 보내 요동성을 중심으로 하는 괴뢰국가를 만들어 고구려 사람들의 투쟁을 무마해보려 했다. 한편 677년에는 연남생을 안동도호로 삼아 신성(이때의 신성은 무순에 있는 신성이 아니라 오늘의 신민 북쪽 요빈탑에 있었던 신성을 가리킨다)에 가 있으면서 보장왕을 감독하게 했다.

그러나 요동으로 온 보장왕은 당나라의 의도와 달리 고구려 재건 운동을 벌였다. 그는 고구려 민중들의 반침략투쟁에 고무받아 이들과 합세하려 했다. 그는 고구려 유민들과 은밀히 연계를 맺고 나라를 다시 세우려다 발각되어 681년에 다시 당나라로 붙들려 갔으며 공주(사천성 공래현)로 귀양을 갔다가 그곳에서 682년에 사망했다.

고구려 민중들은 반침략투쟁을 지속적으로 펼쳐 얼마 후 신성에 있던 안동도호부를 몰아내고 자기 고장에서 침략자들을 모조리 쫓아내버림으로써 당나라의 점령 정책을 완전히 분쇄해버렸다.

2. 검모잠, 한성을 중심으로 한 '고구려국'을 세우다

당나라의 고구려 땅 강점을 저지하려는 유민들의 항쟁은 고구려 멸망 직후부터 벌어졌다. 적에게 강점당하지 않은 성의 민중들은 말할 것 없고, 피난 갔던 성의 민중들도 투쟁에 나섰다. 668년 9월 평양성이 당나라군에 의해 함락된 직후부터 압록강 이남 여러 고을 군민들은 투항을 거부하고 함락당한 평양성을 공격하는 등 완강하게 투쟁을 계속했다. 669년 2월, 보장왕의 서자 안승은 4,000호의 백성을 데리고 신라 땅에 망명했다. 당시 신라는 당나라가 신라 땅까지 넘보고 있다는 사실이 알려지면서 당나라와의 관계에 긴장이 높아져 신라 군민들의 대당 투쟁이 본격화되고 있었다.

668년 말~669년 초, 수림성 출신 무인 대형 검모잠은 궁모성(위치 불명. 최초 활동 지역인 궁모성은 현재 경기도 연천시 연천읍 공목달현으로 비정하기도 하나 대동강 북안의 평양 인근 지역으로 추정하기도 한다. 또 궁모성을 서해의 수군 기지로 보고 고려시대 궁구문이라 불리던 평안북도 의주로 비정하는 견해도 있다. 검모잠이 평양을 탈환하고 남쪽으로 내려왔다는 역사기록을 볼 때 평양 이북 지역일 가능성이 높다)을 거점으로 고구려 유민들을 조직해 당나라에 항전을 개시했다. 검모잠을 비롯한 여러 곳의 민중 항쟁으로 평양성에 설치됐던 설인귀의 안동도호부는 669년 여름에 신성으로 도망갔다. 검모잠 부대는 남쪽으로 진격, 669년 여름에는 대동강 남쪽 지역을 장악하고 기본 활동무대로 삼았다.

검모잠은 안승을 한성으로 데려다 국왕으로 세우고 고구려국 재건을 선포했다. 고구려국이 서자 고구려 항쟁군들은 안승을 중심으로 결집했으며, 반당 투쟁에 나선 신라와 협동작전 태세도 구축됐다. 670년 3월,

고구려의 태대형 고연무가 지휘하는 정예부대 1만은 신라의 사찬 설오유가 지휘하는 정예부대 1만과 합세, 당나라군을 추격해 압록강을 건너 옥골(오골성 - 수암)로 진출했다. 4월 4일 고구려 - 신라 연합군은 적들과 격전을 벌여 대승을 거뒀다. 이후 당나라군이 지원부대를 증강하자, 역량 관계상 후퇴해 백성(위치 불명, 압록강 계선)을 지켰다.

670년 4월 동주도 행군총관으로 임명된 당나라의 고간은 671년 7월 말갈 군대를 앞세우고 고구려 땅으로 쳐들어와 안시성(고구려 유민들이 장악하고 있던 성)을 격파하고, 9월에는 4만의 무력으로 평양까지 침입했다. 그리고 해자를 깊이 파고 토루(토성)를 높이 쌓아 장기전 태세를 갖춘 다음 남쪽으로 진출해 오늘의 황해도 지역까지 밀고 왔다. 고구려군은 퇴로를 차단하고 포위할 태세를 갖춘 뒤 역공을 펼쳤다. 그러자 더 이상 견딜 수 없다고 판단한 고간은 압록강 북쪽으로 쫓겨갔다.

한편 당고종은 670년 8월 설인귀로 하여금 수군을 지휘해 바다로 가서 고구려·백제·신라와 싸우도록 명령했다. 설인귀는 고구려 사람들의 용맹성을 익히 알고 있던 터라 감히 육지로 상륙하지 못하고 해안을 빙빙 돌면서 외교적 방법으로 신라를 굴복시키려 했다. 그러던 중 670~671년 정주 등지의 앞바다로 침공했다가 신라 수군에게 패했다. 672년 7월 고간은 당나라군 1만과 이근행의 말갈군 3만을 이끌고 평양에 침입해 8개 군영을 짓고 주둔했다. 8월에는 한시성(위치 불명) 마읍성(평양 서남방에 있는 마읍산에 쌓은 성으로 추정되나 정확한 위치는 알 수 없다)을 공격, 함락시키고 남쪽으로 나와 백수성(위치 불명) 앞 500보 지점에 군영을 만들었다. 고구려 - 신라 협동군은 이들을 맞받아쳐 적병 수천 명의 목을 베었다.

고간의 당나라군은 퇴각해 매복전을 펼쳤는데, 자만심에 빠진 고구려 - 신라 협동군은 매복에 걸려 많은 손실을 입고 후퇴했다. 이후 전선은 교착되었고, 그 틈을 타 당나라 군대가 계속 보강됐다. 고구려군은 계속 밀리면서 서해안 일대에서 많은 땅을 빼앗겼다. 상황이 이처럼 불리하게 돌아가자 안승은 673년 3월 안승은 끝까지 고구려 땅에 남아 항전을 계속하자는 검모잠을 살해하고 신라 땅으로 도망가 버렸다.

이 해 5월 고구려군은 이근행이 이끄는 당나라 군대와 호로하(임진강) 서쪽에서 큰 싸움을 벌였으나 수적 열세로 밀렸다. 그 후 9월에 신라군과 함께 일대 반격전으로 전환, 당나라 군대와 그 방패 역할을 했던 거란족·말갈족 군대와 9차례나 싸워 크게 이기고 적병 2,000여 명을 베었다. 이 해 겨울 당나라 군대는 고구려의 우잠성(황해도 금천)을 함락시켰으며, 말갈군은 대양성(강원도 남양구), 동자성(경기도 김포시 군하리)을 함락시켰다. 그러나 고구려 - 신라 연합군은 좌절하지 않고 완강하게 싸워 적군에게 큰 타격을 주었으며, 이로 인해 적들은 다시 임진강 이북으로 쫓겨갔다.

당고종은 674년 초, 다시 유인궤를 계림도행군대총관으로 임명하고 20여만 명의 대군으로 고구려와 신라를 치게 했다. 이들은 몇 달 동안 출전 준비를 마치고 그해 가을 요동으로 나왔다. 당시 신라는 백제의 옛 땅을 다 차지하였으며, 고구려 남부 지역도 차지하고 있었다. 신라 지배층은 674년 9월 안승을 금마저(익산)로 보내 보덕왕으로 부르게 했다. 이는 안승을 왕으로 추켜세워 고구려 유민들의 투쟁을 이용하려는 것이었다. 한편으로는 '고구려'라는 명칭을 없애 고구려국의 복구를 막아보려는 교활한 술책이기도 했다.

675년 초에 대대적으로 침입해 온 유인궤는 2월 칠중성(경기도 파주시 적성면)에서 크게 싸웠고, 한편으로는 말갈족 군대를 시켜 신라 남부지방으로 침범하도록 했다. 이후 유인궤는 본국으로 소환되고 이근행이 안동진무대사로 임명되어 매초성(경기도 양주시 고읍동에 위치)에 주둔하면서 당나라 군대를 지휘했다.

675년 9월, 적장 설인귀는 풍훈을 길잡이로 천성(위치불명)을 포위 공격하다 반격을 받아 1,400명의 유생역량을 잃어버리고 1,000필의 군마, 40척의 배를 버리고 달아났다. 9월 29일 고구려군과 신라군은 매초성에 있던 이근행 휘하의 당나라 20만 대군을 몰아내고 3만 380필의 군마와 그에 맞먹는 병장기들을 노획했다. 이 싸움에서 패배한 당나라 군대는 예성강 이북으로 퇴각했다.

이후에도 당나라 군대는 예성강 이남으로 수시로 침입했으나 그때마다 고구려군과 신라군의 반격에 부딪혔다. 677년 이후 당나라 침략군은 다시는 압록강 이남으로 침공하지 못했다. 요동과 백두산 지방을 비롯한 고구려 옛 땅 도처에서 고구려 유민들의 무력항쟁이 계속되고 있었기 때문에 감히 압록강 남쪽으로 내려올 수 없었던 것이다.

이러한 조건에서 신라의 지배층이 당나라 침략군을 고구려 옛 땅에서 완전히 몰아내고 겨레와 국토를 통합할 의지가 있었다면 요동지방을 비롯한 압록강·두만강 이북 각지의 항쟁군과 손잡고 당나라 침략군을 고구려 땅에서 완전히 몰아냈어야 했다. 충분히 가능했던 일이다. 하지만 신라 지배층은 협소한 계급적 이해에 매몰되어 고구려의 옛 땅을 완전히 통제할 자신이 없었기 때문에 당나라와의 비밀협약대로 대동강 이남만을 확보하는 데 만족하고, 더 이상의 싸움을 중단했다. 그리고 고구려 유민들이 세운 안승의 고구려국을 말살하고 말았다.

3. 압록강 지역 고구려 유민들이 고구려국을 세우다

요동지방에서도 고구려 군민들은 투쟁을 멈추지 않았다. 669년 2월, 오늘날의 압록강 이북에서 투항하지 않은 성이 11개, 주민들이 피난 가고 빈 성이 7개나 있었고, 그밖에도 여러 성이 당나라 안동도호부의 통제 아래 있지 않았다. 이 성의 군민들은 여전히 당나라 침략군에 맞서 투쟁을 계속하고 있었던 것이다. 여러 자료들을 종합 정리해보면 압록강 이북 지역에서 당나라군은 고구려 성 대부분을 점령하지 못했고, 오늘의 신민과 심양, 요양, 봉성, 개주와 그 주변의 일부 지역만을 차지하고 있었다고 볼 수 있다.

당나라 지배층은 고구려 영토 강점 정책이 실패했다는 것을 스스로 인정하고 677년 2월에 기미정책(형식적으로 얽매어두는 정책)으로 전환했다. 이에 따라 보장왕을 요동주도독 조선군왕으로 임명해 요동성에 나가 있게 하고, 연남생을 안동도호로 삼아 신성(요빈탑)에 나가 있게 했다. 요동성에 나온 보장왕은 고구려 유민들의 투쟁 의지에 고무되어 고구려 재건을 도모하다 발각되어 다시 연행되어 갔다. 이때 당나라는 안동도호부를 아예 요서지방으로 후퇴시켰다.

압록강 유역, 요동반도 천산산 줄기 동쪽의 고구려 사람들은 처음에는 안승의 고구려국에 기대를 걸고 있다가 683년에 신라 지배층이 안승을 신라의 수도로 데려가 신라왕족으로 편입시켜버리자 기대를 접었다. 대신 자기들끼리 모여 고구려국을 세웠다. 그 중심지를 '국내성'이라고 불렀는데, 그 국내성은 고구려 두 번째 수도 집안에 있었던 국내성이 아니라 오늘의 신의주시 송한동에 있는 서린동고성이었다. 의주 국내성 중심의 고구려국은 남북으로는 대략 대동강 이북에서 천산산 줄기 계선까지, 동으로는 압록강 어귀에서 130리 되는 지점까지를 자기의 영역으로 하고 있었다. 698년 발해가 건국된 후에는 발해의 후국이 되어 10세기 초까지 존속했다.

새로쓰는

고려역사

제6장

고구려 사회의
올바른 이해를 위한
몇 가지 쟁점들

1절
고주몽은 왜 산성을
쌓았을까?

고구려는 산성(山城)의 나라다. 자연지리적 조건과 전략전술적 요구에 맞게 독특한 성곽방위체계를 확립하고 전국을 난공불락의 요새로 만들었다. 전국에 걸쳐 주요 요충지와 후방에 산성이 있어 침략자들에게는 커다란 타격을 주고 공포를 불러일으켰다. 산성의 일차적 목적은 침략에 대한 방어다. 하지만 산성을 '피난용'으로만 규정하면 커다란 오류에 빠진다. 피난의 목적도 없지는 않지만 적은 병력으로 많은 병력을 효과적으로 물리치기 위한 방책의 하나다. 그러면 고구려에서 산성을 쌓는 전통은 언제 생겨났을까?

1. 고구려는 산성의 나라다

산성의 나라 고구려의 문화적 특징의 출발점은 주몽에서 찾아야 한다. 『삼국사기』에 따르면 주몽은 동명성왕 4년 7월에 성곽과 궁실을 지었다고 한다. 이때 쌓은 성이 오녀산성이고, 고구려 산성의 전통은 이로부터 시작됐다. 주몽 이후 고구려는 수많은 산성을 쌓았다. 지금까지 확인된 고구려 성곽은 550여 개다. 중국 요녕성과 그 서쪽 지역에 약 150개, 길림성 지역에 100여 개, 흑룡강성과 그 동쪽 지역에 약 20개, 한반도에 약 280개가 분포돼 있다. 오녀산성, 대성산성, 위나암성, 백암성을 비롯해 크고 작은 산성이 고구려 땅을 조밀하게 뒤덮고 있다.

이와 같은 고구려의 산성들은 단순한 피난용이 아니라 전쟁 승리를 위한 가장 효과적인 방위수단이다. 고구려의 산성들은 무질서하게 나열돼 있는 것이 아니라 정연한 성곽방위체계를 갖추고 있다. 먼저 고구려 성들은 적이 침입할 수 있는 길목 일대를 그물처럼 덮고 있어 적이 어느 방향으로 쳐들어와도 능히 제때 타격을 가할 수 있고, 적으로 하여금 후방공급을 받지도 못하고 현지조달도 불가능하게 만들어 전투능력을 상실하도록 만드는 데 매우 효과적이다. 또 자기 나라, 자기 지역의 자연지리적 조건에 맞는 성곽 축조 및 배치 방법을 창안해서 성을 쌓음으로써 상대적으로 적은 무력을 갖고도 큰 적을 감당해 낼 수 있도록 만들어져 있다. 또한 청야수성전술과 유인전술의 배합을 쉽게 만들어준다.

고구려의 독특한 성곽방위체계는 수도방위체계, 지방성곽 방위체계로 나누어 살펴볼 수 있다. 고구려의 수도방위체계는 수도성을 평지성과 산성을 결합해 이원적 구조로 만든다는 게 핵심이다. 물론 수도성방위체계는 이원적 수도성체계 + 종심방어체계를 결합한 체계로 이루어져 있다. 지방성곽 방위체계는 지구마다(주, 군 등) 몇 개의 성으로 하나의 방위체계, 하나의 방위단위를 이루도록 한다. 그런 다음 적이 쳐들어 올 수 있는 지방에 여러 개의 지구방위체계를 형성하고, 그것을 유기적으로 연결시켜 전방방위체계, 해안방위체계를 만든다. 이에 기초해서 수도, 부수도에 이르는 도중에서 종심방어체계를 형성하고 그에 배합해 중요 계선에 장성방위체계를 만들어 방어력을 더욱 강화한다. 이것이 고구려 성곽 방위체계의 전략·전술적 요구였다.

장성방위체계는 심각한 약점을 갖고 있다. 일선형 대형을 짓고 대응하면 여러 곳에서 약한 고리가 생겨날 수 있고 전선이 돌파될 우려가 있다. 또한 적군을 일정한 계선에서 어느 정도 저지시킬 수는 있으나 장기전에서는 크게 효과를 나타낼 수 없다. 고구려는 이러한 약점을 파악하고 유사시에는 몇 개의 산성에 주민과 식량, 집짐승들을 집중시킴으로써 적이 식량을 현지에서 조달하지 못하도록 하고, 또한 산성을 뒤에 둔채 앞으로 전진할 수 없게 만들어놓았다. 만약 적이 그곳을 그냥 통과한다면 후방 공급로가 끊어지므로 할 수 없이 상당수의 무력을 후방에 남겨놓지 않을 수 없다. 이런 현상이 계속되면 침략군의 주력은 매우 약화되어 방어하는 아군에게는 적군을 포위 섬멸하기에 유리한 조건이 만들어진다.

그렇다고 지나가는 도중에 있는 지구방위체계를 다 무너뜨리자면 막대한 병력과 시간을 소모하게 된다. 그리고 몇 개의 성과 성곽방위체계들이 서로 긴밀한 연계를 갖고 호응하면서 싸우므로 동시에 여러성을 공격해야 하는데, 그것은 간단한 일이 아니다. 한 개의 지구방위체계를 무너뜨린다 해도 이웃에 있는 여러 지구와 계선의 성곽방위체계들이 건재하기 때문에 적은 여전히 후방의 안전을 위협받지 않을 수 없다.

험준한 지형, 높은 산에 기대어 쌓은 성벽을 의지해서 방어하면 적은 인원으로도 적의 대군과 맞서 싸울 수 있다. 그리고 주민들이 산성에 들어와 있어서 적극적인 후원을 받을 수 있고, 자기 부모 처자의 생명과 안정을 위해 수비군은 투지를 더욱 불태워 용감히 싸울 수 있다.

지구방위체계를 효과적으로 운용하려면 청야수성전술, 유인전술과 반드시 결합되어야 한다. 청야수성전술은 적이 현지에서 식량이나 집짐 승을 조달할 가능성을 완전히 차단해 전투력을 빨리 소멸시키는 전술 이다. 유인전술은 적군을 국내 깊숙이 끌어들임으로써 적에게는 후방공 급을 더 어렵게 만들고 아군은 국내에 있는 많은 무력과 전투장비들을 더 효과적으로 이용할 수 있게 하는 전술이다. 청야수성전술과 유인전 술을 결합해 승리한 대표적 전투가 그 유명한 을지문덕 장군의 살수대 첩이다. 이것은 고구려의 성들이 단순히 피난을 목적으로 쌓은 것이 아 니라는 것을 잘 보여준다.

고구려의 지구방위체계를 구체적으로 살펴보자. 건안주(개주시를 중심 으로 하는 천산산 줄기 이서 지역) 산하에는 매개 고을을 중심으로 한 소규모 의 방위체계가 있었고, 그보다 더 큰 지구방위체계로 오늘의 대련시, 보 란점시, 와방점시 일대에 하나가 있었고, 개주시 건안성을 중심으로 한 또 하나의 지구방위체계가 있었다. 요동성주에는 요동성을 중심으로 동 서남북에 분포된 성으로 이루어진 지구방위체계가 있고, 그 동쪽(오늘의 본계시 지역)을 중심으로 한 지구방위체계가 있었다.

신성주에는 신성을 중심으로 주변 일대의 성으로 구성된 지구방위체 계와 그 북방(오늘의 철령시 부근)에 분포된 성으로 구성된 지구방위체계 그리고 무순 고이산성의 동쪽 혼하 유역에 형성된 지구방위체계가 있었 다. 부여성주에도 이와 같은 지구방위체계가 있었다. 또 오골성주에도 세 개의 큰 지구방위체계가 있었다. 하나는 오늘의 장하시 일대, 다른 하 나는 수암 구토성을 중심으로 오늘의 수암현 일대에 분포된 성으로 이 루어졌고, 끝으로 봉황산성을 중심으로 그 일대에 있는 성으로 구성된 방위체계가 있었다.

오늘의 평안북도 북부에는 의주, 신의주, 용천, 동림, 선천 등에 있는 성들이 하나의 방위체계를 이루고 있었고, 삭주, 대관, 구성, 천마 등에 있는 성으로 이루어진 또 하나의 방위체계가 있었다. 또한 창성, 벽동, 동창, 운산 등지의 성들도 하나의 방위체계를 형성했다. 평안북도 남부에는 곽산, 정주, 운전 등의 고구려 성들이 지구방위체계의 한 단위가 되었고 영변, 태천 박천, 구장 등지에 있는 성으로 구성된 지구방위체계가 있었다.

이러한 지구방위체계들은 매개 방위체계가 하나의 연결된 공고한 방위단위로 되었을 뿐 아니라, 인접한 주들과 서로 경계를 접한 지역의 성들도 필요에 따라 같은 군사작전에 망라되기도 하고 서로 지원하기도 했으며, 또 전선사령부나 중앙지휘부의 명령에 따라 여러 개의 지구방위체계가 협동작전을 진행하기도 했다. 대륙 방면에서 오는 침략군은 주로 요하를 건너 신성, 요동성, 건안성을 공격하거나 요동반도 남쪽 끝, 요동반도 동남해안지대, 압록강 하구지대로 침입했다. 적의 침입 경로가 어느 길인가에 따라 지구방위체계는 전방방위체계로 되기도 하고, 전방방위체계와 해안방위체계의 기능을 겸해 수행하기도 했으며 때로는 종심방위체계의 일부로도 되었다.

고구려의 종심방위체계는 수도성방위체계와 전방방위체계 사이에 놓인 여러 성의 체계이다. 종심방위체계는 졸본성, 국내성 시절에는 북방·서방에서 외적이 쳐들어오는 도중에 있는 성으로 구성됐고, 평양 시절에는 서북과 남방에서 들어오는 적을 막기 위한 성으로 구성됐다. 이 경우 수도와 전방 사이에 있는 여러 지구방위체계도 종심방위체계 안에 포괄될 수 있다.

고구려에도 장성방위체계가 있었다. 장성방위체계는 수십 리, 수백 리, 수천 리 구간에 걸친 긴 산줄기를 이용해 산줄기 또는 그 부근에 길게 축조된 장성을 기본으로 그에 이어진 크고 작은 성으로 구성된 방위 체계다. 고구려의 장성은 중국과 달리 다른 나라와의 경계에 한두 개 있는 것이 아니라 영토 전역 여러 곳에 몇 겹으로 만들어놓았다. 특히 오늘날 평안북도 안의 장성들은 남북·동서 방향으로 여러 겹으로 축조됐으며, 한 개의 장성에도 여러 가지 장성들이 뻗어 있다. 해당 지구방위체계 안의 여러 성과 함께 적의 침공을 가장 효과적으로 막기 위한 것이었다.

고구려의 장성방위체계에서 가장 서쪽에 있는 것은 대흥안령 산줄기 동남기슭 눈강의 지류인 낙민하의 오른쪽 기슭에서 시작해 치치하얼의 서북, 포특합기의 동남을 거쳐 우란호터시 서북 부근부터 대흥안령 산줄기를 따라 서남으로 흥안맹, 철리목맹, 소오달맹의 파림좌기, 파림우기, 극십극동기, 달이호 부근까지 뻗은 것이다. 이외에도 수많은 장성이 존재한다. 그중 유명한 것은 천리장성, 압록책, 대령강 장성이다.

2. 고구려는 동아시아 최대의 군사 강국이었다

고구려는 중국을 통일한 수나라와 4차에 걸친 대규모 전쟁에서 승리했으며, 당나라와도 네 차례의 대규모 전쟁에서 승리를 거머쥐었다. 이것은 고구려의 승리가 일회적인 것이거나 우연한 것이거나 요행에 의한 것이 아니라 동아시아 최대의 군사강국이었음을 웅변해준다. 흔히들 고구려 - 수나라, 고구려 - 당나라의 전쟁에서 약소국인 고구려가 승리했다고 오해한다. 하지만 당시 고구려는 수나라 - 당나라에 견줘 나라의 크기와 경제발전 수준, 군사력 등 어느 하나도 뒤지지 않았다. 특히 군사력에서는 수나라 - 당나라를 뛰어넘는 강국의 면모를 갖추고 있었다. 군사

강국으로서의 고구려의 면모는 정연한 군사제도와 뛰어난 군사장비에서 잘 드러나며, 앞에서 살펴본 바 있듯이 전국의 요새화를 실현한 우월한 산성체계에서도 확인된다. 그러나 무엇보다 우선되는 것은 고구려 사람들의 상무적 기풍이었다.

고구려는 '겨레와 민족의 통합'이라는 주몽의 국시에 따라 일관되게 외적의 침공을 격파하면서 나라와 민족의 통합을 실현하고 국토를 넓혀 갔다. 6~7세기에는 동서 6,000리, 남북 4,000여 리의 광활한 영토를 가진 대국으로 성장했다. 이 넓은 영토를 통치하고 지키기 위해서는 많은 군사력이 필요했다. 고구려는 상비 무력만 해도 30만이 있었고, 유사시에는 100만 이상의 병력을 동원할 수 있는 군사적 체제를 갖추고 있었다. 또한 그 어떤 외적도 능히 쳐서 물리칠 수 있도록 전체 인민을 준비시켰다. 봉건적 의무병 제도를 통해 모든 남자가 무기를 갖추고 무술을 연마하도록 했으며, 상무적 기풍이 전 사회적인 풍조가 되도록 장려했다. 그 결과 고구려 사람들은 어려서부터 누구나 말타기, 활쏘기, 칼쓰기, 창쓰기 등 무술을 익히기 위해 노력했다.

군종과 병종, 중앙군과 지방군

이에 관해 구체적으로 전해지는 것은 없으나 전쟁 관련 기록들을 통해 유추해 볼 수 있다. 군종으로 육군과 수군이 있었다는 것은 확실하다. 육군은 건국 초기에 벌써 수만 명에 달했다. 기원전 227년에 오이, 마리가 행인국을 칠 때 2만 명의 병력을 동원했다는 기사를 통해 확인할 수 있다. 또 기원 28년 구려 - 후한 전쟁 때도 위나암성을 포위한 후한의 군대가 100만 대군이었다고 한 것을 보면 고구려 군사 역시 적어도 수만 명은 됐을 것이다. 246~247년 고구려 - 위 전쟁 때 고구려 국왕이 인솔한

무력이 2만여 명이고, 그중 철기만 5,000명에 달했다. 342년 고구려 - 전연의 전쟁 때 고구려가 북도로 내보낸 정예 무력이 5만 명이었고 남도로 나간 국왕의 친솔부대가 1만 명이었다. 수도에 집결되어 싸움터로 나간 병력이 이 정도였다면 고구려 무력은 10여만 명이 훨씬 넘었을 것이다. 이 모든 것은 고구려 전기에 많은 군대가 있었고, 그중에는 잘 무장된 정예군대가 적지 않았다는 것을 말해준다. 이렇게 많은 군사를 조직하고 유지하려면 그들에 대한 지휘 통솔, 훈련, 무기·무장 공급 등 정연한 군사제도가 있어야 한다.

육군은 보병과 기병 양대 병종으로 갈라지며, 각각 맡은 임무에 따라 여러 가지 전문병종으로 나뉜다. 보병에는 궁수, 노수, 도검수, 부월수, 장창수 등이 있었고, 기술병종으로는 포병(돌을 날리는 병사)이 있었다. 고구원왕릉의 대행렬도를 보면 이와 같은 전문병종들이 있었다는 것을 확인할 수 있다. 육군에서는 기병이 차지하는 비중이 매우 컸다. 특히 고구려에는 철기(개마무사)로만 조직된 기병부대가 따로 있었다. 고구려 철기부대의 전투력과 기동력은 그 누구도 감히 따라올 수 없을 정도였다.

수군도 일찍부터 조직되었다. 230년대에 오나라 사신을 호송한 고구려 수군이 원해용 함선을 이용해 중국 대륙 남방으로 갔으며, 4세기 말 5세기 초에는 고구려 수군이 백제·왜와의 싸움에 동원됐다.

군대의 통수체계와 무기·무장 조달체계

군사를 중시하는 고구려에서는 정치와 군사가 늘 통일적인 연관 속에 있었으며 군 통수체계가 정연하게 서 있었다. 국왕은 최고의 통수자였고, 대보·국상 등 최고 관직에 임명된 자들은 지내외병마사로 중앙과 지방의 군사에 관한 일을 총괄했다. 또 각 지방의 장관도 해당 지역 안의 행정과 군사를 책임지고 처리했다. '당'을 비롯한 군사집단의 책임자는 '당주' 등으로 불렸고, 매개 군사 단위마다 대장군, 장군 등의 지휘관이 있었다.

고구려 후기 중앙군은 크게 3군(좌, 중, 우)으로 편성됐다. 3군은 다시 몇 개의 당으로 구성됐고, 대당의 지휘관은 대당주였다. 당주 아래에는 말객을 비롯한 각급 지휘관들이 있었다. 말객 밑에 1,000명을 인솔하는 무관이 있었다는 것으로 봐 말객은 적어도 2,000명 이상, 당주는 적어도 5,000명 이상 1만 명의 무력을 지휘했을 것으로 보인다. 지방군의 통솔자는 주, 군, 현, 진의 장관이었다. 정5품 이상으로 임명되는 말객의 딴 이름이 군두였던 것을 보면 군의 장관인 처려근지와 거의 대등한 벼슬 등급을 가진 군사지휘관이 있었다고 볼 수 있다.

군역을 책임진 기본 담당자인 자영 소농민층과 평민 소작농들은 군마·군복·병장기·식량 등을 기본적으로 자체 부담했다. 하지만 전시에 대량으로 소비되는 무기·무장은 국가가 자기 소속 수공업장에서 생산 비축해 놓았고, 전문병종이 쓰는 포차, 충차, 강노 등과 각종 함선도 국가 차원에서 만들지 않을 수 없었다. 또한 유사시에 대군이 움직이거나 장기적으로 성을 지키기 위해 많은 군량을 국가가 준비했다.

2절
고구려는 왜 단군릉을
개건했는가?

    북측의 역사학계는 1993년 초, 평양시 강동군 강동읍에 있는 단군릉을 발굴했다. 여기에서 남녀 한 쌍의 유골이 발견됐는데, 남자의 유골을 전자상자성공명측정법(esr)으로 연대 측정해 보니, 5,011±267년 bp라는 숫자가 나왔다. 이것은 1993년으로부터 5,011±267년 전에 태어난 사람이라는 뜻이다. 이로써 이 유골이 단군의 유골임이 확증됐고, 단군조선이 기원전 30세기 초에 건국되었다는 사실이 밝혀졌다.

    그런데 문제는 발굴 당시 단군릉이 고구려식 돌칸 흙무덤이었다는 사실이다. 이를 두고 우리나라 학계에서는 이 무덤을 단군의 것으로 볼 수 없다는 주장이 제기됐다. 이에 대해 북측 학계에서는 고구려가 단군 왕릉을 국가적으로 개축했기 때문이라는 견해를 밝혔다. 유골의 연대측정이 정확하다면 이 유골은 단군의 유골이며, 고구려 때 단군 무덤을 개축했다는 북측 학계의 주장이 합리적이다. 그렇다면 고구려는 언제 왜 이 무덤을 개축했을까?

1. 단군릉은 언제 개축되었을까?

무덤은 서쪽으로 치우친 남향이며 안길과 무덤칸(동서 275cm, 남북 276cm)으로 구성된 외칸 무덤으로, 대체로 4~5세기 무덤 양식이다. 그러면 구체적으로 어느 시기에 단군릉을 개축했을까? 단군은 단순히 민족의 원시조로 숭상받는 인물이었을 뿐만 아니라, 평양지방에 살고 있었던 고조선 유민의 후손들이 높이 받들고 제사를 지내던 대상이었다. 겨레와 국토의 통일을 지향하며 고조선의 역사적 지위와 역할을 계승하려 애쓰던 고구려로서는 이 문제를 특히 중시하지 않을 수 없었다.

단군릉은 본래 커다란 고인돌무덤이었을 것이다. 그런데 오랜 세월이 흐르는 동안 비바람으로 인해 기울어졌을 수도 있고 부분적으로 파손됐을 수도 있다. 그리하여 새로 튼튼하게 개축할 필요성이 있었을 것이다. 하지만 고구려 사람들이 평양 지역으로 대대적으로 이주하기 시작한 첫 시기였던 3세기에 이 공사가 진행되지는 않았을 것이다. 그때까지 평양 지역에는 고조선 유민들이 다수를 차지하고 있었고, 그들은 아직 고구려 정치와 문화에 완전히 포섭되지 않았을 때였다. 따라서 단군릉을 고구려식으로 개축하는 것을 달가워하지 않았을 것이며, 고구려 중앙정부도 평양 지역을 차지한 지 얼마 되지 않은 때에 섣부르게 단군릉 개축을 서두르지 않았을 것이다.

단군릉 개축은 고구려에 의한 국토 통일 기운이 높아져 가던 4세기 중·말엽쯤 이루어졌을 것으로 보인다. 돌칸 흙무덤과 단군릉 내부의 벽화그림(위암문고에 따르면 단군릉 내부에 선인 신장의 그림들이 그려져 있었다)이 보편화되던 시기인 4세기 중·말엽 그리고 427년 기본수도가 평양으로 옮겨지기 이전 시기에 개축됐을 가능성이 높다. 더 좁혀 본다면 고국원왕 통치 시기일 가능성이 농후하다. 고국원왕 통치 시기 중에서도 350~360년대에 개축됐을 것으로 생각된다. 343년 평양으로 천도한 직후에는 선왕인 미천왕의 능을 새로 만드느라 정신이 없었을 것이고, 370년대 초는 국내외 정세가 매우 복잡다단해 단군릉 개축사업에 손댈 수 없었을 것이기 때문이다.

2. 고구려는 왜 단군릉을 개축했나?

고구려 왕조가 단군릉을 개축했다는 것은 단군릉을 국가적으로 보존·관리하고, 국가 차원에서 제사를 지냈다는 뜻이다. 고구려는 왜 단군릉을 개축하면서까지 단군릉을 국가적으로 보존·관리하고, 국가 차원에서 제사를 지냈을까? 고구려가 고조선의 계승국가라는 것을 내외에 선언한 것이라고밖에 달리 생각할 수 없다. 단군릉 개축 당시의 상황을 보면 이를 더욱 잘 이해할 수 있다.

고구려는 건국 이후 겨레와 국토의 통합이라는 기치를 내걸고 줄곧 달려왔다. 초기에는 구려의 옛 땅을 모두 되찾겠다는 의지를 갖고 국토 통합 사업을 벌였으며, 한나라에 의해 고조선이 멸망한 이후에는 고조선의 옛 땅을 모두 되찾겠다는 정책을 내세우고 이를 일관되게 추진해 왔다. 그 결과 350년을 전후한 시기에 이르러서는 요동성과 요하 이서 지역을 제외하고 고조선의 옛 땅을 대부분 되찾아 고구려의 영토에 편입시켰다. 이로써 고구려는 주민과 영토 면에서 옛 고조선의 주민들과 영토가 옛 구려의 주민들과 영토보다 훨씬 큰 나라로 되었다.

그런데 고구려 영토로 새로 편입된 지역의 주민들은 자신들이 고조선의 주민이라는 의식이 강하게 남아 있었다. 뿐만 아니라 이미 200년 전에 고구려 영토로 편입된 평양을 비롯한 압록강 이남 지역의 주민들 역시 자신들은 고조선의 유민이라는 의식이 강하게 남아 있었다. 그것은 고구려가 낙랑국을 멸망시키고 평양지방을 차지한 이후에도 이 지역에 조선 후국을 두고 간접통치를 했던 데서도 잘 드러난다.

이처럼 고조선 주민이라는 의식이 강하게 남아 있는 사람들을 고구려의 주민으로 통합하기 위한 가장 효과적인 방법은 고구려가 고조선의 계승국가임을 표방하는 것이었다. 그리고 이를 위한 가장 상징적인 조처가 단군릉 개축사업이었다.

그렇다면 고구려는 고조선의 계승국가인가? 여기에서 '계승국가'의 역사적 의미를 밝힐 필요가 있다. 계승국가란 민족사의 정통성을 계승한 국가를 말한다. 민족은 자주와 단합, 번영을 내적 속성으로 지니고 있다. 민족사는 이러한 민족의 본성이 발현되는 과정이다. 이 과정은 결코 순탄치 않으며, 수많은 난관과 역경을 돌파하면서 실현되어 나간다. 민족사는 이러한 과정의 역사적 기록이다.

민족사에서는 주된 흐름이 존재하며, 그 밖의 곁가지들 역시 존재한다. 주된 흐름이란 민족의 자주적 발전과 번영을 추동하는 흐름이며, 이흐름이 민족사의 정통성에 해당된다. 민족사의 정통성이란 전 시대에 형성 발전된 민족성, 민족의 문화유산과 전통을 누가 계승·발전시켰는가, 누가 민족사의 발전에 주도적이고 적극적인 역할을 담당하고 커다란 기여를 했는가 하는 문제다.

우리나라 민족사는 단군조선에서부터 시작되었다. 단군조선은 동아시아에서 가장 먼저 고대국가를 건국하고 문명시대, 국가시대의 문을 열었다. 아울러 선진적이고 자주적인 고대 문화를 꽃피웠으며, 우리 민족의 생활양식과 풍습을 창조하고 정립했다. 또한 한반도와 만주 연해주 지역에 뿌리를 박고 살던 우리 겨레의 터전을 강력한 국가권력의 힘으로 지켜주었다. 그리고 신석기 시대에 형성된 우리 겨레의 혈연적, 언어적, 문화적 통일성을 더욱 높은 단계로 끌어올려 민족의 단계로 발전하도록 추동했다.

그 결과 우리 민족은 이미 고대국가 시대에 단일민족으로 발전했다. 단군조선 이후 우리나라 고대국가는 고조선, 부여, 구려, 진국으로 갈라졌지만 민족사의 정통성을 이어받은 나라는 고조선(후조선, 만조선)이었다. 고조선 멸망 이후 고조선의 민족사적 정통성은 어떤 나라로 이어졌는가? 이 문제가 바로 고조선의 계승국가가 갖는 의미이다. 고구려는 단군릉을 개축함으로써 고조선의 계승국가임을 자처했다. 하지만 과연 민족사의 정통성을 이어받은 고조선의 계승국가라고 말할 수 있는가?

고조선의 민족사적 정통성을 이어받은 계승국가는 신라가 아니라 고구려이다. 신라가 당나라와 야합해 백제와 고구려를 멸망시킨 역사적 사건을 두고 우리나라의 역사학계에서는 삼국통일이라고 보는 견해가 많다. 이러한 견해는 사실 근대 사학에서 형성된 것이 아니라, 후기신라(기존 우리 학계의 신라와 통일신라라는 개념은 타당치 않다. 고구려·백제·신라가 공존했던 시기의 신라를 전기신라, 당나라에 의해 백제와 고구려가 패망한 이후 발해와 신라 남북국 체제로 존재했던 시기의 신라를 후기신라로 명명하는 게 타당하다) 지배층에 의해 조작된 왜곡된 표상에 불과하다. 신라의 삼국통일론은 정책과 의지, 실제적 결과에 의해 부정된다. 신라는 그 어느 한때에도 삼국통일을 국가적 정책으로 삼은 바 없으며, 삼국통일의 의지도 능력도 없었다. 신라와 당나라의 비밀협약을 보면 명백하다.

당시 신라는 대동강과 원산만 이남 지역을 차지하고 고구려 땅의 대부분은 당나라에 넘겨주기로 비밀협약을 맺었다. 만약 신라가 삼국통일 의지가 있었다면 고구려 땅 대부분을 당나라에 넘겨주는 그런 협정을 맺지는 않았을 것이다. 실제로 대동강 - 원산만 이북의 고구려 옛 땅은 신라가 아니라 고구려를 계승한 발해의 영토로 됨으로써 고구려의 주민과 영토의 대부분은 발해로 이어졌다. 삼국시대 이후 민족통일국가 신라가 존재했던 것이 아니라 후기신라와 발해라는 남북 양국체제로 재편되었다. 민족사의 신라 정통론은 이처럼 후기신라 통치층에 의해 조작된 표상에 불과하다.

고구려가 고조선의 계승국가라는 것은 우선 고조선의 영토와 중심지, 주민들의 풍습을 이어받았다는 사실에서 명백히 증명된다. 4세기 말경에 이르러서는 고조선의 옛 땅을 모두 되찾았으며, 6세기 초 무렵에는 단군조선의 옛 영토와 후손들을 거의 망라함으로써 고조선 계승국가로서의 면모를 뚜렷이 갖추었다. 이와 함께 3,000년간 고조선의 기본수도였던 평양을 수도로 삼음으로써 고조선의 중심지도 이어받았다.

고구려는 3세기 중엽인 247년(동천왕 21년)에 오늘의 평양을 '선인왕검의 고택'이라고 하면서 임시수도로 정했고, 427년에 기본수도를 국내성에서 평양으로 천도했다. 고구려가 오랜 준비를 거쳐 평양으로 수도를 옮기고 마지막까지 유지한 것은 다른 여러 가지 목적도 있지만, 주된 목적은 단군조선의 중심지, 수도의 지위를 고수하고 빛내자는 데 있었다.

다음으로 정치, 경제, 문화 분야를 통해 고구려와 고조선의 계승관계를 밝혀보자. 왕 밑에 대보(후에 국상·막리지)를 두고 중앙관료들을 총괄하게 한 고구려의 중앙통치체계는 왕 다음에 호가를 두고 국가의 모든 사업을 맡아보게 한 단군조선의 통치체계를 이어받은 것이었다. 그리고 두 나라가 모두 농업을 위주로 했다는 사실, 고조선의 돌무덤을 계승해 돌무지무덤과 돌칸 흙무덤을 발전시켰다는 사실도 계승의 일단을 보여준다. 특히 살림집에 온돌을 놓은 것을 비롯해 의식주 영역의 제반 생활풍습도 대부분 고조선의 풍습을 그대로 이어받았다.

이처럼 고구려는 고조선의 옛 영토와 주민, 수도를 이어받았고, 고조선의 정치, 경제, 문화와 풍습을 계승·발전시켰다.

고조선과 고구려의 계승 관계는 고구려가 고조선의 선도적이며 중심적인 지위와 역할을 그대로 이어받아 발전시켜 나간 사실을 통해서 더욱 뚜렷이 드러난다. 고구려는 노예제 붕괴와 봉건국가 확립에서 선도적 역할을 수행했고, 민족의 통일적 발전과 자주권을 지키기 위한 투쟁에서 중심적이며 결정적인 역할을 담당했다.

고구려는 동아시아에서 가장 먼저 수립된 봉건국가였다. 이것은 백제, 신라, 가야 등 봉건국가 성립에 큰 영향을 미쳤다. 또한 고조선의 옛 땅을 되찾기 위한 투쟁 과정에서 중국 세력들의 수많은 침략을 물리치고 나라의 자주권을 튼튼히 지켰을 뿐만 아니라, 고조선의 옛 땅을 모두 되찾는 역사적 대업을 성취했다. 이것은 민족자주권 수호 투쟁에서 살아 있는 모범이 된다.

또한 삼국통일은 당시 우리 민족의 지향이었고 민족사 발전의 합법칙적 요구였다. 고구려는 이러한 민족의 지향을 담아 삼국통일정책을 국시로 내세우고 그 실현을 위한 투쟁을 굳세게 펼쳐나갔다.

고구려의 주도적 역할에 의해 삼국의 통일과정이 촉진되었고, 삼국 사이의 접촉이 잦아지면서 정치·경제·문화 등 여러 분야에서 고구려의 선진문물이 백제와 신라에 전파되었다. 이러한 문화적 영향은 의복제도, 이두 표기법, 사상과 종교, 성곽 및 무덤의 축조, 그림과 공예, 천문학 등 여러 측면에서 찾아볼 수 있다. 우선 복식에서 삼국은 공통적이었는데,

고구려에 연원을 둔 것이었다. 이두문자도 고구려에서 먼저 쓰이기 시작해 백제, 신라에 전해졌다. 고구려의 평양글자새긴 성돌이나 중원고구려비 등에 쓰인 이두글자는 신라의 울진 봉평리비, 남산신성비 등에서도 찾아볼 수 있다.

수공업기술에서도 고구려의 영향은 컸다. 나주 반남면 신촌리 백제 무덤에서 나온 고리자루긴칼의 손잡이 고리 부분에 새겨진 용대가리 모양 투조는 고구려 무덤벽화의 용대가리와 같으며, 신라의 고리자루긴칼의 민고리, 세잎고리도 고구려의 것과 완전히 같다. 치레거리 공예품 가운데 신라금관의 새깃모양 내관도 고구려 수도 국내성에서 나온 관모장식과 공통되며, 백제나 신라 무덤에서 나온 '바닥에 징을 박은 금동신'도 고구려에서 나온 것과 기본적으로 동일하다. 과대(돈띠) 역시 고국원왕릉 벽화에 보이는 것과 신라 무덤에서 나온 것이 똑같고, 신라의 봉황 무덤에서 나온 은합은 집안에서 나온 청동합과 모양이 신통하게도 같다.

부산시 동래구 복천동에서 나온 투구와 마면갑도 고구려 벽화의 것과 같다. 마구류 역시 고구려 신라가 같다. 백제·신라의 기와 가운데 이른 시기의 것은 고구려 기와와 매우 비슷하다. 이 모든 것은 고구려의 수공업 기술이 백제, 신라, 가야 나라들에 전파됐다는 것을 증명해준다.

성곽축조 기술에서도 고구려의 고로봉식 성곽축조 방법이 백제·신라에 커다란 영향을 주었다. 백제, 신라, 가야에서는 처음에는 주로 산정식 산성을 쌓았다. 그러나 후기에 들어서면 고구려의 영향을 받아 고로봉식 성곽축조 방법을 사용하기 시작했다. 백제에는 이산산성, 공산성, 부소산성 등 20여 개의 고로봉식 산성들이 있었는데, 모두 고구려의 우수한 축성기술을 받아들인 것들이다.

신라의 남산성, 봉활산성도 고구려의 고로봉식 성곽 축성술을 받아들인 것이다. 무덤 축조에서도 백제, 신라, 가야에 시기의 차이는 있으나 고구려식 돌무지무덤, 돌칸 흙무덤 축조방법이 전파되어 지배계급의 묘제로 되었다. 벽화무덤의 경우 공주 송산리 6호무덤의 사신도는 평양 호남리 사신무덤의 그것과 비슷하며, 부여 능산리 2호무덤의 연꽃무늬 그림은 고구려의 용산리(진파리) 1호무덤의 그것을 방불케 한다. 경북 영풍군 어숙지술간무덤, 순흥리 벽화무덤은 고구려식 돌칸 흙무덤인데, 벽화무덤들은 고구려 벽화와 공통되는 것이 많다. 백제와 신라의 도시구획, 이방제도, 절간 건축에서 고구려 자를 썼을 뿐 아니라 고구려적인 1탑 3금당식 가람배치법도 익산 미륵사, 경주 황룡사 건축들에 다소 변형된 형태로 영향을 미쳤다.

지난날에는 백제의 문화가 중국 남조의 문화적 영향을 받았고, 신라나 가야 문화는 백제의 영향으로 발전한 듯 묘사되곤 했다. 그러나 이것은 매우 피상적인 견해다. 삼국시대 문화의 주류를 이룬 것은 고구려 문화이며, 백제·가야·신라의 문화발전에 가장 큰 영향을 준 것도 고구려 문화였다. 제반 사실은 고구려가 고대 시기 고조선의 선도적이며 중심적인 지위와 역할을 그대로 이어받은 나라였다는 것을 알 수 있게 한다.

고구려가 고조선을 계승한 나라였다는 것은 당시와 후세 사람들의 인식을 통해서도 잘 알 수 있다. 고구려 사람들은 자기 나라를 고조선의 계승국이라 자부하고 있었으며, 첫 통일국가인 고려 사람들도 이 같은 견해가 지배적이었다. 고려 때 편찬된 『삼국유사』 왕력에는 동명왕을 단군의 아들로 전하고 있는데, 이것 역시 고구려를 고조선의 계승국으로 생각하고 있던 고려 사람들의 역사인식을 잘 보여주는 사례다.

이러한 인식은 조선왕조 시기의 역사기록에서도 잘 드러난다. 1450년경 이석형 등이 편찬한 『동국통감』, 18세기 중반에 안정복이 완성한 『동

사강목』 등 통사류 책들과 18세기 말 19세기 초 우하영이 편찬한 『천일
록』, 20세기 초에 편찬된 『증보문헌비고』 등의 제도사 관계 책들은 고구
려, 백제, 신라를 앞선 고조선, 부여, 구려, 진국의 역사와 결부시키고 고
려, 조선왕조 시대의 역사와 연결시켜 하나의 일관한 통사체계로 서술했
다. 이것은 당시 사람들 속에 고구려가 고조선의 계승국이었다고 보는
인식이 확고히 자리 잡고 있었다는 것을 알 수 있게 한다.

3절
고구려는 동아시아 최초의 중세봉건제 국가다

고구려는 1,000여 년 동안이나 존속했던 고대국가 구려를 계승한 나라다. 고구려 시조 동명왕은 고대노예제 국가인 부여에서 노예제 사회의 계급적 모순이 격화되고, 봉건적 관계가 싹트고 있던 시기에 왕실 말목장의 목동으로 일했다. 그는 계급사회의 모순을 날카롭게 느끼고 새로운 사회를 지향한 혁명가였다. 따라서 고구려를 건국하면서 새로운 사회체제(중세봉건사회)를 지향했다. 이러한 면에서 볼 때 고구려 사회는 봉건 지주계급이 정권을 장악하고 있고, 봉건적 소유관계가 지배하며, 이에 기초해 민중을 지배하고 착취하는 봉건사회다. 이것은 여러 가지 역사자료들에 의해 입증된다.

1. 봉건적 토지소유 관계와 계급 관계

고구려에서는 일정한 면적의 토지를 소작농민에게 경작하도록 하고, 그 지대를 현물로 수탈하는 지주적 경리형태가 지배했다. 몇 가지 단편적인 역사기록으로도 명확히 확인할 수 있다. 『삼국지』 고구려전에는 "국중의 대가로서 밭갈이를 않고 앉아서 놀고먹는 자들이 1만여 명인데, 하호들은 멀리서 쌀과 곡식, 물고기와 소금을 날라다가 그들에게 바친다"라고 기록돼 있다. 또한 『위략』에는 "대가는 밭갈이를 하지 않는데, 하호는 부세를 바치는 것이 노객과 같다"라고 했다. 이 사료는 고구려 5부의 총 호수가 3만이라고 하던 때, 즉 고구려 초기 그 중심 지역의 형편을 전한 역사자료다.

『삼국지』 고구려전의 기사는 구려국 말부터 3세기 중엽 이전까지의 역사적 사실을 써 놓은 책인데, 여기서 말하는 국중은 고구려 수도를 가리킨다. 인용문에서 보이는 대가는 높은 관료를 가리키는 '벼슬등급'이 아니라 그저 '부유한 자'를 가리키는 말이다. 하호는 토지가 없거나 적은 농민으로 개별적인 사적 토지소유자(지주)에게 얽매인 소작농민, 대가에게 지대 등을 바칠 의무를 진 봉건적 예속민, 노비(농노)들이었다고 볼 수 있다. 『삼국지』 고구려전에 보이는 식량과 소금, 물고기를 바치는 하호는 대가들에게 지대를 물어야 하는 평민 또는 노비 신분을 가진 소작농민이었다고 봐야 할 것이다.

대가 대 하호(지주 대 소작인)의 관계는 당시 고구려 사회의 주도적인 사회관계였다. 대가는 토지를 사적으로 소유하고 있던 지주계급으로 일부 부유한 평민층도 있었을 것이나 대부분은 귀족관료 계층이었다. 당시 고구려 봉건 귀족관료들이 많은 토지를 여러 가지 방식으로 차지하고 있었다는 것은 『삼국사기』 대무신왕(실제로는 대주류왕) 15년 조에 동명왕의 옛 대신들인 구도, 일구, 분구 등이 탐욕스러워 남의 처첩과 소, 말, 재물들을 빼앗았다는 기록, 고국천왕 12년(190년) 조에 중외대부 어비류와 평자 좌가려의 자식들이 권세를 등에 업고 남의 자식과 토지와 집을 빼앗았다는 기록을 통해서 알 수 있다.

이밖에도 지주계급은 흉년이나 재해 때 민중들의 토지를 헐값으로 빼앗아 더 많은 토지를 소유했고, 국왕의 사유지, 식읍 등을 통해서도 자신의 사유지를 늘려갔다. 그 결과 대귀족 고위관료들에게 토지가 집중되는 현상이 발생했다. 이처럼 고구려에서는 지주들에 의한 사적 토지소유가 지배했다. 그리고 최대 토지 소유자는 국왕이었으며, 다음으로는 후왕, 고위급 귀족관료들이었다. 이상과 같은 대규모 토지 소유자와 중소 토지 소유자들인 중소 귀족과 평민인 지주 등이 소작인들을 봉건적 방식으로 착취하거나, 지배계급이 공동으로 국가적 소유형태를 통해 민중들을 착취하고 지배하는 봉건적 토지소유 관계가 지배했다.

고구려에서는 봉건적 토지소유 관계에 기초해 지배계급이 봉건적 계급신분 관계를 편성 고착시키고, 민중에 대한 지배권을 확립했다. 국왕은 봉건적 계급신분 관계의 정점에 위치했다. 그는 최대의 토지 소유자, 국가권력의 최고 대표자로서 그의 명령 지시는 곧 법이 되었다. 국왕은 전쟁선포권, 관리임면권, 외교권 등 주요 문제를 결정하는 절대적 권리를 가진 최고통치자, 절대군주였다. 고구려에는 고위 귀족들이 모여 중요한 정치적 문제를 토의하는 귀족평의기구 - 제가평의회가 있었다. 그러나 이것은 어디까지나 국왕의 보좌 자문기구였고 최종결정권은 국왕에게 있었다. 왕위는 세습됐으며, 원칙상 장자상속제였다.

국왕 다음의 고위관료는 고추가였다. 국왕의 가까운 일가 또는 국왕의 장인, 이전 국왕 가문이었던 연나부의 적통대인 종손들을 고추가라는 칭호로 불렀다. 일부 고구려에 통합된 나라의 왕이나 왕자가 고추가로 되는 경우도 있었다. 또한 고구려에는 주, 후, 군, 왕 등의 칭호를 가진 제후왕들이 있었다. 고구려의 귀족관료들은 크게 대가와 소가로 구분되었고, 그 안에서도 다시 세분된 구분이 있었다. 대가들은 고위 귀족층으로 대로, 패자, 우태, 주부 등 높은 벼슬등급을 가질 수 있었고, 중요한 국가관직에 임명되어 정권 운영에 직접 참여할 수 있었다.

소가들은 대형 이하 사자, 소형, 조의, 선인 등의 벼슬을 받을 수 있는 중하층 귀족 관료로 봉건국가의 실무를 맡아보면서 인민들에 대한 통치의 직접적 집행자가 되었다. 대가, 소가들은 의복, 관모, 주택, 수레의 사용 등에서 제한을 받았다. 즉 머리쓰개, 의복의 색깔과 질, 패물의 양과 질에 의해 구분됐다.

고구려에는 향류를 비롯해 후세의 중인 아전 계열에 속하는 자들도 있었다. 그들 가운데 토호 계층도 있었고 또 본래 소국의 관료 출신으로 고구려의 지방통치기구 안에서 복무하며 봉건통치의 말단 실무를 담당하고 민중들에 대한 억압 착취의 직접적 하수인이 된 자들도 있었다.

이상에서 살펴본 바와 같이 고구려의 계급 신분 관계는 이미 초기부터 봉건제도에 고유한 계층제를 형성하고 있었으며, 후기로 내려올수록 더욱 세분화됐다.

평민, 노비 등 피지배계급 민중들은 권력에서 완전히 배제됐다. 그들은 정치적으로 무권리 상태에서 오직 봉건적 의무만을 진 착취와 억압의 대상이었다. 그래도 후세와 다른 점이 있었다. 전투에서 큰 공을 세운 자들의 일부가 발탁돼 하급지휘관이 되고, 대를 이어 계속되면서 중하층 귀족으로 전화하는 사례가 고려 이후보다 좀 많았다. 또 수공업자들 가운데 특별히 우수한 기량을 가진 자들도 일정한 벼슬등급을 받고 상대적으로 높은 사회적 대우를 받았다. 이러한 점들은 후세보다 그들의 처지가 좀 나았다는 것을 보여준다.

이처럼 고구려는 봉건적 토지소유 관계의 측면에서 보나, 봉건사회의 전형적 지표로 인정되고 있는 세분된 신분관계의 측면에서 보나, 경제발전, 생산력 발전, 착취 등의 측면에서 보나 당시 중국과 비슷했으며, 후세의 고려, 조선왕조와도 많은 공통성을 가진 봉건사회였다.

고구려는 기원전 108년, 한무제의 침략군에 맞서 싸우기 시작한 이래 근 800년에 걸쳐서 동아시아 나라 가운데 가장 경제와 문화가 발전한 나라, 군사력이 강대한 나라였다.

2. 봉건적 통치체제

왕호·연호 등을 통해서 볼 때 고구려는 천자국이었다. 『삼국사기』를 비롯한 옛 기록들과 금석문을 보면 고구려의 최고 통치자는 왕, 대왕(태왕), 성왕, 명왕, 신왕, 호왕, 호태왕, 호태성왕, 제, 성제 등으로 불렸다. 고구려에서는 중국과 관계없이 왕호를 계속 썼으며, 평상시에는 대왕으로 불렸고, 특수한 업적이나 공로가 있는 왕은 명왕, 신왕, 성왕, 호왕 등 형용사를 붙여 부르기도 했다. 고구려 왕이 처음부터 제후 왕 위에 있는 천자이며 대왕이었다는 것은 시조 고주몽이 천제의 아들, 손자로 자칭한데서도 알 수 있다. 이와 더불어 다음 해에 비류국 왕을 다물후, 다물국왕으로 삼았고, 기원전 219년 부여 왕의 사촌 아우에게 왕호를 준 사실에 의해서도 명백히 알 수 있다.

고구려에는 이런 속국왕, 제후왕들이 많았다. 고구려 왕이 평상시에 대왕으로 불렸다는 것은 건국설화 가운데서도 찾아볼 수 있고, 대무신왕기 11년 조, 15년 조를 비롯해 여러 군데에 나온다. 4세기 말 소수림왕에 이르러 고구려는 제반 제도를 정비하면서 명실공히 천자의 나라로서 황제국의 체모에 맞게 제반 제도들을 정비했다.

중앙관제, 벼슬등급 제도

고구려의 중앙관제로서 지금까지 알려진 것들을 중심으로 살펴보자. 고구려의 초기 중앙관제로는 국왕 아래에 그를 보좌하는 최고급 관료로서 대보가 있었고, 이는 후에 좌보, 우보를 두는 제도로 발전했다. 166년에 이르러 좌우보 제도를 폐지하고 한 명의 국상을 두었다. 국상은 대로, 패자, 대주부, 우태 등 가장 높은 벼슬등급을 가진 자로 임명됐으며, 왕 다음으로 국정을 통괄하는 대단히 큰 권한을 행사했다. 국상은 6세기경에 막리지로 명칭이 바뀌었다. 막리지는 2품 이상의 벼슬등급을 가진 자들로 임명됐다. 막리지는 후에 여러 명이 있게 되고, 그 위에 대막리지, 태대막리지가 생겨났다.

국상 다음의 중앙관직으로는 초기에 중외대부, 평자 등이 있었다. 높은 급의 관료들은 대신으로 불렸고, 중앙과 지방의 군사통수권을 가진 지내외병마사도 있었다. 또 일정한 행정단위 장관으로서 부장이라는 관직도 있었다. 무관직으로는 대장, 장하독, 중리도독, 장사, 사마, 참군관 등이 있었다. 고구려 후기의 중앙관직으로는 막리지 아래에 각급 벼슬들이 있었다. 이름이 전해지는 것은 국자박사, 태학박사, 사인, 통사, 전서객 등이고, 무관직으로는 지내외병마사, 장군, 소장, 3군대장군, 중군주활, 중리대활, 대모달, 당주, 말객 등이 있었다.

고구려의 발전된 관직제도를 보여주는 중요한 징표는 벼슬등급 제도다. 고구려의 벼슬등급에 관해서는 이러저러한 견해들이 많다. 지금까지 알려진 명칭을 등급 순서대로 살펴보면, 대대로(정1품), 대로(종1품), 태대형(정2품), 주부(종2품), 태대사자(정3품), 조의두대형(종3품), 대사자(정4품),

소대사자(종4품), 대형(정5품), 발위사자(종5품), 상위사자(정6품), 사자(종6품), 소형(정7품), 제형(종7품), 과절(정8품), 불과절(종8품), 선인(정9품), 자위(종9품)로 이루어져 있었다. 일부 벼슬등급은 출처에 따라 이름이 달리 불리기도 했다. 어쨌든 고구려 말기에 이르러 18등급이 모두 구비된 것만은 확실하다.

이렇게 구비되기까지 벼슬등급이 발전적으로 분화되는 과정이 동반되었을 것이다. 고구려 벼슬등급 변화·발전에서 나타나는 특징은 이미 있던 명칭을 분화시키는 방법으로 새로운 등급 명칭을 만들어냈고, 이렇게 분화된 벼슬등급이 차례차례 자리 잡은 것이 아니라 형, 사자 계열의 벼슬등급이 섞여서 자리 잡게 되었다는 데 있다. 고구려의 세분된 벼슬등급 제도의 존재는 봉건사회의 특성인 위계제도의 심화발전을 의미하며, 이것은 고구려 봉건사회 발전상의 일면을 보여준다.

지방관제, 주·군·현제의 성립

고구려는 건국 이후 10년 이내에 벌써 동서 2,000리나 되는 넓은 영토를 확보한 나라였으므로 당연히 지방 통치체계도 일찍부터 정비되었을 것이다. 초기부터 직할지로 편입하는 것을 기본방침으로 삼았고, 때에 따라서는 속국, 후국, 속령도 두었다. 직할지의 통치단위는 군, 현 또는 성읍으로 표현됐으나, 군·현은 후세의 개념을 빌려 쓴 것이고 처음에는 고을(성, 읍, 곡, 연)로 불렀다. 고을은 고대부터 있었고, 중세의 전 기간 동안 각급 지방행정 단위의 범칭으로 쓰였다. 고구려에서는 점차적인 과정을 거쳐 주, 군, 현의 명칭을 쓰게 됐다. 처음에는 낙랑국, 대방국 지역을 통합하면서 그 지역에 쓰이고 있었던 군, 현 명칭을 그냥 사용했고, 요동지방을 수복하면서 종전의 군, 현 명칭을 그대로 썼다. 또 고구려 유주가 설치되면서 주, 군, 현제를 이용했다. 그러다가 소수림왕 때 전국적으로 주, 군, 현제를 도입한 것으로 보인다. 이것은 4세기 중엽 고국원왕릉, 5세기 초 덕흥리 벽화무덤의 묵서에서 주, 군, 현 기사가 나오는 것으로 확인된다.

고구려의 주, 군, 현은 상하의 영속관계를 갖고 있었다. 군, 현 아래에는 향, 부곡, 리, 촌 등 말단 행정단위들이 있었다. 고구려의 기본 영토인 직할지에는 대체로 14~15개의 주들이 있었던 것으로 파악된다. 여기에는 대략 100개 군, 200개 현, 주까지 포함해 310개의 크고 작은 고을이 있었다.

3. 부수도의 설치와 변천

고구려의 봉건통치 체제에서 중요한 구성 부분을 이룬 것은 한 개의 기본수도와 여러 개의 부수도를 둔 것이다. 부수도는 정치·군사적으로 중요한 지방에 대한 국왕의 중앙집권적 지배를 강화하고, 외적의 침입에 신속히 대응하며, 전선을 지휘하기 위해 설치됐다. 부수도는 수도의 축소판이었다. 여러 중앙통치기관을 축소된 형태로 구비해놓고 국왕이 그곳에 와서 정사를 보게 되면 즉시 수도를 대신하게 되어 있었다.

이 제도는 고조선의 부수도 제도를 계승 발전시킨 것인데, 훗날 3경·5경제로 발전시켰다. 국내성을 기본수도로 삼고 있을 때는 환도성(졸본성), 평양성을 부수도로 삼아 3경체제가 형성됐으며, 기본수도를 평양으로 옮긴 다음에는 남평양성(오늘의 장수산성. 이후 고구려의 남하정책으로 소백산맥 줄기까지 진출했을 때는 남평양성을 오늘의 서울 부근으로 옮겨 한성이라 칭하고 이를 부수도로 삼았다)과 북평양성(새 환도성으로, 오늘의 봉황산성)을 더해 5경체제로 발전시켰다. 고구려의 3경·5경 체제는 이후 발해와 후기신라, 고려, 조선왕조에 이르기까지 계승됐을 뿐 아니라 대륙의 여러 봉건국가들에까지 퍼진 특이한 통치제도다.

우리나라 역사학계에서는 고구려의 부수도인 남평양성, 북평양성에 대한 올바른 이해가 결여돼 있다. 이 때문에 371년 고구려와 백제의 전투 현장이나, 수 - 당과의 전쟁 상황에 대한 많은 오해들이 그대로 남아 있다.

평양성이 부수도로 설치된 과정은 비교적 잘 밝혀져 있다. 247년 동천왕 때 평양으로 임시천도를 한 이후 국내성으로 되돌아가면서 평양성을 부수도로 설치하고, 이후 평양 지역 개발에 큰 힘을 쏟았던 것은 역사책들에도 잘 나와 있다. 그렇지만 남평양성과 북평양성은 임시수도로 된 적이 없어서 부수도로 설치된 과정이 잘 드러나지 않는다. 여기에서는 남평양성, 북평양성 설치 과정과 그 위치를 좀 더 상세히 검토해보도록 한다.

남평양성은 어디인가?

지금까지 남평양성은 양주(서울) 지역에 있었던 것으로 전해져 왔다. 역사책들은 양주지방에 있는 남평양성을 남평양성이라고도 쓰고 한성이라고도 썼다. 그 때문에 원래부터 남평양성이 양주지방에 있었던 것으로 알려졌다. 그러다 보니 371년 고구려와 백제의 전투가 벌어졌던 평양성은 남평양성이 아니라 지금의 평양성으로 알려졌다. 371년 당시 고구려 - 백제의 국경은 예성강 계선이었는데, 그곳으로부터 평양성까지는 수백 리나 떨어져 있을 뿐 아니라 그 사이에는 태백산성, 대현산성, 휴류산성, 황주성 등 고구려의 주요 방위시설들이 줄줄이 늘어서 있었다. 그런데 백제군이 아무런 저항 없이 수백 리를 진격해 평양까지 들어온다는 것은 있을 수 없는 일이다. 북한의 역사학자들 역시 이러한 수수께끼를 풀려고 갖은 애를 썼지만 잘 풀리지 않았다. 그런데 이 수수께끼를 푸는 열쇠가 발견됐다. 1984년 장수산성 근처에서 거대한 도시유적을 발굴했는데, 이 도시유적이 바로 남평양성이었던 것이다.

이 도시유적이 남평양성이었다는 근거는 무엇인가?

첫째, 이 도시유적은 신원군 아양리, 월당리 일대에서 발견됐는데, 그 규모가 삼국시대 평양성(4~7세기), 사비성, 신라 수도 경주 다음으로 크고, 세계적으로도 매우 큰 도시유적에 속한다는 점이다. 이 정도로 큰 규모는 부수도 남평양성일 수밖에 없다. 이 도시유적은 재령강과 그 지류인 운대천과의 합수목 부근 신원군 아양리와 그 건너편인 재령강 동쪽 월당리를 중심으로 동서 약 4km, 남북 약 4.5km 범위 안에 있는데, 이곳에서 4~5세기에 흔히 사용됐던 고구려의 붉은 기와와 회청색 기와 조각, 도기 조각들이 수없이 많이 출토됐다. 또 아양리 소재지 부근과 뒤쪽 야산 기슭에는 회청색 기와들이 많이 널려 있는데, 이 기와들은 붉은 기와보다 위층에 있으며 안학궁성 등지에서 발견되는 것과 비슷하다. 이 도시유적에는 도시구획을 한 이방 시설도 있었다.

둘째, 이 도시유적이 남평양성일 수밖에 없는 까닭은 성곽방위 시설과 고구려 무덤의 분포를 놓고 말할 수 있다. 이 도시유적은 산성과 평지성의 결합으로 이루어진 큰 성곽방위 시설을 갖추고 있는데, 그것은 고구려 수도 - 부수도에서 흔히 볼 수 있는 도시구조와 같다. 장수산성은 내성과 외성으로 구성되었고 둘레가 10.5km나 되는 큰 산성이다. 산성 아래 아양리 중심 부분에는 약 2.5km의 토성이 있다. 이 토성은 옛 남평양 도시유적 중심부를 보호하기 위해 쌓은 것으로 성문이 있던 곳, 장대가 있던 곳에는 모두 고구려 기와 조각이 널려 있다. 그리고 장수산 남문 앞의 도마동을 에워싼 또 하나의 작은 성이 있다. 이처럼 큰 성과 그 아래 두 개의 토성을 갖춘 것으로 볼 때 고구려 남방의 큰 중심지이자 부수도였던 남평양성이라고 확실히 말할 수 있다. 또한 장수산 일대에는 고구려의 돌무지무덤, 돌칸 흙무덤이 무척 많이 남아 있다. 조사에 따르면 그 지역에서 1,000여 기 이상의 고구려 무덤들이 발견됐다.

셋째로, 이곳이 부수도였다는 것은 평양글자새긴 성돌 가운데 '한성 하후부'(漢城下後部)라는 부 명칭이 발굴된 것으로 확인할 수 있다. 하후부는 '한성'의 하부, 후부를 아울러서 한 개 단위로 만든 것으로 볼 수 있는데, 새 평양성 건설 당시 장수산성 일대의 남평양성은 한성으로 불렸다. 고구려에서 5부가 있었던 도시는 수도와 부수도밖에 없었다. 그러므로 남평양성이 부수도였던 것은 명백하다.

그렇다면 남평양성은 언제부터 건설됐고, 언제 부수도로 확립됐는가? 이에 대해 명확히 정리된 바는 없다. 이곳이 평양으로 불리게 된 것은 후기 낙랑국의 수도가 이 지역에 있었고, 그 수도 이름을 평양으로 부르면서부터라 할 수 있다. 그러므로 이곳을 최종적으로 점령했던 300년 무렵부터 평양과 구별하기 위해 남평양 또는 하평양이라고 불렀을 것이다.

광개토왕 때에 수도를 평양으로 옮길 확고한 방침을 세우고 수도 평양 건설 사업을 추진했는데, 이때에 이르러 이곳을 부수도로 확정했을 것이다. 이것은 광개토대왕릉비에 '순하평양' 즉 하평양을 왕이 순행했다는 기사가 나온 것으로 볼 때 그렇게 추론할 수 있다.

4세기 말 부수도의 하나가 된 남평양성은 고구려의 삼국통일정책 수행에서 중요한 최전선 거점도시로 번성해 갔다. 그러다가 529년 안장왕 때 고구려가 백제의 옛 수도 한성 지역을 점령하고 아산만 계선까지 진출하면서 남평양성은 장수산 일대에서 양주(지금의 서울 중심부) 지역으로 이동했고, 이때부터 남평양성은 한성으로도 불렸다.

그러나 고구려는 국내 정세의 변동으로 550년대에 이르러 임진강 계선으로 다시 후퇴하지 않을 수 없었고 이때 남평양성은 다시 장수산성 일대로 옮겨오지 않을 수 없었다. 그러나 이름만은 계속 한성으로 불렀다. 한성이 평양성·국내성과 함께 고구려 3경의 하나라고 한『주서』의 기사는 한성(남평양성)이 부수도의 하나로서 당당한 지위를 차지하고 있었다는 것을 뚜렷이 보여준다.

봉황산성은 고구려 부수도 북평양성이다

단동에서 북서쪽으로 40km 정도 가면 봉황산이 나온다. 봉황산성은 고로봉식 산성으로 고구려 산성 가운데 가장 크다. 둘레는 약 16km이며, 봉황산(높이 836.4m)과 고려산(높이 765m) 사이의 산등성을 둘러막아 쌓았다. 높은 바위 절벽을 이용한 부분이 8.43km이고, 인공적으로 성을 쌓은 구간이 7.525km이다. 성벽은 매우 견고하게 쌓았고 제일 낮은 부분인 서남향의 남문은 성벽을 안으로 400m 들여 쌓았다. 인공적으로 높은 흙성을 쌓고 돌 성벽으로 덮었으며, 성 밖에도 흙을 쌓고 돌로 덮은 옹성을 만들었다. 이 성벽의 높이는 13m에 달했던 것으로 보고 있다. 성벽의 두께도 여타의 성과는 달리 위쪽 너비를 넓게 해 사람들이 자유롭게 다닐 수 있게 만들었다. 남문의 동남쪽 1,120m 지점, 바위가 60m쯤 넓게 벌어진 곳에도 성벽을 쌓고 동문을 냈다. 동북쪽 좀 낮은 곳에는 북문을 냈는데, 여기에도 옹성 시설이 있다. 이밖에도 산성에는 작은 성문이 있었던 곳으로 보이는 몇 개 지점이 있다. 북문 동북에는 길이 490m되는 차단성도 있다. 이 성은 매우 견고하였을 뿐 아니라 내부 면적도 매우 넓어서 일부 옛날 책에는 10만 명을 수용할 수 있다고 나와 있기도 하다.

성벽에는 요긴한 지점마다 요망대가 있고, 남문 부근에는 점장대가 있다. 성 안 집터에서는 고구려 기와와 질그릇 조각이 많이 나오고, 부근에는 돌무지무덤들도 있다. 특이한 것은 성벽이 지나가는 곳에 정향꽃나무가 있다는 것이다.

봉황산성을 북평양성이 아니라 오골성이라고 보는 견해가 많다. 하지만 오골성이라면 오골강가에 있어야 하는데, 봉황산성은 오골강과 전혀 관련이 없다. 오골강은 바다에 들어가는 강으로 오늘날 대양하다. 따라서 오골성은 봉황산성이 아니라 대양하가 흐르는 오늘날 수암에 있는 옛 토성이다. 수암 지역에는 수많은 산성들이 있는데, 고구려의 오골주가 있었던 주 소재지가 바로 이곳이다. 그리고 이 수암에 있는 평지성이 오골성이었다.

봉황산성은 고구려 말기에 환도성(새 환도성), 안지성, 북평양성으로 불렸다. 고국원왕은 342년 전연의 침입으로 환도성이 다시 함락되고 파괴되자 그곳을 보수해서 부수도로 삼지 않고 평양 동황성으로 임시수도를 옮겼다. 고조선의 옛 땅을 대부분 회복하고 있는 상황에서 고국원왕은 향후 요동지방이 고구려 방어의 중심 지역으로 부각될 것이라는 점을 예견하고 환도성(부수도)을 요동 방면으로 옮겨 설치할 구상을 했다. 이러한 구상에 따라 고구려는 전연을 멸망시키고 유주를 설치했을 당시 요동성을 새로운 환도성으로 설치했다. 그러나 몇 해 지나지 않아 유주를 폐지하고 대릉하 - 의무려산 줄기 계선을 국경으로 삼게 됨에 따라 국경에 매우 가까워진 요동성은 부수도로 부적절하다고 판단한 고구려 지배층은 봉황산에 산성을 축조하고 이곳을 부수도인 새환도성으로 삼았다. 봉황산성에 부수도 환도성을 설치한 시기는 대체로 4세기 말엽이라고 볼 수 있다.

박지원의 『열하일기』에 봉황성에 관한 기록이 있는데, 그중 주목할 내용이 있다.

때마침 봉황성을 새로 쌓는데 혹은, "이 성이 곧 안시성이다"라고 한다. 고구려의 옛 방언에 큰 새를 '안시(한새)'라 하니, 지금도 우리 시골말에 봉황을 '황새'라 하고, 사(蛇)를 '배암'[백암(白巖)]이라고 함을 보아서 "수, 당 때에 이 나라 말을 좇아 봉황성을 안시성으로, 사(蛇)성을 백암성으로 고쳤다"라는 전설이 자못 그러한 것 같기도 하다.

나는 "당태종이 안시성에서 눈을 잃었는지는 상고할 길이 없으나, 대체로 이 성을 안시라 함은 잘못이라고 한다. 『당서』에 보면 안시성은 평양에서 거리가 500리요, 봉황성은 또한 왕검성이라 한다 했다. 『지지』(地誌)에, 봉황성은 평양이라 하기도 한다 하였으니 이는 무엇으로 이름함인지 모르겠다. 또 『지지』에 옛날 안시성은 개평현(봉천부에 속하는 지명)의 동북 700리에 있다 하였으니, 개평현에서 동으로 수암하까지가 300리, 수암하에서 다시 동으로 200리를 가면 봉황성이다. 만일 이 성을 옛 평양이라 한다면 당서에 이른바 500리란 말과 부합되는 것이다"라고 생각한다.

박지원의 『열하일기』에서는 양만춘 장군이 당나라 100만 대군과 싸웠던 안시성과 고구려의 부수도로서 안시성을 혼동하고 있으나 봉황성을 평양이라고 했다는 것, 안시성이라 불리기도 했다는 것을 확인해주고 있다.

『삼국사기』 권 37, 지리지 4에는 669년 2월 압록강 이북의 고구려 성 가운데 항복하지 않은 성의 하나로 '안시성'을 들면서, "옛 이름은 안촌홀이라고 하였고 달리는 환도성이라고도 한다"라는 주석을 붙여놓았다. 『증보문헌비고』, 『성호쇄설류선』 등에는 우리나라 옛말에 안시, 안지는 큰 새를 의미한다고 했고, 또 『봉황쇄록』에는 17~18세기 당시까지도 조선 사람들은 봉황성을 안시성으로 불렀다고 기록돼 있다. 우리나라 옛말에서 환도, 안두, 안시, 아도는 서로 통하는 말이라고 한다.

4절
고구려는 과학과 문화의 선진국이었다

고구려가 동아시아의 천년 강국으로 그 이름을 떨치고, 중국의 통일 국가인 수나라, 당나라와의 전쟁에서 연전연승할 수 있었던 것은 과학과 기술의 발전, 높은 문화수준과 떼어놓고 생각할 수 없다. 고구려 사람들은 자신들의 창조적 지혜와 슬기, 굳센 투쟁으로 당시로서는 매우 발전된 선진적 고온제강기술을 확립하고, 여러 가지 주강제품들을 생산했다. 기상천문학, 의학, 금속가공과 건축, 요업 기술에서 세계적인 선진국의 대열에 당당히 섰으며, 회화·공예 등 미술 분야에서도 특출한 실력을 과시했다.

1. 고구려는 과학과 기술의 선진국이었다

고구려 사람들은 창조적 지혜와 슬기를 발휘해 다방면으로 발전된 우수한 문화를 창조했다. 단군조선 문화에 기초한 고대 문화를 계승해 천문학과 기상학, 의학과 약학, 수학과 지리학, 제철·제강과 금속가공, 요업과 건축 등 과학 기술의 여러 분야에서 세계적인 선진국의 자리에 올라섰다. 세계에는 나라도 많고 민족도 많으나, 중세 초기에 고구려만큼 다방면으로 발전된 우수하고 선진적인 문화를 가진 나라와 민족은 거의 없다.

기상천문학

우리나라 기상천문학의 발생은 일찍이 단군조선 시기로 거슬러 올라간다. 고인돌의 뚜껑돌에는 별자리를 그려놓은 것들이 매우 많은데, 별의 밝기에 따라 등급을 매겨놓고, 등급에 따라 별자리 구멍의 크기를 다르게 했다. 그런데 놀랍게도 현대 천문학의 별등급(6등급)과 거의 같이 5~6등급으로 나누어 새겼다. 고대 천문학의 발전은 농경문화와 깊은 관련을 갖고 있었다. 이러한 문화적 전통이 고구려까지 이어져, 고구려의 천문학도 일찍부터 발전했다.

고구려에서는 일찍부터 엄격한 제도와 규율 밑에서 천문관측사업을 진행했다. 천문기상관측을 전문으로 하는 관청이 있었고, 일자라는 전문 관리가 있었으며, 첨성대도 있었다. 고구려 벽화무덤에 나타난 별자리 그림들을 분석해보면 별자리에 대한 지식이 비교적 정확하다는 것이 확인된다. 고구려 천문학의 발전이 세계적이었다는 것은 석각천문도를 통해 알 수 있다. 고구려의 석각천문도는 원래 평양성에 있었다가 전란으로 없어졌는데, 다행히 석각천문도를 찍어낸 원본이 남아 있었다. 이것을 원본으로 해서 1395년의 실정에 맞게 다수 수정해서 만든 것이 유명한 천상열차분야지도다.

고구려의 석각천문도는 세로 약 2m, 가로 약 1.2m인 큰 돌판 위에 새긴 것인데, 북극이 중심에 놓이도록 천구를 평면에 투영한 후 1,475개

의 별들을 307개의 별자리로 묶어서 제자리에 표시한 것이다. 이 천문
도에는 중심원(북극원)과 적도원, 황도원, 경도원이 밝혀져 있고 은하수
도 그려져 있다.

역학과 의학

평남 용강군 쌍기둥무덤(5세기 후반)의 전실 왼쪽 벽에 그려진 기와집
의 지붕을 이루는 곡선은 고구려 사람들이 높은 수학 지식과 역학 지식
을 건축에 도입, 이용했다는 것을 잘 보여준다. 쌍기둥무덤의 지붕 곡선
은 보기에도 아름다울 뿐 아니라 물매도 특수해 지붕에 떨어진 물이 잘
굴러떨어지게 돼 있다. 이것을 현대과학에서는 최속하강선이라고 말하
는데, 이 원리는 유럽에서는 1696년 스위스의 요한 베르누이에 의해 처
음으로 밝혀졌다. 그런데 고구려 사람들은 그보다 1,000여 년 전에 그러
한 이치를 건축에 도입하고 있었던 것이다. 이러한 지붕곡선은 조선시대
건축에도 그대로 이용되었다.

무덤 벽화들을 보면 박공지붕은 직선으로 되어 있고, 우진각 합각지
붕은 다 곡선으로 돼 있다. 이러한 지붕곡선은 백제와 신라에도 전파됐
다. 백제의 산경치무늬벽돌에 새겨진 용마루, 추녀마루, 처마선의 곡선에
서 고구려 쌍기둥무덤 앞칸 서벽에 그려진 지붕과 거의 같은 지붕곡선
들이 보인다. 울산시 울주군 농소면 중산리에서 나온 벽돌에 새겨진 건
물 그림의 지붕곡선도 고구려 벽화에서 보는 지붕곡선과 같다.

이처럼 우리 선조들은 예로부터 건축물에서 직선과 곡선을 옳게 배
합했고, 곡선을 쓰는 경우에도 우리 민중들의 민족적 기호에 맞게 진취
적이면서도 명랑하고 소박한 미적 감정을 잘 나타냈으며 민족 건축 형성
의 중요 부분으로 되게 했다.

고구려의 역학수준을 잘 보여주는 사례가 고국원왕릉(안악 3호무덤)의 돌문이다. 육중한 돌문을 손가락 하나로 밀어도 움직이게 만들었는데, 이것은 돌 다루는 기술이 역학지식 경험에 기초해 높이 발전했었다는 것을 실증해준다.

역학지식의 높이를 보여주는 또 다른 사례는 강서큰무덤의 관대구조다. 이 무덤의 안칸에는 두 개의 화강석 관대가 있는데, 그중 동쪽의 것(왕후의 관대)은 지면에 고정돼 있지 않고 수평 길이 방향으로 약간의 힘을 줄 때 흔들리는 요람 침대형식으로 돼 있다. 이것은 고구려 사람들이 강체동역학의 원리를 알고 실천에 적용하고 있었다는 것을 증명해준다. 1673년 후겐스가 처음으로 만든 흔들이시계, 1788년 라그랑주가 확립한 해석역학에 비해 고구려 사람들은 이미 6~7세기에 이러한 원리를 알고 있었던 것이다.

의학도 상당 수준으로 발전됐다. 특히 침 치료법은 매우 높은 수준에 있었다. 당나라 사람 단성식이 편찬한 『유양잡조』에 의하면 고구려 사람들이 침을 잘 놓았으며, 한 치 되는 머리카락을 꿰뚫어보고 머리카락 속이 비었다는 것을 알아냈다고 한다.

제철·제강 기술과 금속가공 기술

우리나라 제철·제강 기술의 연원은 매우 오래됐다. 이미 기원전 2,000년대 말부터 철을 널리 생산했다. 그리고 기원전 4~3세기에 와서는 주강제품들이 많이 나타났다. 단조품만이 아니라 주조품도 많이 나타났으며, 기물의 사명과 기능에 적응한 여러 가지 강재를 사용했고, 소둔, 소결, 소려와 같은 열처리 공정을 거쳤다. 이것은 고구려 초기부터 강철을 만드는 제강로와 쇠탕 시설들이 있었다는 것을 말해주며, 철제품의 입자가 미세한 것은 단조기술이 발전되어 있었다는 것을 보여준다. 기원전 3세기 이래 고구려의 영역으로 된 자강도, 함경북도 무산 등 압록강·두만강 유역은 전 세계적으로 볼 때 고온야금법에 의한 주강생산 발상지의 하나였다. 노남리 유적에서 나온 납작한 쇠활촉, 고리자루쇠송곳, 긴 뿌리 달린 손칼, 꺾쇠 등은 중국 관내에서는 보이지 않는다. 이것은 조선의 철기가 고유한 것이라는 실제적 증거다. 유럽에서 고온야금법에 의한 제철제강법이 개발된 게 13~14세기인 만큼 그보다 천 수백 년 앞섰다고 할 수 있다.

고구려 제철제강 기술은 백제, 신라, 가야, 일본 등지에 널리 전달됐다. 부산 복천동무덤떼, 경산 임당동무덤떼, 합천 옥전무덤떼 등에서 나온 투구, 갑옷, 경갑, 마면갑 등은 고구려에서 나온 것과 같고, 일본 각지에서 나온 이러한 유물들도 그 연원은 다 고구려다.

고구려 금속가공 기술의 우수성은 정밀주조품 특히 공예품들을 통해서 찾아볼 수 있다. 평양의 초두나 집안 칠성산 96호무덤에서 나온 초두는 고구려 주조기술의 우수성을 잘 보여준다. 경주 호우무덤의 청동합도 고구려 정밀 주조기술의 높은 수준을 잘 보여주는 유물이다. 평양 청암동 토성에서 나온 불꽃뚫음무늬금동관의 띠는 눌러서 만들었고 구멍은 프레스 방법으로 뚫은 것이며, 주위의 가는 금실은 인발 기술을 적용해 뚫은 것이다. 금동관에 달린 구슬들은 용적형 단조로 만들었다. 이것은 고구려 금속압연 기술의 우수성을 보여주는 대표적 유물이다.

건축기술

고구려는 건축기술도 매우 발전했다. 『삼국지』에는 고구려 사람들이 궁실을 잘 지었다는 평가가 담겨 있다. 고구려에서는 지상 건축에 주로 목재를 사용했고, 그 결과 목조건축 기술이 높이 발전했다. 우리나라의 민족건축 양식의 많은 부분이 고구려 때 도입되어 이용됐다. 예컨대 지붕 양식도 배집지붕, 우진각지붕, 모지붕, 합각지붕 등이 이미 이용되었고, 여러 층으로 된 두공이 창안되어 처마를 높이 들어 올려 통풍과 채광을 보장하게 했다. 이와 더불어 지붕에는 각종 기와, 치미류, 장식품을 올리고 배부른 기둥을 세워 안전감을 높였으며 각종 칠감을 발라 나무가 부식되는 것을 막았다. 고구려 건축기술의 발전된 면모를 보여주는 자료들은 왕궁, 절간, 건축, 성곽, 무덤 축조 등 여러 부문에서 찾을 수 있다.

고구려 건축의 우수성은 견고성, 건물 배치의 합리성, 균형미에서도 잘 드러난다. 고구려 사람들은 건축물을 웅장하고 보기 좋게 만들기 위해 대칭 또는 비대칭 수법을 썼으며, 여러 가지 수학적 비례를 받아들여 균형미를 돋우도록 했다. 평양시 대성구역 안학동에 있는 안학궁은 5~6세기 고구려 건축술을 보여주는 대표적 유적으로, 건물 배치를 합리적으로 잘한 것으로 유명하다. 건물 배치의 축을 잘 설정하고 궁성 안의 모든 건축물을 5개 건축군으로 나눠 남북으로 향한 여러 개의 축을 따라 정연하게 배치했다. 또 중심축 위에 놓인 중심 궁전들의 몸채와 양쪽 나래채의 크기를 뒤로 가면서 작게 만들었다. 이는 안학궁의 지형이 남쪽이 낮고 북쪽이 약간 높기 때문에 사람들의 시각적 착오를 이용해 실제 중심보다 더 깊게 보이도록 하려는 의도에서 나온 것이다.

금강사, 정릉사, 황해도 봉산군 토성리 절터는 고구려의 1탑 3금당식 가람 배치에 따라 지은 절 유적들로, 수학 지식에 따라 건축물 배치를 규모 있게 정연하게 한 것으로 유명하다. 이 절간들은 일정한 기준 크기(예를 들어 탑의 한 변의 길이)를 설정하고 탑에서 문, 동·서 금당, 중금당까지의 거리가 그 배수가 되게 계측해 건물들을 세웠다. 499년에 세워진 금강사 건축 평면을 보면 탑의 한 변의 길이 12.25m(고구려 자 35자)를 기준으로 탑과 중문, 동금당과 서금당, 중금당 계단 남쪽 끝까지의 거리가 모두 35자가 되게 만들었다. 그리고 중금당의 길이는 87.5자, 너비는 52.5자로, 동금당의 길이(남북)는 70자, 너비는 35자가 되게 했다. 또 동금당·서금당의 가로·세로 비례는 1:2로, 중금당의 가로·세로의 비례는 2:5로 했으며, 탑의 기단은 70자를 직경으로 하는 원에 외접하는 정8각형으로 설계했다. 복원된 금강사탑의 높이는 61.25m가 된다. 탑을 가운데 두고 동·서·북쪽에 건물을 두는 고구려의 가람 배치는 약간 다르긴 하지만 백제의 군수리절터, 신라 황룡사의 평면 배치에 영향을 주었으며, 일본 아스카사의 가람 배치에도 그대로 적용됐다.

고구려의 다리건축 기술도 상당한 수준에 있었다. 평양시 대성동 구역과 사동 구역 사이의 대동강가에서 나무다리(대동강 고구려나무다리) 터가 발견됐는데, 길이 약 375m, 너비 약 9m의 큰 다리로, 귀틀 모양으로 짠 듬직한 지지기둥 위에 가로세로로 튼튼히 맞물린 지지보를 놓은 다음 두터운 깔판을 대고 난간까지 설치했다. 다리 골조로는 대부분 길이 8~10m, 너비 38cm, 두께 26cm 되는 굵은 나무 각재를 사용했다. 이 다리는 우리나라에서뿐 아니라 전 세계적으로 보기 드문 가장 오래고 큰 다리의 하나에 속한다.

고구려 사람들의 건축기술의 백미를 보여주는 또 다른 사례는 무덤 건축이다. 계단식 돌칸무덤, 돌칸 흙무덤의 천장은 평행고임, 3각고임, 8각고임, 평행 3각고임, 궁륭 3각고임, 궁륭형 평행 3각고임 등 여러 가지 형식으로 높고 아름답게 만들었다. 장군무덤은 계단식 돌칸무덤 가운데 보존 상태가 가장 좋은 유적으로, 고구려 석조건축의 우수성을 잘 보여준다.

고구려 석조기술의 우수성은 돌칸 흙무덤의 내부시설을 통해서도 엿볼 수 있다. 대표적인 게 고국원왕릉이다. 이 왕릉은 4세기 중엽에 건설된 돌칸 흙무덤으로 한 변의 길이는 남북 약 33m, 동서 약 30m다. 내부 구조는 고구려 무덤 가운데 가장 복잡하고 넓다. 즉 문칸, 앞칸, 안칸, 서측실, 동측실이 있고, 안칸의 동쪽·북쪽에는 ㄱ자 모양의 긴 회랑이 있다. 이 무덤 내부의 매개 벽면은 한 장의 석회암 판돌로 되어 있다. 그리고 그곳에 수많은 벽화가 그려져 있어서 벽화의 풍부성에서도 으뜸간다. 무덤 안의 평면계획은 1:1.618 비례가 적용되고, 상사도형 계획방법이 도입되어 있다. 석재는 서로 잘 맞물려 있고 벽을 잘 다스려서 그 위에 직접 그림을 그려놓았다. 문칸에서 앞칸으로 들어가는 사이의 돌문 가운데 서쪽 문짝은 본래의 모습대로 남아 있으며, 손가락 하나로 밀어도 능히 움직일 수 있을 만큼 고도로 교묘하게 설계, 가공되어 있다. 이것은 고구려 사람들의 돌 가공기술의 천재성과 우수성을 잘 보여준다.

고구려 건축기술의 선진성은 성곽축조술에서도 잘 드러난다. 고구려 사람들은 고조선 이래 오랜 성곽축조기술을 이어받아 발전시키는 과정에서 독창성을 많이 발휘했다. 다른 나라에서는 주로 평지에 토성·벽돌성을 쌓거나 영주 귀족들의 거처만을 견고하게 쌓은 반면 고구려에서는 주로 산성을 쌓았다. 그것도 돌성을 기본으로 도시나 고을 전체를 둘러싼 것이 특징이라고 할 수 있다. 또 적군은 공격하기 어렵고 아군이 방어하기는 쉬운 자연지형과 천험의 요새지를 골라서 성을 쌓았다. 산성은 거주지 근처 또는 적의 침입 노정에 있는 산악의 유리한 지세를 이용해 쌓았다.

고구려의 중요한 성은 많은 인원이 들어가 방위할 수 있어야 했으므로 규모가 상당히 컸다. 이러한 요구에 맞추기 위해서는 골짜기를 낀 산등성이를 둘러막는 고로봉식이 되지 않을 수 없었다. 고로봉식 산성은 고리짝 모양으로 사방의 둘레는 높고 가운데는 우묵하게 들어간 지형지세를 이용해 쌓은 산성이다. 고로봉식 산성은 장점이 많아, 대다수의 고구려의 산성들이 고로봉식이다. 이 때문에 많은 사람이 고구려 산성=고로봉식 산성으로 등식화해서 본다. 물론 고구려에 산정식 산성이나 평정식 산성, 마안봉식 산성이 없는 것은 아니다. 다만 고구려 성곽축조 방식의 특징은 자연 지세를 최대한 이용하면서 매우 견고하게 쌓았다는 점이다.

고구려 사람들은 견고성을 보장하기 위해 오랜 경험과 창발적 지혜로 우수한 축조방식을 창조해냈다. 성돌을 4각추형으로 다듬고 4각으로 된 앞면을 6합으로 서로 맞물려서 빠져나가지 않게 쌓았을 뿐 아니라 그 뿌리가 깊숙이 안으로 박히게 하고 그 사이사이에 긴 돌을 가로 놓고 깬돌, 작은 돌, 진흙 등을 다져 넣음으로써 성벽의 바깥 부분이 파괴되더라도 내부는 무너지지 않도록 했다.

성벽은 양면축조 또는 외면축조 방식으로 쌓았는데, 보통 평지 계곡을 띤 부분이나 경사가 완만한 능선 부분은 안팎에 곧은 성벽을 쌓는 양면축조방식을 썼으며, 경사가 급한 곳은 한쪽 면만 성벽을 쌓는 외면축조방식을 썼다. 이러한 고구려의 성곽축조기술은 당시로서는 가장 앞선 수준이었다. 이는 성곽이 잘못 축조되어서 성이 함락된 일이 없었다는 사실로서도 알 수 있다.

2. 고구려 문화는 웅건하고 진취적이며 낙천적인 동시에 우아하고 조화롭고 아름다운 특징을 갖고 있다

고구려 사람들은 섬세하고 화려하고 현란한 것을 숭상하지 않았다. 웅건하고 진취적이며 낙천적인 기질을 반영해 씩씩하고 힘과 기백이 넘치고 대범하고 소박한 문화를 창조했다. 그림을 하나 그려도 기운이 생동하고 패기에 넘치는 민족의 기상을 나타냈으며, 음악·무용도 씩씩한 행진곡 또는 전투적이고 약동적인 탈춤, 북춤을 즐겼다. 기와의 막새도 굵고 힘찬 무늬로 웅건하고 활달한 성품을 잘 나타내고 있다. 고구려 사람들은 언제나 승리의 신심을 갖고 낙천적으로 살았는데, 그러한 성품은 노래와 춤뿐 아니라 민속놀이나 체육경기에서도 유쾌하고 해학적이며 신바람 나는 것을 좋아한 데서 잘 표현되었다.

고구려 문화의 특성은 웅건 씩씩한 진취적 기질과 함께 우아하고 조화롭고 아름다운 것을 숭상하는 고구려 사람들의 정서를 잘 표현하는 데 있다. 하지만 그저 크기만 하고 신비하고 복잡하고 괴기한 것을 싫어했으며 단순하고 유장하면서도 아름답고 자연환경과 잘 어울리는 것을 창조했다. 건축물이나 공예품을 봐도 섬세하고 복잡한 무늬 장식으로 꽉 채우지 않고 대범하고 소박하면서도 은근하고 조화롭게 만드는 데 힘을 쏟았다. 고구려 문화의 이러한 특징은 건축물에서도 그대로 나타난다.

고구려 벽화무덤

고구려 문화의 특성이 잘 반영돼 있는 것은 미술 분야다. 종이와 비단 같은 데 그린 그림도 많았고 지상 건물의 벽이나 기둥, 천장 등에 그린 것도 많았으나 남은 것은 거의 없다. 하지만 다행히도 수많은 벽화무덤이 발견됐으며, 여기에 그려진 그림들을 통해 고구려 미술의 우수성과 고구려 문화의 특성을 잘 파악할 수 있다.

고구려 벽화는 생동적인 필치와 우수한 화법으로 조선화의 우수성을 보여주는 귀중한 문화재가 되고 있다. 고구려 벽화무덤은 지금까지 100여 기가 발견됐는데, 주로 고구려의 역대 수도와 부수도 일대에 집중돼 있다. 오늘의 중국 길림성 집안시 일대와 환인현에 23기, 평양시와 평안남도, 황해도 지역에 75기, 기타 지역에 3기가 분포돼 있다. 기타 지역에 있는 3기는 중국 요양시에 있는 상왕가촌 벽화무덤, 몽골 쑤흐바따르르 지역 다리강가 1호 벽화무덤과 2호 벽화무덤이 그것이다.

무덤 벽화는 인물·풍속도와 사신도가 중요한 기본 주제다. 이런 기준으로 분류해보면 인물풍속을 그린 것, 인물풍속과 사신을 함께 그린 것, 사신을 위주로 그린 것, 장식 그림을 그린 것 등으로 나뉜다. 지난 시기에는 인물풍속도→인물풍속도 및 사신도→사신도 순으로 변화했다고 봤으나, 최근의 연구 결과는 인물풍속도와 사신도는 벽화 발생 첫 시기부터 병존했다고 본다. 하지만 크게 볼 때 인물풍속도는 3~5세기에 주로 그려졌고, 순 사신도는 주로 6~7세기에 그려진 것으로 보는 것이 합리적이다.

대표적인 인물풍속도 벽화무덤은 고국원왕릉(안악 3호무덤), 덕흥리 벽화무덤, 장천 1호무덤이 있으며, 인물풍속도와 사신도 벽화무덤은 평양시 대성구역 개마무덤, 역포구역의 용산리 진파리 4호무덤, 강서군 약수리 벽화무덤, 용강군 쌍기둥무덤, 대동군 덕화리 2호무덤, 집안의 춤무덤, 세칸무덤, 장천 1호무덤 등이 있다. 주로 사신도가 그려진 것은 대체로 6~7세기경의 무덤들인데, 평안남도 강서군의 강서 큰무덤, 강서 중무덤, 평양시 호남리 사신무덤, 집안 사신무덤, 집안 다섯무덤의 4호·5호무덤 등이 대표적이다.

고구려 벽화무덤의 특성은 첫째 주제와 내용이 매우 풍부하고 다양하다는 데 있다. 이를 잘 엿볼 수 있는 것이 인물풍속도다. 인물풍속도에는 정치, 군사, 경제, 문화, 풍습 등 여러 부문의 생활이 다양하게 그려져 있다. 주인공이 정사를 보는 장면, 상하 관리들이 만나는 장면, 기마전투 장면, 보병전투 장면, 호위무관, 문지기 장수, 의장병, 야장, 베짜기, 말타고 활 쏘며 하는 짐승 사냥, 매사냥, 방앗간, 우물, 부엌, 수레, 고기 보관소, 외양간, 마구간, 씨름·수박회·활쏘기 등 체육경기, 음악·교예·무용 등 예술활동, 견우와 직녀, 신선, 불의 신, 농사의 신, 수공업의 신, 비천, 괴물, 불교의 칠보행사, 공양 행렬, 태묘제사 등이 다양하게 그려져 있다. 이밖에도 궁전 성곽, 다락창고를 비롯한 건축 관계 그림, 구름, 연꽃, 넝쿨, 거북등무늬, 해와 달, 별, 연못, 소나무, 산악, 하천 등이 그려져 있다.

이처럼 풍부하고 다양한 그림들은 당시의 계급신분 관계, 정치, 경제 생활의 이모저모와 문화생활, 종교생활, 의식주 풍습을 여러 측면에서 보여준다. 이것은 고구려 역사를 이해하는 데 매우 귀중한 자료가 되고 있다.

고구려 벽화의 특성은 둘째로 고구려 사람들의 웅건하고 씩씩하고 용감한 성품과 우아하고 아름답고 낙천적이면서도 소박한 풍모와 창조적이고 진취적인 기상을 잘 표현하고 있다는 점이다. 갑옷을 입은 무사들이 갑옷을 입힌 말을 타고 창, 칼을 휘두르며 적과 싸우거나 적병의 목을 베는 전투장면, 기를 쓰고 도망가는 사슴과 호랑이, 멧돼지 등을 쏜살같이 달리는 말 위에서 겨누고 막 화살을 쏘려고 하는 장면 등은 다 고구려 사람들의 씩씩하고 용감한 성격적 특징을 잘 묘사하고 있으며 통이 크고 기백에 넘친 고구려 사람들의 미적 감성을 잘 보여주고 있다. 환상 속의 동물인 사신을 그리면서도 무서운 힘으로 내닫고 날아가는 억세고 사나운 짐승들의 모습을 실감적으로 그려냈다. 여기에도 고구려 사람들의 강인한 의지와 진취적 기상, 왕성한 패기가 뚜렷이 나타나 있다.

웅장하고 통이 큰 고구려 사람들의 성격적 특징은 화면 처리의 규모와 구도가 크고 대담한 데서도 잘 드러난다. 화가들은 벽화를 웅장하고 통이 크게 배치했으며 능란한 솜씨로 거침없이 그려갔다. 고국원왕릉의 행렬도는 높이 2m, 길이 6m 이상 되는 회랑벽면 전체에 250명이 넘는 인물을 대담하게 그려냈다. 사냥 그림도 그 규모가 크고 풍부하며 기백에 차 있다.

약수리 벽화무덤에서는 20명에 가까운 말 탄 사냥꾼들과 몰이꾼들이 등장하며, 동물도 호랑이, 곰, 여우, 사슴 등 각각의 사냥 대상들이 그려져 있다. 상무적 기풍을 무엇보다 중시했던 고구려 사람들의 웅건하고 씩씩하며 활달한 기상이 그대로 그림에 반영된 결과다.

고구려 벽화무덤의 세 번째 특징은 고유한 생활풍습을 잘 표현한 것이다. 나라의 힘이 강하고 경제와 문화가 발전한 고구려에서는 사대주의가 없었으며, 고유한 것을 숭상하고 그것을 그대로 재현하는 데서 기쁨과 만족을 찾았다. 무덤벽화에는 저고리 위에 띠를 두르고, 깃과 소매에 끝동을 달고 아랫도리에 대님을 단 고유 의상을 입은 인물들이 많이 그려져 있다. 그들의 머리쓰개인 절풍과 책, 관, 여인들의 머리꾸밈새 등은 고구려의 고유한 것들이다. 생활풍습 역시 고구려 고유의 문화와 풍습을 그대로 재현했다. 그뿐 아니라 악기의 구성, 의장행렬의 구성도 고유한 것이고 개마무사들이 입은 투구와 갑옷, 군사들의 짧은 활과 갈고리 창 등의 무기도 다른 나라 것들과 구별되는 독특한 것들이다.

고구려 벽화무덤의 특성은 넷째로 전통적인 조선화 화법의 기본 틀이 마련됐다는 데 있다. 우리 민족의 감성과 정서를 풍부히 담고 있으며 현실을 생동감 있게 그려내는 조선화는 이미 고구려 때부터 그 힘차고 아름다운 회화형식과 선명하고 간결하고 섬세한 화법을 뚜렷이 보여주고 있다. 조선화의 예술적 형식은 선, 색채, 명암, 그리기 도구(붓)와 같은 표현수단과 그것을 다루는 기법과 수법, 구도, 원근화법과 같은 요소들로 이루어진다. 고구려 무덤벽화는 조선화 화법의 기본 특징인 함축과 집중의 조형원리, 대상의 본색에 맞는 선명하고 부드러운 색채, 높은 수준의 선묘법, 선묘법과 색묘법의 조화, 몰골법 사용 들을 다 갖추고 있다.

건축예술

고구려의 건축은 과학기술적으로 매우 우수하고 높은 수준이었을 뿐 아니라 예술적으로도 우리 민족문화의 독특한 품격을 갖추고 있다. 고구려 건축예술은 웅장하고 장쾌하며 조화롭고 아름답다. 이것은 발전된 생산력과 건축기술 덕분에 가능했다. 고구려의 건축예술은 산성, 도성, 궁전, 절간, 탑, 무덤 등에 잘 구현돼 있다. 고구려 사람들은 각종 성곽들을 보기 좋게 건설하는 한편, 적이 위압될 수 있도록 위엄 있고 장중하게 건설했다. 또 주위의 자연환경과 잘 조화시켜 아름답게 보이도록 했다.

궁전이나 관청도 규모가 크고 웅장, 화려하게 건설했다. 또 절간 건축에서도 단위 기준 수치를 정하고 일정한 비례를 이루도록 건물을 배치함으로써 건축물 사이의 조화를 최대한 살렸다. 고구려 건축은 견고성과 예술성이 잘 결합돼 있었는데, 이것은 주춧돌만 봐도 잘 알 수 있다. 고구려 사람들은 목조건물을 안정되고 장중하게 또는 경쾌하게 보이도록 지붕의 형태를 선택하고 지붕을 여러모로 장식하는 데도 많은 관심을 돌렸다.

고구려의 석조 건축물들은 뛰어난 기술과 함께 건축예술적으로도 주목할 만하다. 적지 않은 돌칸무덤들은 무덤 안 공간의 복잡한 짜임새, 정밀한 설계, 아름다운 장식, 치밀한 돌 가공술로 기술과 예술이 밀접하게 결합된 뛰어난 창조물을 만들어냈다.

고구려의 선진적인 건축술은 건축기술 측면에서뿐 아니라 건축예술의 측면에서도 이웃 나라들에 많은 영향을 주었다. 고구려에서 기원된 합각지붕의 형태가 백제의 그림벽돌에서도 보이고, 일본의 법륭사 옥충주자의 지붕에도 보이는 것은 그것을 설계하고 건설한 사람이 고구려 사람이거나 고구려 건축술을 직접 전수받은 사람이었다는 것을 말해준다. 건축물의 미관을 돋우기 위해 도입된 기와 막새의 각종 무늬도 고구려와 백제, 신라, 일본에 공통되는 것이 많은데, 그 원류는 항상 고구려다.

고구려 건축술의 영향을 말해주는 유적으로는 1972년 고대 일본의 중심지였던 나라 지방에서 발견된 다카마스 무덤이 있다. 6~7세기(아스카 문화 시기) 일본 최고위급의 무덤으로 알려진 이 옛 무덤은 최고 걸작 가운데 하나로 꼽히는데, 그 구조나 벽화가 고구려의 것과 완전히 똑같다. 벽화에는 인물, 풍속, 4신, 해와 달 등이 그려져 있는데, 특히 여인들의 모습은 수산리 벽화의 여주인공이나 덕흥리 벽화의 여인들을 방불케 한다.

공예

우리나라 공예의 역사에서 삼국시대는 금속공예가 성행하고 그 제작기술이 매우 발전했던 시기인데, 그 선두에는 고구려가 있었다. 하지만 고구려 땅에서는 백제와 신라에 비해 금속공예 유물들이 매우 적게 발견되는데, 이것은 외래 침략자들의 약탈, 도굴 탓이다. 하지만 일부 발견된 것만으로도 고구려 금속공예 수준의 놀라운 발전 모습을 확인할 수 있다.

고구려의 귀금속 공예품으로 남아 있는 것은 관모와 금으로 만든 귀걸이, 반지, 관자, 비녀, 단추, 은으로 만든 반지, 비녀 등이다. 이밖에도 역사자료들에서는 금관, 여러 가지 금장식품 등이 보인다.

고구려 귀금속 공예품은 형태와 장식이 소박하고 간결하면서도 듬직한 조형적 풍격을 갖고 있다. 고구려 귀금속 공예 가운데 볼 만한 것은 관모와 금귀걸이다. 집안에서 나온 금동관모는 가운데 길쭉한 세움 장식이 있고, 그 양쪽에 새 날개 모양의 깃이 뒤로 약간 퍼져 있다. 가운데 세움 장식에는 세 개의 보요가, 양쪽 깃털 모양 장식에는 여러 개의 보요가 달려 있다. 이러한 형태의 연원은 고구려 사람들이 즐겨 쓰던 고깔 모양의 모자인 절풍에 두 개의 새 깃털을 꽂은 것이다.

여기에서 주목할 점은 이러한 형식이 백제와 신라, 가야의 관모 구조와 기본적으로 같다는 것이다. 이것은 백제나 신라의 왕을 비롯한 고관귀족들의 관모가 바로 고구려의 관모 특히 절풍에서 유래된 것임을 말해주고 있다.

관모 외에 고구려의 귀금속 공예품으로 가장 많이 발견된 것은 금귀걸이다. 고구려의 금귀걸이는 종류와 형태, 장식이 다양하고 조형적으로 특이하고 맵시가 있으며 제작기술이 매우 세련됐다. 금귀걸이는 윗부분의 형태에 따라 굵은고리형(태환식), 가는고리형(세환식)으로 나뉘는데, 고구려 귀걸이는 가는고리형이 기본을 이루고 있다.

고구려 금속공예 유물 가운데 수량상 많은 자리를 차지하는 것은 금동 및 청동 공예품과 그 장식품이다. 이것들의 특징은 고구려 사람들의 성격적 특질과 예술적 기교가 다른 어느 공예품보다 뚜렷이 표현돼 있으며, 풍만하고 유유자적한 느낌을 주는 형태미, 끊임없이 약동하는 선의 조형미, 기운차게 흐르는 율동미, 미묘한 색의 조형미가 잘 통일돼 있다는 것이다. 또한 전반적인 윤곽과 세부 장식에 부드럽고 우아한 고구려 사람들의 예술적 감정과 취미가 뚜렷이 표현돼 있다.

고구려의 금동·청동 공예품으로 전해져 오는 것으로는 손잡이가 붙은 향로(금동), 초두(청동), 신발(금동, 청동), 호우(청동), 팔찌(청동) 등이 있다. 이러한 공예품들은 고구려의 뚫음무늬 장식품과는 달리 그 형태가 비교적 소박하고 장식이 간소하며 수법이 간결하다. 일본 나라현 법륭사에 있는 손잡이가 붙은 향로는 매우 우수한 고구려 금속공예품 중 하나로, 손잡이가 붙은 향로 가운데 세계적으로 가장 오래된 것으로 알려져 있다.

청동이나 금동신발은 공예적 수법으로 제작된 몸치레거리의 하나인데, 이것들은 고구려 고분벽화에도 나온다. 백제의 무녕왕 무덤이나 일본 구마모토현 후나야마 무덤에서 나온 금동신발의 원류는 고구려이다.

고구려의 금동·청동 공예의 독특한 모습은 뚫음무늬 장식품에서 잘 나타난다. 고구려 이전 고조선에서도 뚫음무늬는 많이 볼 수 있다. 하지만 이것들은 삼각형, 사각형 등 단순한 기하학적 도안무늬의 범위를 벗어나지 못했다. 고구려 사람들은 뚫음무늬 수법을 한 단계 더 발전시켰다. 대표적인 뚫음무늬 금동 및 청동 장식품으로는 해모양, 보관형, 광배형, 사각형, 장방형, 탑형, 6·8 꽃잎형 등 다양한 형태가 있다. 이 장식품들은 고구려 뚫음무늬 장식술의 우수성과 고구려 사람들의 성격적 특징들을 집약적으로 반영하고 있어 예술적 가치가 매우 높다.

이미 널리 알려진 평양시 용산리 진파리 7호무덤에서 나온 해뚫음무늬금동장식은 그 특이한 형태, 기발한 장식무늬, 딱정벌레의 날개 이용 등으로 중세 우리나라의 대표적인 금속공예 장식품으로 높이 평가받고 있다. 반원형의 금동판을 한쪽으로 약간 내리누른 형태로 된 이 장식품은 비교적 넓은 밑띠와 가는 호선띠로 테두리를 이루었는데, 장식판 중심에는 구슬무늬를 박은 두 줄로 된 동그라미와 그 속에 날개를 활짝 편 세발까마귀가 새겨져 있다.

세발까마귀는 해를 상징한다. 동그라미 위에는 봉황이 서 있고, 동그라미 양옆에는 꿈틀거리는 도식화된 용대가리인 듯한 무늬가 있다. 그리고 세발까마귀와 봉황, 용주 위에 활활 타오르는 불길과 같은 무늬가 형상돼 있다. 금동장식 판 뒤에는 1cm의 나무판대기가 붙어 있고, 테두리 뒷부분에는 딱정벌레의 날개를 깔았다. 딱정벌레의 날개에는 금녹색, 진녹색 바탕 중심에 붉은 자주색의 가는 줄이 세로 두 줄 나 있다. 이것은 뚫음무늬 장식의 풍격을 한층 더 높여주고 화려하게 보이게 한다.

고구려에서는 도자기 공예도 발전했다. 고구려 사람들은 웅건하고 굳센 형태의 무늬를 새긴 기와 막새를 공예적으로 잘 만들어 건축물을 장식하는 데 이용했다. 고구려에서 기와가 사용되기 시작한 것은 기원전 3세기경부터다. 고구려 기와에서 예술적으로 특별히 잘된 것 중 하나는 수기와 막새다.

기와 막새의 종류는 수백 수천 종에 이른다. 고구려 수기와 막새는 붉은 밤색 또는 청회색(고구려 후기)으로 질이 견고하고 큼직큼직하게 생겼다. 또한 무늬 종류와 표현법이 매우 다양하고, 무늬의 표현수단인 선이 독특한 조형미를 갖추고 있으며, 우리 민족의 특성이 강하게 반영돼 있다. 수기와 막새 무늬에는 특히 고구려 사람들의 창조적인 지혜와 슬기로운 정서가 뚜렷이 반영돼 있다. 동일한 꽃무늬라도 다양한 구도 속에

변화있게 형상화한 것, 앞선 시기에 창조된 회전·타래 무늬를 계승해 더욱 조화롭게 완성한 것, 풍부한 상상력을 발휘해 괴면무늬기와를 창안한 것, 몇 가지 무늬 종류에 만족하지 않고 300여 종의 무늬를 창조한 것, 사람들의 눈에 보이지 않는 막새 뒷등에도 무늬를 새긴 것 등은 모두 아름다운 장식무늬를 창조하려는 고구려 민중들의 지혜와 열정 그리고 천상천국이 아니라 현실적인 생활을 귀중히 여기고 주동적으로 꾸리며 즐기는 슬기로운 정서가 잘 담겨 있다.

고구려의 공예 예술은 이밖에도 벽돌공예, 방직 및 염직공예, 나무 및 옻칠공예, 가죽공예 등이 발전했다. 발전된 고구려의 공예 예술은 백제와 신라, 가야, 일본 등지에 전달돼 그 나라들의 공예 발전에 커다란 영향을 주었다. 전북 익산군 입점리에서 나온 관모 장식품의 연꽃 모양은 고구려 무덤벽화에 보이는 것과 같다. 백제, 신라, 가야의 귀걸이의 기본 형태, 꽃바구니 모양 장식, 살구 모양 드림 장식 등은 다 고구려 공예를 받아들이고 그것을 변화 발전시킨 것이다.

백제 무녕왕릉이나 일본 규수 후나야마무덤에서 나온 징박이 금동신발도 그 원형은 고구려다. 백제의 수도였던 공주 송산리 1호무덤, 경주 금관무덤에서 나온 허리띠에 달린 돈띠와 경북 성주군 성산동 1호무덤에서 나온 은으로 만든 돈띠는 고구려 고국원왕릉 벽화인물이 패용한 것과 신통하게도 같다. 일본에서도 이와 똑같은 것이 출토된 바 있다. 고구려의 딱정벌레 날개를 뚫음무늬 아래에 붙이는 수법은 신라 금관무덤의 마구와 옷가지들, 황남동 98호무덤에서 나온 말안장 장식에도 보이고 일본 나라현 법륭사의 옥충주자 기둥 도리 등에도 적용되고 있다.

삼국의 기와 막새 무늬도 고구려에 연원을 두고 있다. 지난날 일본 학자들은 고구려의 기와가 중국의 영향을 받았다고 주장했다. 그리고 백제, 신라의 기와 막새는 중국 남조의 영향을 받았고, 일본의 기와 막새는 백제의 영향으로 만들어졌다고 주장하면서 고구려의 영향은 조금도 없었다고 주장했다. 그러나 그들은 고구려 기와 막새의 원류가 중국의 남북조 나라라는 그 어떤 증거도 제시하지 못했다.

고구려의 여러 가지 기와 막새를 백제, 신라의 기와 막새와 대비해서 검토해보면 고구려에 그 원류가 있다는 것을 알 수 있다. 예컨대 연꽃무늬갈래 기와 막새도 이른 형식부터 늦은 형식까지 고구려에 그 원류가 있다. 부여 부근에서 나온 연꽃잎이 넓고 꽃술에 연씨가 몇 개 있는 막새라든가 군수리 절터에서 나온 막새, 공주 대통사터에서 나온 막새와 거의 같은 것들이 고구려에도 있었다.

평양 대왕사터의 것(4~6세기)은 공주 대통사의 것(6세기)보다 앞서므로 고구려가 백제에 영향을 준 것이 분명하다. 경주의 황룡사터, 임해전터에서 나온 6~8잎 연꽃무늬 막새, 취선사터 벽돌에 보이는 연꽃·인동넝쿨 무늬도 고구려에 선행 형태 또는 같은 형식의 것들이 있었다. 일본 나라 지방의 법륭사, 법흥사, 흥복사, 산전사터에서 나온 막새무늬에도 고구려적 요소가 많이 보인다.

3. 고구려는 중세 초기 민족문화 발전을 선도했다

단군조선 시기에 기본 틀이 형성된 우리나라 민족문화는 고구려에 와서 중세 민족문화로 꽃을 활짝 피웠다. 고구려 사람들은 민족 고유의 문화전통을 사랑하고, 이를 끊임없이 발전시켜 나갔다. 그러면서도 새것을 받아들이는 데 인색하지 않았으며, 그것들을 고구려의 정서와 구미에 맞게 소화해 더욱 우수한 것으로 발전시켜 나감으로써 민족문화의 보물을 더욱더 높이 쌓아 나갔다.

고구려 문화는 고대 조선의 유구하고 찬란한 문화를 이어받은 터전 위에서 고구려 사람들의 창조적 지혜와 슬기를 높이 발양해 다방면으로 발전시킨 우수한 문화였으며, 이 땅에서 유구한 역사를 창조하면서 살아온 우리의 민족적 기질과 성품을 구현한 특색 있는 문화였다. 또한 우리 민족의 민족성을 체현해 민족 문화를 풍부하게 발전시킴으로써 중세 민족문화의 전통을 세웠다.

이와 더불어 고구려 문화는 백제, 신라, 가야 등 동족의 나라들에게 과학기술과 문화발전을 전해주는 선도적인 역할을 수행했다. 백제와 신라, 가야 등은 고구려의 선진적인 문화를 흡수해 자기 나라를 발전시켜 나갔다. 뿐만 아니라 고구려의 선진적인 과학기술과 문화는 바다 건너 일본에 커다란 문화적 영향을 주었다.

사상과 종교

고구려 사람들의 사상 정신적 특질은 자주적 의지가 강하고, 상무정신이 투철하다는 점이다. 고구려 사람들에게는 사대주의가 없었다. 이것이 고구려 사람들의 사상 정신의 핵을 이룬다.

고구려 사람들은 고조선 사람들의 사상 정신을 계승해, 남의 것을 숭배하고 따르는 사대 굴종 사상을 철저히 배격했으며, 자기 것에 대해 긍지를 갖고, 자기의 힘을 믿는 강한 자주적 사상의식을 갖고 있었다. 그들은 높은 민족적 긍지를 갖고 나라와 민족 앞에 나선 문제들을 스스로의 지혜와 힘으로 해결해 나갔다. 대외활동에서도 당당한 자세를 갖고 자기 조국과 민족의 이익을 침해하려는 행위에 대해서는 사소한 양보도 하지 않았으며, 조국과 민족의 존엄을 튼튼히 지켰다.

독자적인 연호를 사용했으며 한나라, 위나라, 연나라, 수나라, 당나라의 침공을 비롯해 수많은 외래 침략자들의 침공도 자체의 힘과 전략전술, 자체의 무장으로 용감히 싸워 모두 물리치고 영토를 크게 확장했다.

사대주의가 없었기 때문에 일상생활이나 민간오락과 경기, 예의 풍습도 민족의 고유한 풍습에 맞게 했다. 생산도구, 생활도구를 비롯한 모든 노동 생산물도 남의 것을 본뜬 것이 아니라 자기의 구미에 맞게 독자적 형식으로 만들어냈으며, 옷차림이나 생활양식도 모두 자기 식대로 창조했다. 다른 나라 사상이나 문화를 받아들이는 경우에도 그것을 자기의 요구와 이익에 맞게 받아들였다.

고구려 사람들은 또한 상무정신과 기풍이 전 사회적으로 꽉 차 있었다. 조국과 민족을 귀중히 여기고 사랑하는 정신이 강했으며, 조국 방위에 참가해 용감히 싸우는 것을 신성하고 영예로운 일로 여기고 언제나 만반의 준비를 갖추었다. 조국방위를 위해 무술을 익혔을 뿐 아니라, 그것은 생활상의 요구이기도 했다.

사냥은 고구려 사람들에게 중요한 자리를 차지했다. 이 때문에 말타기와 활쏘기, 창쓰기와 칼쓰기 등 무술을 높이 숭상했다. 물론 봉건 계급사회였던 만큼 봉건군주에 대한 충성과 결부되는 시대적 계급적 한계가 있었다. 그럼에도 당시의 역사적 조건에서 민족적 이익을 지키고 민족의 역사를 빛내는 데 커다란 공헌을 한 매우 진보적인 사상이었다. 고구려 사람들은 또한 정의와 진리를 사랑하고 의리를 굳게 지키는 사상 정신이 강했다.

이러한 진보적인 사상에는 유물론과 무신론, 변증법적 철학적 사고가 뒷받침되었다. 고구려의 진보적 사상가들은 세계를 그 어떤 초자연적인 신이나 관념의 산물로 설명하려는 종교사상이나 관념론에 반대하고 세계가 물질적 실체인 기로 형성돼 있다고 봤으며, 음기와 양기의 상호작용과 조화에 의해 사물의 운동과 변화가 이루어진다고 봤다. 고구려 사람들은 세계가 물, 불, 나무, 쇠, 흙의 다섯 가지 성질을 가진 물질들로 이루어져 있다고 보기도 했고, 흙, 물, 불, 바람 네 가지 요소에 의해 구성돼 있다고 보기도 했다. 또 고구려의 진보적 사상가들은 각종 신비주의적인 유신론이나 영혼불멸설 등에 반대하면서 무신론적 사상을 내놓았다. 고구려 사람들에게 변증법적 사상요소가 많이 있었다는 것은 중국의 왕필(3세기 사람)이 주역을 해석하면서 자주 고구려 역학자의 말을 인용했던 데서 잘 드러난다.

고구려의 고유 종교로는 하늘신 숭배, 시조신 숭배, 해와 달 숭배, 산천신 숭배, 신선사상 등이 있었다. 고구려의 봉건 통치계급은 통치에 유리하다고 본 외래종교, 관념론을 끌어들여 전파시켰다. 유교와 불교를 도입 장려했으며, 도교도 도입 전파했다. 고구려에서 외래종교는 지배계급 상층부에 많이 전파됐다. 그들은 유불도 3교를 다 믿었으며, 고유 종교인 신선사상, 여러 자연신을 숭배하는 사상과 함께 그들의 신앙의 구성부분이 됐다. 고구려 하층 민중들은 주로 고유 신앙을 믿고 있었으나, 지배계급이 퍼뜨리는 유교, 불교 등 외래 종교사상도 시간이 흐름에 따라 차츰 민중 속으로 스며들었다.

여기에서 주목할 점은 당시의 시대적 조건으로 민족주의 사상이 종교 신앙적 형태를 띠고 있었다는 점이다. 대부분의 종교 신앙은 관념론에 기초하고 있으며 비과학적인 사상관점이다. 따라서 지배계급의 이익에 복무하는 반민중적 성격을 띠고 있지만, 그 속에는 소박한 형태로나마 나라와 민족을 사랑하고 지키려는 민족애와 애국 충정의 사상을 내포하고 있다. 또한 우리 민족의 민족성과 민족적 전통을 계승 발전시키려는 민족주의 요소가 내포돼 있기도 하다.

유교의 삼강오륜과 충효사상은 지배계급의 지배를 합리화하고 무조건적인 복종을 강요하는 반민중적 요소가 강하지만 그 속에는 나라에 충성을 다하고 부모에 효성을 다하는 것을 마땅한 의리로 여기는 사상 감정, 이웃 간에 화목하고 어려운 때 서로 도와주고 이끌어주는 건전한 윤리도덕이 담겨 있기도 하다. 이러한 건전한 윤리도덕은 유교와는 관계 없이 고조선 시대부터 형성 발전되어온 우리 민족의 민족성이기도 했다.

또한 고조선의 시조 단군에 대한 숭배와 제사도 널리 보급되었다. 고구려가 국가 차원에서 고조선의 시조 단군을 숭배하고 제사를 지낸 것은 당시 고구려 민중들 속에서 단군을 민족의 시조로 숭상하는 분위기가 매우 높았다는 것을 보여준다. 고구려는 고조선의 옛 땅을 모두 되찾음으로써 명실상부한 고조선의 계승국가로 자리 잡았다. 그리고 고구려 사람 중 상당 부분은 고조선의 주민들이었다. 고구려는 이러한 민중들의 단군 숭배 사상을 국가 차원의 정책으로 받아들이고, 단군릉을 고구려 무덤 양식으로 개축했다. 이와 더불어 정기적으로 단군제를 지냈으며, 단군을 민족의 시조로 내세웠다. 이러한 종교적 형태의 초보적인 민족주의 사상은 민족성과 민족적 전통을 고수 발전시키고, 민족의 자주적 발전을 이룩하는 데 긍정적 역할을 담당했다.

문학

고구려 문학은 앞선 고대국가 시대 문학의 성과와 경험을 이어받으면서 당시 고구려 사회현실을 바탕으로 발전되었다. 고대국가 시대에 비해 더욱 다양해지고 복잡해진 현실을 반영해 사상 주제의 범위가 확대됐으며, 형상수준이 세련되고 다양한 형태로 표현되었다. 또한 고구려 사람들의 슬기와 용맹, 애국적 충성심을 담아내는 진보적인 문학작품들이 많이 창작되었다. 고구려 시기 문학은 다양한 형태의 구전문학과 함께 서사문학의 창작 또한 활발하게 진행됐다.

고구려 문학에서 가장 큰 비중을 차지하는 것은 설화문학이다. 여기에는 전설, 민담, 동화, 우화 등 여러 가지 형태들이 있었다. 대표적인 것으로는 '주몽설화', '을지문덕 이야기', '온달 이야기', '한씨 미인 이야기', '견우와 직녀 이야기', '토끼와 거북 이야기' 등을 들 수 있다.

주몽설화는 고구려 건국자인 주몽의 출생과 성장과정 그리고 왕이 되는 역사적 사실에 기초해서 만들어진 고구려의 건국설화다. 주몽이 신비한 내력을 가진 신성한 인물임을 강조하면서 왕권의 신성불가침성을 강조한다. 이런 한계에도 불구하고 고구려 사람들의 소박성과 대담성, 진취성, 상무정신, 근로정신, 정의와 진리에 대한 사랑을 다양하고 풍부한 형상수법을 통해 보여주는 매우 세련되고 잘 짜인 설화문학으로서 가치가 높다. 그렇기 때문에 이규보의 지적처럼 고려 시기까지도 주몽설화는 글을 모르는 평범한 백성들에게까지 널리 알려지고 사랑받을 수 있었다.

온달 이야기, 을지문덕 이야기는 애국적 주제를 담은 설화문학이다. 온달 이야기는 미천한 출신의 인물을 긍정적 주인공으로 설정하고 피압박, 피착취 근로민중의 가난한 처지와 행복에 대한 지향, 근면성과 소박성, 용감성과 애국심을 구현하고 있어 문학사상 중요한 의의를 갖는다. 을지문덕 이야기는 수나라와의 전쟁과 관련한 을지문덕 장군의 공적을 설화의 형태로 담아낸 것인데, 이와 관련해서 여러 가지 설화들이 전해지고 있다. 칠불사 전설과 녹족부인 이야기 들이 바로 그것이다.

인정 세태와 미풍양속을 보여주는 설화로는 한씨 미인 이야기와 견우와 직녀 이야기가 있다. 한씨 미인 이야기는 국왕인 안장왕과 관련돼 있다는 점에서 계급적·시대적 제한성이 있지만 조선 여성의 순결한 사랑과 신의에 대한 고상한 품성, 관점에 대해 잘 그렸다. 견우와 직녀 이야기는 408년에 축조된 덕흥리 벽화무덤에 견우와 직녀, 은하수가 그려져 있는 것으로 봐 이미 4세기에는 고구려 사람들에게 널리 전파되어 있었던 것으로 보인다. 다만 그것이 고구려 때 만들어진 것인지, 아니면 고대시대로부터 전해져 온 것인지는 분명치 않다. 고구려의 우화작품으로서 유명한 것은 토끼와 거북 이야기다. 이 설화는 7세기 때 고구려의 선도해라는 사람이 신라의 김춘추에게 들려준 것이라고 한다.

고구려에서는 가요와 시작품 창작도 일찍부터 발전했다. 우리말 가요에는 민중들의 노동생활, 인정세태를 반영한 민요풍의 작품들이 많았다. 그중에는 '인삼노래', '연양', '명주', '내원성' 등이 작품 이름으로 전해져 온다. 인삼노래는 노랫말이 한시로 번역돼 전해지는데, 삼을 캐는 사람들의 체험을 노래한 가요다. 연양과 명주는 노랫말은 전해지지 않고 그 내용만 전해진다.

연양은 옛날 연양 고을에 살던 어떤 사나이가 자기를 선발해서 일하게 해준 이에게 나무가 자신을 불태우면서도 빛을 내고 열을 뿜듯이 죽음으로써 은혜를 갚겠다는 내용의 노래다. 명주는 정성과 신의에 넘친 순결한 사랑의 감정과 진취적인 생활감정을 담은 노래다.

고구려에서는 달거리(월령) 형식으로 된 긴 노래도 창작되었다. 현존하는 우리나라 시가 유산 가운데 달거리체(월령체) 형식으로 제일 오래된 작품은 '동동가'이다. 『성종실록』 권 132, 12년 8월 을사 조에는 동동춤을 고구려 때부터 내려오던 춤이라고 한 기록이 있다.

구전문학의 단계를 지나 서사문학의 단계로 나아가는 것이 일반적인 문학발전의 경로다. 그러므로 서사문학의 출현은 문학발전의 새로운 단계를 의미한다. 서사문학 가운데 가장 중요한 자리를 차지한 것은 역사책의 편찬이다. 고구려 때에는 『유기』 100권이 편찬됐으며, 600년에 이르러서는 『신집』 5권이 편집됐다. 고구려 때에는 한시도 많이 창작됐다. 하지만 오늘날까지 전해지는 것들은 많지 않다. 고구려의 한시 가운데서 가장 오래된 것은 '황조가'다. "펄펄 나는 저 꾀꼬리 짝을 지어 즐기는데, 외로울사 이내 몸 뉘와 함께 돌아가리"라는 내용을 가진 황조가는 『삼국사기』에 따르면 유리명왕이 부른 것으로 전한다.

한시 가운데 걸작으로 꼽히는 것은 명장 을지문덕이 적장 우중문에게 보낸 것이다. "신통한 전략은 천문을 꿰뚫었고 지묘한 전술은 지리를 통달했네. 싸움에서 이긴 공로 이미 높은 듯하니 만족함을 알거든 돌아감이 어떠하리"라는 이 시는 수나라 군대 30여 만을 거느리고 고구려의 북평양성 가까이까지 왔다가 진퇴양난에 빠진 적장 우중문을 조롱하고 야유하고 질책하는 을지문덕 장군의 도도하고 고상한 감정이 잘 담겼다.

음악

고구려 사람들은 상무의 기풍이 높고 용감하고 씩씩했으며, 통이 크고 활달한 성품을 갖고 있었다. 그렇지만 다른 한편으로는 우아하고 부드러운 것을 좋아하고 낙천적으로 살면서 노래와 춤을 즐겼다. 음악과 무용, 교예와 각종 놀이 등은 고구려 사람들과 뗄 수 없는 생활의 중요한 부분이었다. 고조선 시기에 이룩된 음악유산을 계승하고 그것을 더욱 발전시켰으며, 많은 민족 악기들을 새롭게 만들었다. 지금까지 알려진 옛 기록과 무덤벽화에 그려진 그림을 통해서 본다면 고구려에는 약 40종의 악기가 있었다. 이것은 세계적으로도 악기가 매우 빨리 발전된 사례다.

고구려 사람들이 노래를 부르고 춤을 추면서 즐기기를 좋아했다는 것은 『후한서』나 『삼국지』 고구려전에 잘 나와 있다. 기록에는 고구려 백성들이 노래와 춤을 좋아하며 수도나 마을의 남녀들은 저녁이면 무리를 지어 노래하며 즐긴다고 되어 있다.

지금까지 알려진 고구려 악기들은 뿔나팔(각), 작은뿔나팔(소각), 두가닥뿔나팔(쌍두대각), 작은 나팔, 장적(퉁소의 전신), 횡적(대금), 의취적, 소피리, 대피리, 도피피리, 소, 생황, 호로생, 패, 현금, 4현금, 6현금, 완함, 5현, 탄쟁, 추쟁, 와공후, 수공후, 봉수공후, 비파, 5현비파, 세운북(건고), 매단북(현고), 메는북(담고), 말북(마상고), 큰북(대고), 흔들북(도고), 손북, 장고(요고), 제고, 매는종, 요, 징 등이다. 고구려 관악기 가운데 중요시된 것은 뿔나팔 등 나팔 종류인데, 이것은 국왕의 위세를 내세우기 위한 고취악에 많이 사용됐다.

횡적과 장적 역시 고구려 사람들이 매우 즐겨 불던 악기였다. 횡적은 은은하면서도 독특한 음색을 가지고 있어 독주, 합주에 많이 쓰였다. 피리도 중요한 비중을 차지하고 있었다. 현악기로는 4현금, 6현금, 5현, 완함, 비파, 5현비파 등이 있다. 거문고(현금)는 진나라의 7현금을 고구려 재상이며 음악가인 왕산악이 개조한 것이다. 왕산악은 악곡도 100여 곡 지었다고 한다. 거문고(현금)는 현학금이라고도 하는데, 이것은 왕산악이 개조한 악기를 타니 검은 학이 날아와서 춤을 추었다고 해 붙은 이름이라고 한다. 타악기는 여러 종류의 북과 요, 징 등이 있었다. 장고는 왼쪽은 채로 오른쪽은 손으로 치는 악기로 오늘날 장구의 전신이다.

악기가 다종다양하다는 것은 기악이 높은 수준에 도달했다는 것을 말해준다. 무덤벽화들을 보면 고구려에서는 기악 독주, 중주, 합주 형식이 다 발전했다. 6현금 독주, 4현금 독주, 피리 독주 등은 춤과 노래, 교예의 반주로 이용됐다. 고구원왕릉 안칸 동벽면에는 관악기의 합주에 맞춰 탈춤을 추는 장면이 있으며, 춤무덤 벽화에는 나무를 사이에 두고 두 사람이 악기를 타는 2중주 장면도 있다. 집안 다섯무덤의 4호무덤, 5호무덤 벽화에는 장고, 징, 4현금으로 편성된 3중주 장면, 소와 횡적, 소와 뿔나팔의 2중주 장면이 있다. 이러한 연주 장면들은 때와 환경에 맞는 수많은 악곡과 노래들이 있었다는 것을 웅변해준다. 『수서』에는 고구려의 기악곡으로 '지서가', '지서무곡'이 있었다고 나와 있다.

고구려 음악에서 고취악은 중요한 비중을 차지했다. 고취악은 주로 왕이나 고위 관료들의 행차, 각종 행사의식 그리고 군사들의 행진 때 많이 쓰였다. 고국원왕릉 대행렬도에는 64명의 고취악대 성원들이 9종의 타악기를 비롯해 각종 관악기를 연주하면서 행진하는 장면이 그려져 있다. 덕흥리 벽화무덤 행렬도의 선두대열 중심 좌우에도 고취악대가 두 줄씩 서 있고, 약수리 벽화무덤에도 세 줄의 고취악대가 보인다.

무용과 교예

고구려 사람들은 노래, 기악, 춤을 다 좋아했다. 그들은 생활을 낙천적으로 흥겹게 하기 위해 여러 가지 춤 형식을 창조했다. 고구려에서 무용이 발전했다는 것은 춤 형식이 매우 다양했다는 사실을 통해서 잘 알 수 있다. 고구려 무용은 출연 인원에 따라 독무, 쌍무, 군무로 나눠지며, 무용수들이 이용하는 악기와 소도구에 따라 탈춤, 칼춤, 창춤, 북춤 등으로 갈라진다. 또 무용의 성격을 특징짓는 주제 내용과 그에 따르는 동작에 의해 경무와 연무로 갈라진다.

힘있고 씩씩한 동작으로 추는 경무 가운데 대표적인 것은 창춤과 북춤이다. 쌍기둥무덤 안길벽화에는 수십 명의 남녀가 노래를 부르고 있는데, 두 사람은 큰 북을 치고 한 사람은 창을 들고 춤을 추는 비교적 큰 규모의 창춤, 북춤이 그려져 있다. 창춤은 적과의 싸움에서 용맹을 떨치는 씩씩하고 용감한 고구려 사람들의 모습을 형상화한 것이다. 약수리 벽화무덤의 사냥 그림에는 두 명의 남자 무용수들이 춤을 추는 장면이 묘사돼 있다. 힘있고 씩씩한 동작으로 추는 건 남자들의 춤이었고 부드럽고 우아한 동작으로 추는 건 주로 여자들의 춤이었다. 춤무덤 벽화에는 악기를 연주하는 악사와 앞장에 서서 춤을 추는 사람 그리고 다섯 명의 무용수가 보인다. 무용수 가운데 바지를 입은 사람은 세 명이고, 치마를 입은 사람은 두 명이다. 이들은 앞장에 서서 추는 사람과 같이 긴팔소매를 뒤로 펄럭이고 있다.

춤은 다리보다 팔을 많이 놀리는 조선 무용의 특징을 잘 나타내고 있다. 이 그림은 반주하는 악기와 춤동작 자세로 보아 부드럽고 우아한 춤을 추는 장면을 묘사하고 있다는 것을 쉽게 알 수 있다.

『삼국사기』권 32, 악지에 소개된 고구려 춤은 17종의 악기로 편성된 기악의 반주에 맞춰 네 사람이 추는 춤이었다. 악사들은 자색 비단모에 새깃을 장식하고 누렇고 큰 소매가 달린 윗옷에 자색 비단띠를 두르고 통이 넓은 바지에 붉은 가죽신을 신었으며 오색물을 들인 줄로 장식했다. 무용수는 상투를 뒤로 틀고 이마에는 붉은색을 발랐으며 금구슬로 이마를 장식했다. 두 사람은 누런 치마·저고리에 붉고 누런 바지를 입었으며, 두 사람은 붉고 누런 치마·저고리에 붉고 누런 바지를 입었다. 소매를 매우 길게 했으며 검은 가죽신을 신고 두 사람씩 나란히 서서 춤을 추었다. 이러한 복장은 춤무덤 그림에서 보이는 무용수들의 그림과 비슷하다.

고구려의 동동춤은 부드럽고 우아한 동작의 춤으로 추정된다. 동동

노래가 순결한 마음으로 임을 그리워하는 서정적인 여인의 감정세계를 형상화한 노래였다고 보이는 만큼 동동춤도 여성들의 서정적인 춤이었을 것이다.

이처럼 고구려의 춤은 씩씩하고 용감한 춤과 우아하고 부드러운 춤이 있었다. 이것은 고구려 사람들의 기질을 반영한 것이다. 고구려 사람들은 패기 있고 굳세고 완강한 기질을 소유하고 있었던 반면 한편으로는 우아하고 부드럽고 낙천적인 것을 사랑하는 기질도 갖고 있었다.